本书由国家社科基金青年项目"人民群众美好生活视域下生产力生态化跃迁发展研究"（20CKS020）、吉林大学"中国式现代化与人类文明新形态"哲学社会科学创新团队青年项目（2023QNTD08）资助

生态性维护与
生产力发展

乔纳森·休斯生态
历史唯物主义思想研究

于天宇 著

人民出版社

序　言

生态性维护与生产力生态化发展

——乔纳森·休斯生态历史唯物主义思想研究

历史唯物主义是研究人类社会发展一般规律的理论,是马克思主义哲学的重要组成部分。在面对当今日益严峻的生态问题时,英国学者乔纳森·休斯(Jonathan Hughes)通过对马克思历史唯物主义的深入挖掘、梳理,以及对生态问题域的重新释义,回击了某些认为历史唯物主义缺失生态关怀的西方言论,维护了历史唯物主义的生态性,确立了历史唯物主义的重要地位。在此基础上,休斯深刻解读了马克思的需要理论与生产力理论,寻找到生态问题产生的根源,并结合世界的整体生态情况提出了生产力的生态化发展走向,认为生产力生态化发展不仅是解决生态问题的必然选择,更是实现共产主义的必要前提。这些理论共同构成了休斯的生态历史唯物主义思想。

若想解决生态问题,首先要明确什么是生态问题。乔纳森·休斯继承和发展了马克思和恩格斯的自然观,并借鉴和扬弃了西方马克思主义的生态观与分析马克思主义的哲学观,在此基础之上,重新确立了生态问题的研究领域,将生态问题最终归结为三类:污染、资源枯竭和自然生态系统的破坏,进而对生态问题产生背后所依托的非生态价值观展开批判,在人类中心主义与非人类中心主义的辩论中重新勾连了自然与价值的内在关系,诠释了马克思历史唯物主义以及一种广义的人类中心主义的生态性,并通过对狭义与广义历史唯物主义的重新认识,得出一种包含生态意蕴的"广义人类中心主义"价值观,而这种"广义人类中心主义"正符合马克思"广义"历史唯物主义对人与自然关系的认识。

休斯认为,历史唯物主义并非缺失生态维度,并通过马克思对马尔萨斯"人口理论"的批判,在生态维度上扩展了历史唯物主义的核心理论,证实了历史唯物主义并非否认"自然限制",而是在有限的自然资源与人类发展之间寻求一种共赢的局面。在此基础上,休斯继续对历史唯物主义的理论方法进行探寻,通过将历史唯物主义与形而上学生态学和还原主义的方法进行比较,求同存异,休斯得出了历史唯物主义的生态方法。也就是说,历史唯物主义具备研究和解决生态问题最有效的方法理论。这给予了马克思历史唯物主义的批判者们以充分的回击,也是对历史唯物主义生态性的肯定。在这种肯定之下,休斯运用马克思主义的观点与方法,解析当代社会的生态环境及其危机问题,并提出了历史唯物主义的"生态依赖"原则。休斯认为,从青年马克思时期到成熟的马克思思想,其中一直贯穿着生态依赖原则,并通过对本顿与布莱克本的批判,完整确立了历史唯物主义的生态性是由表及里的、更是前后一致的,历史唯物主义从未缺失生态关怀。

在维护了历史唯物主义的生态性后,休斯结合马克思的需要理论与生产力理论,对如何解决现实的生态问题进行了深入思考。在马克思看来,人的本质即需要,生产力的发展过程也正是人类需要不断满足的过程。因而,休斯认为,如何改变生产力在发展过程中对生态资源的过度占用,正是解决生态问题的突破口。要实现在生产力发展过程中充分合理的利用生态资源,首先要提倡发展人类的真实需要,摒弃由资本主义私有制所派生出的更多虚假欲求,因为生产力的发展目的即为了满足人类需要。在此基础上,应正确认识到技术发展并不完全等同于生产力发展,盲目追求劳动生产率的提高而忽视对劳动者的自由解放的技术发展,是狭隘的、错误的技术发展理念。这种错误的技术发展方向只会使得自然资源被无休止的过度占用,而其所带来的生产力发展，实质上是对生态整体利益的严重威胁。想从根本上避免产生引发生态问题的原因，就必须要迎来一个更合理的社会形态，使人们从根本上转变自身需要的范畴。休斯认为，共产主义是满足人类对生态的环境需要的可能，共产主义也正是可以取代资本主义登上历史舞台，并从根本上解决生态问题的社会形态。而作为前提，需要发展一种生态化的生产力。休斯认为，马克思的生产力理论在实际应用过程中会出现"破坏效应"和"促动效应"，这可被理解为在生产力发展过程中"革命性效应"的两个阶段。而导致"革命性效应"的两个不同走向的根源，在于生产力发展过程中对生态的关注程度，只有生态化的生产力发展才有可能使生产力水平最终达到"一定程度"。因此，实现共产主义的必要条件正是发展生态生产力——因为生态生产力是以生态为第一原则的生产力形态，是对以往一切旧的生产力形态的扬弃与超越，它并非凭空产生，而是早就蕴含于马克思的生产力理论之中。

休斯生态历史唯物主义思想，明确了生态问题的研究领域与产生原因，从根本上维护了马克思历史唯物主义的生态性；揭示了资本主义的困境，并为生产力的良性发展、人类需要的真正满足以及共产主义的实现等重要问题进行了深入的思考，在此基础上，提供了路径与方法。但是，由于休斯自身的历史局限性，其思想仍然存在一些不成熟与不完整之处。这主要体现在如下方面：在需要与道德对生态问题的影响上过分乐观与理想化，对生态制度建设的方案不够完整，对资产阶级的批判不够深刻，以及对马克思和恩格斯思想与文本的诠释有时不够充分等。因此，我们需要从一种辩证的视角，在学习和解读休斯的生态历史唯物主义思想的过程中获得启示。

在本书的附录中，将针对一些未详细展开讨论的问题进行更为深刻且全面的分析，在"附录一"中，将通过对自然资源之于人类社会发展限制的阐释，论证生态问题的重要性以及解决生态问题的必要性，同时揭示资本主义生产方式的非生态性，以及由这种生产方式所终将造成的生态危机与社会加速问题（而社会加速问题本身，又会加快资源枯竭来临的时刻）。在

"附录二"中,将通过对人类需要问题的深入分析,阐释"真实需要"与"虚假欲求"、"自然的需要"与"历史形成的需要"之间的联系和区别,并通过对资本逻辑与人类欲望逻辑的内在关联分析,深刻揭示出资本增殖的方式与机理,论证出在满足这种受资本权力操纵下的人类虚假欲求的过程中,必将出现的生态问题与社会问题。在"附录三"中,将通过对现代资本主义社会加速问题的深入分析,揭示其背后的真实根源,在资本增殖欲望加速的影响下,进而造成"需要加速""生产加速""资源枯竭加速",对于生态问题根源的分析,更有助于我们构建相应的破解路径。在"附录四"中,将以马克思交往理论为分析视角,揭示人与自然的关系出现问题事实上源于人与人之间关系的异化,而若使人与自然的关系发生改善,也必须先改变人与人之间的交往方式,在此基础上,分析全球生态危机的实质及破解路径。在"附录五"中,在认清生态问题产生根源的基础上,通过对资本主义在发展过程中出现的社会加速现象的分析,揭示由社会加速所带来的三重幻象,并分析资本为缓解由不断的社会加速所造成的资源压力所采取的"技术超越"方式,即试图通过科技进步的加速,超越资源限制时刻的来临,通过这一分析,揭示在资本权力的宰治下,科技发展的本质,同时明确了任何不改变资本增殖逻辑本身的方式,都不能真正解决生态问题。

目 录

绪　　论

一、问题的提出

自 20 世纪以来,世界各地都开始出现了更加频繁的生态环境问题,其中尤以极端天气最为典型,面对如此之多的生态环境问题,我们不得不对原有的生态理论进行反思。随之而来,诞生了生态学马克思主义思潮,这一思潮的出现是伴随着马克思主义理论的不断发展而形成的。生态学马克思主义对于在资本主义发展过程中出现的生态危机做出了深入的分析,并对生态危机出现的原因以及造成的后果进行了挖掘与梳理,同时也探索了如何解决危机的有效途径。这一流派自诞生至今,共经历了三个不同的历史发展时期,分别是理论的初步形成、理论的系统化发展和理论的多元化发展三个阶段。

生态学马克思主义不仅从理论方面进一步地补充了马克思主义思想,同时也让马克思主义理论有了更加广阔的发展空间,并结合实践,在人类社会的发展问题上提供了人与自然和谐共存的研究视角。随着生态学马克思主义思想的不断发展,它也逐渐地分成了两个不同派别:第一个派别的主要研究视角是以生态为中心的;第二个派别的研究视角则主要是从人类自身出发的。英国学者乔纳森·休斯(Jonathan Hughes),从"弱"人类中心主义的视角,在扬弃以往生态学马克思主义理论家的思想的基础上,对马克思历史唯物主义思想有着更为透彻的解读,并坚定地在历史唯物主义的视域中,寻找解决生态危机的有效途径。在他长期的研究过程中所形成的一些重要理论,对于生态问题的解决具有重要意义。

本书研究的重点是围绕乔纳森·休斯所提出的生态历史唯物主义思想当中的相关观点来进行讨论的,在此基础上,客观地评价其优势和不足之处。休斯在撰写《生态与历史唯物主义》一书的过程中,主要是以马克思历史唯物主义理论作为基础,结合对西方生态主义的部分观点的反驳,使我们清晰地判断出那些认为马克思主义反生态的言论,实际上是错误的。对此,休斯提出了十分明确的观点与批判理据,在很大程度上维护了马克思主义理论在当代生态问题研究过程中的重要地位。休斯的生态历史唯物主义思想,使得生态学马克思主义理论有了更丰富的内容。比如,休斯在书中就表达了这样的观点,他认为马克思在《1844 年经济学哲学手稿》当中就曾经对人的需要做出过非常详细的论述,而这一论述和生态的限制没有产生任何的冲突;相反的,对于人类的发展来说,他们的需要实际上不仅包括谋生方面的需要,同时也是该过程当中的"自我实现"需要。而在自我实现的过程当中则必须要维持自身和生态环境之间的良性关系。通过这种观点,恰恰可以证明马克思历史唯物主义思想的生态意蕴。本书在研究过程中,对休斯提出的这一观点进行了大量且较为深刻的学理分析,围绕这一主要论点,进而勾勒出休斯整个"生态历史唯物主义"思想的理论架构。休斯认为,马克思致力于发展生产力的理论内涵,完全没有对美好生态环境的发展形成任何限制,而是在最大程度上避免产生相应的生态问题,这也是马克思历史唯物主义理论当中所蕴含的十分重要的观点。休斯的这些思想对于我们重新解读历史唯物主义、全面认识历史唯物主义生产力发展理论具有重要的现实意义和研究价值。

从理论的发展来看,对于休斯生态历史唯物主义思想的分析,在国内外生态哲学研究的发展过程中具有很重要的意义。关于人和自然关系理论,着眼点在于对相关的生态问题进行有效的定义,并对这些问题的出现和引起的后果进行评价等,在休斯的思想中更加倡导一种弱化的"人类中心主义";这特别体现在他对马尔萨斯主义当中所形成的形而上学观点的批评。休斯认为,之所以会形成生态限制,并不是马尔萨斯主义所提出的那种情况,即生态限制在某种程度上是绝对的,而正是由于存在这样的限制所以在很大程度上就会对人类社会的发展形成一定制约,那么在这个过程中,人类就必须要进一步地限制自身人口的发展。在这一问题上休斯与马克思的观点大致相同,认为在人类发展过程中虽然要受到自然界的客观限制,但今日之人口总量并未达到自然界承载之极限,因此,在转变人类需求的同时不断地发展生态科技,对于这种限制也是会发生改变的。休斯对于"人类依赖自然"这一原则非常重视,因此,他将社会融入到自然当中去进行讨论,把人类放在"自然—社会"这种大系统、大环境下进行道德关怀。

乔纳森·休斯是英国生态学马克思主义当中十分重要的代表人物,他在研究过程中提出的关于生态问题域的界定以及生产力生态化发展的理论,都对生态学马克思主义在英国乃至全球的发展有非常重要的影响,这些思想理论并非凭空产生,在他的著作中都提出了相应的有力论证。休斯通过对生态危机发生和发展的批判,并在为马克思恩格斯所提出的生产力理论辩护的过程中,进而得到了一个比较明确的结论,那就是人们在发展的过程中必须要遵循生态适度原则。这一结论充分展现了休斯对马克思历史唯物主义思想的继承与发展。

目前,许多学者在对世界上所发生的生态危机进行研究的过程中存在的问题是:虽然社会科学有了很大的发展,但仍然很难真正地从根本上解决生态危机问题。许多观点认为,必须要进一步地重视自然对于人类发展的限制,并提倡生态中心主义。这种观点认为,非感知生物实际上也具有十分独特的内在价值。不过,这样的主张,并没有真正地为现实当中所存在的一些具体问题找到比较切合的解决方法。在历史唯物主义的视角中,物质丰富程度是十分重要的基础条件,但是在物质层面的发展过程中,也必须要足够重视自然和人类之间的关系,这样的一种观点,实际上就已经蕴藏了相应的生态关怀。如果说生态问题单纯地是由自然限制而引起的话,那么我们应该思考,为什么人类社会自诞生以来,直到工业文明产生后才出现了环境危机呢?归根结底,生产关系的变化对于生态问题的产生是有着不可推卸的责任的。休斯强调在定义自然的过程中也必须要将社会层面考虑进来,他通过对当前比较流行的生产力发展理论进行研究,对真假需要做了比较明确的区分,从而得出人类在发展自身物质需要的基础上,必须要在生态问题上适度可行,只有这样才能够保证物质基础的长久性。由此观点也可以清晰地看出,休斯对马克思历史唯物主义当中所蕴含的非常深刻的生态思想进行了深入挖掘,从而通过生态的视角对资本主义社会进行批判,揭露了资本主义社会生产与无限需求价值观念之间的悖论。休斯的分析和批判,不仅有利于我们澄清对以往部分西方学者对马克思历史唯物主义的种种误解,同时,有利于补充各国学者对马克思历史唯物主义生态层面的研究。

事实上,生态问题已经成为当前人类在发展过程当中所面临的一个非常重大的问题,以此作为出发点对当代人类所面临的生存环境问题进行研究,已经成为学术界非常关注的一个热点问题。目前,生态学马克思主义已经是西方马克思主义理论中的重要学术流派。这一流派的发展对于更好地解决生态危机是十分重要的,也有利于更加深刻地理解马克思历史唯物主义的现实意义。同时,生态学马克思主义的发展也有助于马克思主义的时代化发展。如果能够更加深刻地研究生态学马克思主义的相关思想,可以在面对当前日益复杂的生态问题时,探索出一条对资本主义进行深刻批判的新道路,有助于在理论层面上寻找到破解生态危机的方法。本书研究的视角,是通过对休斯的生态历史唯物主义思想进行分析,在此基础上研究他的思想在生态发展中的贡献,并分析其缺陷。从而希望能够找到一条更加适合于解决生态环境问题的道路。因此,更加深入地研究乔纳森·休斯的生态历史唯物主义思想具有重要的现实意义。

如果从实践层面进行分析,对休斯所提出的马克思主义生态学进行系统且明晰的研究,可以帮助我们破解人类当前所面临的生态难题。首先,休斯所提出的资本主义生态危机的产生根源,实际上能够让我们更加清楚地认识到西方一些资本主义国家在发展过程中的真实面目,也可以让我们在实践当中更加坚定社会主义的发展方向和前景。资本主义之所以在发展过程中存在不可持续性,是因为资本主义社会当中的私有制与整个社会生产的矛盾。因此,休斯从生态的视角出发,对资本主义制度以及在这种制度下所形成的生产方式进行了深刻且严谨的批判,这也再一次证明了资本主义必然灭亡的论断,更加坚定了社会主义道路自信。其次,休斯对那些认为通过某些具体技术进行限制来实现生态危机的解决路径的观点也是持有反对态度的。他认为,当前科学技术的发展并没有导致生态危机的产生,也不是其产生的根本原因,有些时候这些技术反而可以更好地解决已经出现的生态问题。因此,人类与自然的关系需要被放置于一个广域空间中重新进行慎重审视。人类内部的纷争,必须在人类是生存抑或是死亡的非此即彼的选择中让步,在需要人类共同携手应对的生态浩劫面前,马克思历史唯物主义是我们理解社会、自然、宇宙和文明的出发点,更是一种科学思考方式,其所达到的高度与深度非其他理论的思维方式所能替代。

在全球化经济体制不断发展的背景下,越来越多的国家都要面临着生态发展和保护的问题,越来越多的专家学者参与到对生态问题的研究与讨论当中。而休斯则希望能够从历史唯物主义的角度,对马克思主义理论和当前国际上所面临的生态发展问题关系进行研究。并且,他通过长期的探索和分析,在全球范围内也着实取得了不错的研究成果。通过对这些成果的不断总结和应用,得到了很多宝贵的经验,这些经验的形成对于更加深入地研究休斯所提出的生态历史唯物主义思想,打下了坚实基础,并以此为出发点对资本主义社会在发展过程中所形成的内在矛盾进行更为深刻的揭露。在资本主义的生产关系下所形成的是人与人、人与自然关系对立的局面,因此,在资本主义制度下难以真正地提出解决生态危机有效方案与可行措施,或者说不可能彻底地对生态问题进行解决。

生态问题实际上研究的就是人和自然的关系问题。人与自然关系的矛盾自人类文明诞生以来便一直存在。在古代,由于人类科学技术的限制无法解释自然界的种种现象,进而导致人类盲目崇拜自然,形成图腾崇拜文化,成为自然的附庸。自文艺复兴以来,随着人类认识自然能力的增强,理性主义使人被重新认识和定位。然而,由于理性的独断和狂妄,在这种背景下所形成的对人与自然关系的主张必然是二元对立和主客分离的,通俗来讲就是征服世界和改造世界。经过近代科学文化的奠基,在第一次工业革命后,人类进入了工业文明时代。在工业革命的过程中所释放出来的生产力是此前任何时期都无法想象的,但与此同时,这种生产力发展的巨大进步所带来的负面影响也是所有人都无法估量的。人们开始通过各种方式更多地追求物质财富和享受,最终造成的结果就是向自然更多的索取,当索取的程度超过大自然承受限度时,自然就会以一个异己对象的面目出现,限制人类社会的发展,令人类为自己的行为付出代价。

那么,我们应当如何更加客观地去理解上述的这样一个矛盾呢? 事实上,之所以会产生这样的一种矛盾,主要是人类在发展的过程中具有十分强烈的对自然进行控制的欲望。而且,很多西方发达国家在发展国内经济的同时也开始把那些对自然生态环境造成更多污染的企业纷纷地迁移到了那些经济不太发达的国家,这在很大程度上使得发展中国家面临着更加严峻的生态保护和社会发展之间的矛盾。这一做法虽然对本国的工业升级有着巨大的促进作用,但从生态问题的全球联系性来看,这一做法无疑是短视的。要知道,现在很多的环境问题已经不仅仅局限于区域性范围,而是正在呈现出一种环境问题全球化的趋势。

无论各国学者持有什么样的意见与见解,他们统一的观点就是,在人类社会未来发展的过程当中,必须要更好地处理人与自然的关系,不仅要实现人的全面发展,同时也要让自然环境有一个可持续发展的空间,不仅要实现全球经济的可持续发展,同时也需要让整个社会有一个良性可持续的发展空间,对于以上观点来说,它们之间具有十分明确的相互联系,而且已经成为一个整体问题。或者说,如果在其中的任何一个环节出现了问题,也必然会影响到其他的环节。但总的来说,人与自然的关系问题已经迫在眉睫,是我们亟待解决的现实问题,而对于这一问题的真正解决只能依靠马克思历史唯物主义的分析视角与方法原则,这也是本书对于休斯生态历史唯物主义思想进行分析的重要出发点。

二、生态学马克思主义的研究现状

从 20 世纪 70 年代开始,国外很多学者就已经开始提出"生态学马克思主义"这样一个概念。也正是从那个时候开始,在西方学界中出现了很多专门研究生态学马克思主义理论的学者,其中比较有代表性的就包括加拿大学者威廉·莱斯、加拿大学者本·阿格尔、美国新马克思主义经济学家詹姆斯·奥康纳、美国社会学家约翰·贝·福斯特、法国左翼思想家安德烈·高兹、英国生态学马克思主义者瑞尼·格伦德曼、英国当代著名学者戴维·佩珀、英国分析马克思主义者乔纳森·休斯等。在他们的研究中,其理论各具特色,但所研究的主要问题基本是一致的,即通过对于生态问题本身的分析,揭示造成生态问题的资本主义社会矛盾。学者们都在不同程度上,从哲学的层面出发,对人和自然之间的关系进行分析,以环境问题为中心,在现实层面上对当前整个世界在发展经济过程中产生的生态危机的根源进行研究,并通过各种方式来试图探寻出一条能够帮助我们走出生态困境的道路。生态学马克思主义可继续细分成北美和欧洲两个不同的流派。"生态学马克思主义"这样一个概念,主要是北美的学者提出的,不过欧洲流派却将这种理论观点发扬光大,成为后起之秀。两大流派的研究主要集中在以下两点。

第一,关于马克思历史唯物主义是否具有生态学思想的争论。历史唯物主义是关于人类社会发展一般规律的理论,是马克思主义哲学的重要组成部分。对于其是否具有生态蕴涵,学界主要存在两种观点:其一,有些学者对于马克思具有生态思想是持否定态度的。尤其是在北美流派当中,以本·阿格尔、莱斯等人为主要阵营的学者就认为,就传统的马克思主义理论来说,在提出物质发展的过程当中基本上是没有对生态学进行任何考量的。这主要是因为,在马克思时期,还没有形成非常明显的人和自然之间关系恶化的问题,在当时社会中凸显的是人与人之间的矛盾,所以马克思主义就不可能把生态问题纳入其考量范围。因此,对于大多数的北美生态学马克思主义者来说,他们更加主张的是要根据生态学的不同维度对马克思历史唯物主义世界观进行重建。欧洲的一些学者中,以英国生态学马克思主义者泰德·本顿(Ted Benton)为代表,他们则主要是将生态中心主义这样一种价值观作为理论基础,认为马克思在提出其相关理论的过程当中,也出现了一种生态盲区,所以必须要重新去构建相应的世界观。其二,另一些学者对于马克思的生态思想是持有肯定观点的。比如以北美的福斯特、美国社会学家塔尔科特·帕森斯(Talcott Parsons)为代表的一批学者通过对马克思思想的大量研究认为,实际上马克思在提出自己世界观的同时,也提出了非常深刻且在当时看来十分系统的生态世界观,对于这种生态观来说,它本身就来源于马克思的历史唯物主义,所以必须要更好地阐发在马克思历史唯物主义当中所存在的这种非常深刻的生态学意蕴。同样,在欧洲的很多学者中,如格伦德曼、佩珀、休斯等持有同样的观点。他们认为,马克思历史唯物主义在提出的过程当中就已经考虑到了如何在人类发展的过程当中去更好地解决生态环境发展问题,所以马克思历史唯物主义,根本就不需要重建,更不需要像有些学者说的那样去拯救马克思,因为从马克思各个时期的著作当中,都能够挖掘出其深刻的生态思想。

第二,关于生态与历史唯物主义思想研究。北美学者另辟蹊径,提出了一些全新的理论,对历史唯物主义世界观进行了相应的补充。本·阿格尔首先对在资本主义社会当中所产生的一些异化需要做了消费层面的分析,通过相应的分析将其转化成了危机,然后再试图利用生态危机代替了经济危机;而莱斯则认为,之所以会产生生态危机,在哲学层面来看,实际上根源于"控制自然"的观念,对于马克思主义来说,它继承的就是"控制自然"这样一个观念,所以必须要摒弃这样的观念,才能够建立起全新的生态主义世界观。

英国学者本顿认为,必须要通过生态学的维度去对历史唯物主义进行重新的定义和理解,不过在他的观点当中则主要侧重于立场方面的转变。在其著作中表达的核心观点是,之所以会产生生态危机,主要是人类在发展的过程中过分地以人类为中心。所以,他主张通过以生态为中心的发展代替马克思历史唯物主义中蕴含的人类中心立场。另外一些学者,如格伦德曼、佩珀、休斯等则认为,以人类为中心并不是近代发展过程中产生生态危机的主要原因,因为他们觉得只有在资本主义制度下才会产生相应的问题,这种危机的产生是带有一定特殊性的。所以,人类在未来的发展过程当中,虽然要进一步地反思自己对待自然的态度,但是也不要一味地放弃人类作为中心的发展尺度。正是因为这样的原因,休斯等学者也提出必须要重返马克思历史唯物主义思想,并挖掘其内在的生态意蕴。生态学马克思主义的许多观点和立场,已经开始在北美和欧洲的很多学者之间产生交融与共鸣,在不同思想之间的碰撞与交互过程中,形成了一种全新的理论形态。他们合理地将马克思历史唯物主义与生态学进行结合,这也说明,生态学马克思主义者们,正在尝试着通过一种不同的方法来重新解读马克思历史唯物主义的世界观。

第一章 乔纳森·休斯生态历史唯物主义思想的来源与定域

　　乔纳森·休斯的整体理论思想是以生态为出发视角,对历史唯物主义的生态性进行辩护,而我们在对其思想探索的最初,需要梳理其思想来源,同时明确其研究定域,这将有利于我们在具体的阐释过程中,更精准地把握相关概念,具有十分重要的意义。作为生态学马克思主义与分析的马克思主义的代表人物,休斯的思想来源是多方面的,因此,本章将通过马克思恩格斯的自然观、西方马克思主义的生态观以及分析马克思主义的哲学观三个方面,来梳理休斯生态历史唯物主义思想的来源。并且,通过休斯对生态问题域的重新释义、对自然和价值内在逻辑关系的重新勾连,以及对"狭义"与"广义"历史唯物主义的重新认识,来明确其思想的研究领域与初始架构。这样,可以更为系统地了解其思想的来龙去脉,并帮助我们更有针对性地对马克思历史唯物主义思想的生态性进行科学解读。

第一节　乔纳森·休斯生态历史唯物主义思想来源

　　乔纳森·休斯的生态历史唯物主义思想主要来源于三个方面。首先,作为马克思历史唯物主义生态性的辩护者,休斯的很多关于生态与历史唯物主义的思想都来源于马克思和恩格斯的自然观。其次,休斯作为西方马克思主义在经验理论、规范道德理论以及方法论等主要研究范围都有所成就的学者,西方马克思主义的生态观也对他思想的形成起到一定推动作用。第三,作为英国分析马克思主义的代表人物,分析马克思主义的哲学观与分析方法,也使休斯的生态历史唯物主义思想更为思辨且更加系统。

一、马克思恩格斯的自然观

人们对自然界的理解以及人们对其自身与自然界间的关系的思想总和,可以被理解为自然观。这种对自然的原初认识,可被视为我们认识自然和改造自然的方法论前提和本体论基础。自然观的发展,经历了朴素、机械和辩证唯物主义等阶段,而这种演进过程是与自然科学的发展相伴随的,随着科学技术的不断进步,人类对自然的认识也在不断改变。而唯物主义与唯心主义、辩证法与形而上学的论争,也一直作为动力推进其向前发展。马克思和恩格斯的自然观是坚持唯物主义辩证法原则的"实践的人化自然观",这种自然观的形成是对德国古典哲学的扬弃,在重视人与自然是相互作用的同时,明确地提出了对于人与自然间的矛盾的解决途径,其蕴含的丰富生态思想可见一斑。

整个西方哲学,特别是在德国古典哲学中,如康德哲学所实现的"人为自然立法"的哥白尼式革命,到费希特的行动的"自我"产生"非我"所体现的创造精神,最后到黑格尔的绝对精神的永恒外化及回归,这些都对马克思自然观的形成起到了至关重要的思想指引,这种哲学在其思辨的抽象逻辑推演过程中,无一不体现了近代以来人类在科技和工业革命的推动下所获得的主体能动性。也使得马克思在理解自然时与旧唯物主义者以"客体或直观"的方式对自然的理解截然不同。

伴随着"细胞学说""生物进化论"和"能量守恒定律"的相继发现,科学的发展要求人们必须重新审视人类与之不断交往的自然界。然而,不同于纯粹的自然科学研究视域,马克思是在自然科学三大发现的基础上,从哲学层面理解的自然,他的自然观是具体的、历史的、实践的,而非抽象的。是从"人的感性活动",进而从"历史"出发来理解自然的历史唯物主义自然观。这种自然观的根本性质是"社会—历史性质"。在马克思的视野中,自然界是现实的、人的自然界。因此,在他看来,自然观实质上是人对人与自然关系的反思。马克思所关注的不是与人无关的自在的自然界,而是进入人的生存领域的自然界,因为只有当自然走入人类社会的生活中,自然对人的存在意义才更为凸显。在此基础上,我们可以深刻地领悟到,马克思对自然的关注是建立在他对人和人类社会的关注基础上的,这也是他区别于"自然中心论"者的思维方式的最基本特征。在马克思看来,人与自然的关系本身,恰恰反映着人与人的关系本身,同时,人与自然的关系又深刻影响着人与人的关系。在此问题上做进一步的推敲可见,决定人与人的关系的根本因素是生产关系,因此,在马克思看来,生态问题的真正解决在于调节人与人之间的关系,而根本层面的问题是,如何改变现存的社会制度本身——这也正是为什么在马克思后期的著作中,更多地体现出了他对于资本主义社会基本矛盾变革方式的思考。

在马克思看来,哲学自然观的基本问题是人与自然的关系问题,而具体的人的性质以及具体的人与自然关系的性质则必在其中。因而,马克思认为,从深层意义上理解的自然观,是表征着人们对自然界的理解和诠释,以及人们对自然界的价值认同和实践思想的凝结。从马克思本体论思想的视角出发,在肯定自然先于人存在的同时,更要正确认识人的实践活动作为一个新的基础上升为感性世界的前提。也就是说,一方面,既要尊重先在的自然界以及自然规律,另一方面,也要关注到人类的主观能动性与实践活动对自然带来的影响与改变。人类通过实践,将自在自然转化成人类的感性世界,即人化的自然,与此同时,人类在实践的过程中还创造出新的物质存在样式,这也是人的实践活动同动物的活动的最本质区别所在。而在这一具体实践过程中,自然则按照人的目的逐渐产生变化。在马克思的思想视域中,人类对自然的作用其最终目的并非为了控制自然、占有自然,将自然视为人类社会的"大仓储",而是希望人类更好地认识自然并和谐地与之长久相处。因为只有摒弃掉这种将人与自然对立化的，或是将自然视为从属于人类社会发展的思维方式，人类社会才会更好地、可持续地向前发展，并获得真正意义上的发展。

对于先在的自然界及自然规律的尊重，并在此基础上发挥人的实践活动的基本逻辑，是马克思主义整体思想的前提，这既突出了马克思在本体论、认识论、实践论等问题上的思维方式，又贯穿于马克思主义哲学、马克思主义政治经济学和科学社会主义这三个重要理论组成部分。对于这一问题的根本把握，使我们可以非常清楚地判断出马克思自然观的主线，洞悉到马克思主义理论中的生态意蕴。然而，很多对此问题片面的、单一的解释，在事实上忽视了马克思的自然概念的多重性。因此，对于这一问题的重释，有着极其重要的意义和价值。

马克思对自然的认识至少包含以下三个维度：第一，从本体论维度出发，马克思视域中的自然事实上是一种存在于包括人与社会在内的一切存在物，即物质世界本身的"物质的自然观"。这一维度思考的是作为整体的自然界，也可以理解为自然界的多样统一。马克思认为，人与自然不是对立的而是统一的，这种区别于以往唯心主义的判断，是基于在本原问题上的不可分化。马克思经常替换使用"自然""物质""全部实在"等概念，把自然看成是"一切对象的东西包括社会在内"①，这都印证了他基于本体论维度，对自然界总体性的根本坚持。马克思还指出，自然是一个辩证运动的物质体系，这也使他的"物质的自然观"思想更增添了辩证唯物主义的色彩。正是基于这种辩证的本体意识，马克思历史唯物主义更具有进步性，休斯在这一问题上高度赞同马克思的观点，并在一定程度上继承发展了马克思的生态思想。

第二，从认识论出发，马克思的自然概念指涉一种区别于人类，并与人类处于对象性关系之中的自然物体的"人化的自然"观。马克思根据自然

---

① 《马克思恩格斯选集》第 2 卷，人民出版社 2012 年版，第 711 页。

历史的演进认为,人类自出现后,便成为一种相对独立的主体,自然界成了存在于主体之外、并被主体所认识和实践的客体。这似乎是使历史唯物主义披上非生态的人类中心主义外衣的缘由之一。然而,这种观点不过是对历史唯物主义的粗浅理解。休斯在继承马克思思想的前提下认为,哲学视角中的自然观与自然科学视角中的自然观不同,因为哲学是基于人而存在的,没有人类也就不存在哲学本身。科学发展的真正目的当然也是为人类服务的,但科学的价值立场与判断视角却是脱离于人而客观存在的。马克思并非缺失对生态的关注,相反,他始终是在一种辩证张力中,辩证地看待人与自然间的相互关系。这意味着,马克思从哲学思维方式出发,思考自然界认识论维度的特征问题。从这一维度出发,他认为这一作为客体的自然界已经可被视为一种"人化"的自然界,因为随着人类对自然的占有,自然渐渐变成人类所需要的样子,而这种主体对客体的影响并不拘泥于单一的表现,是包含人与自然之间所产生的所有对象性关系的总和。所以,马克思的自然观认为,人与自然的关系问题是其哲学自然观的基本问题,而他在强调自然被"人化"的同时,并未忽略物质自然及自然规律的优先地位,和其本体论意义上的本原性。

第三,从价值论维度出发,马克思的自然概念,是存在于作为"人的无机身体"的自然环境的"生态的自然"观。在认识到人与自然主客二分的内在逻辑后,马克思进一步指出人与自然之间具有一种价值关联,即需要与被需要的价值关系。这体现在,马克思认为自然界是人类生存和发展的环境,是与人类有着内在关联的生态系统,即自然是"人的无机身体"。可见,马克思基于价值论的维度对自然的理解,其实是一种包含生态依赖原则的自然观,质言之,人脱离自然或失去自然都无法生存。但马克思同时认识到,相对于人类需要的满足,自然界的这些相对于人类的生存和发展的需要所具有的环境与生态的价值,都只是一些可能的价值,这种价值的最终实现取决于人类自身的实践与人类价值依归的改变。我们可以这样理解,如果人类希望长久地保持自然的价值性,那就要求人类必须尊重自然界的价值规

律,也就是在尊重自然的价值导向与维持自然总体生态系统平衡的基础上,
人们可以更好地利用自然的赋予。纵观历史,马克思认为人类与自然之间
价值论意义上的对立情景无处不在,当自然环境不利于人类之时,换句话
说,当自然无法提供给人类所向往的价值需求时,需要检讨的是人类自己,
而不应该毫无顾忌地改变、征服、要求自然。休斯在其著作中指出,这种问
题的出现归根结底是在资本主义制度下,人类为满足自己的欲望从而疯狂
掠夺自然所形成的后果。这也同时引出了在资本权力控制下,资本无限制
地对人类欲望生产制造,与自然资源的有限性之间的矛盾。正因如此,休斯
坚决批判了那些认为马克思历史唯物主义缺乏生态维度的观点,并竭力挖
掘、捍卫马克思历史唯物主义的生态意蕴。

　　一种片面的观点认为,恩格斯的辩证唯物主义自然观,才是真正意义上
马克思主义的自然观,并认为其仅作为对自然界发展辩证性的一种肯定和
描述。这种错误的出现,主要原因在于并未从人类自身的视角出发去看待
客观描绘的自然界图景。这既否定了马克思个人的思想贡献,也曲解了马克
思和恩格斯丰富的自然观内涵,更忽略了恩格斯在自然哲学探索中,对许
多问题的科学阐释。事实上,马克思、恩格斯的自然观之所以区别于旧唯物
主义的自然观,其根源就在于以新的研究方法使人们从根本上改变对自然
观的理解,自然不再是人无法改变的,更非与人对立和分离的存在,而是在
尊重自然规律基础上人的实践活动对象;同时,自然是与人一体化的有机整
体的一部分,这意味着,人在改造自然的过程中也在改造自身,两者形成一
个"新陈代谢"的辩证结构。

　　恩格斯从哲学的视角出发,对人与自然的关系问题进行了两方面的认
识。首先,他与马克思一样,认为自然界内部具有普遍联系,并不断运动发
展,而这一观点则来源于自然辩证法的角度。他指出我们解决人与自然间
出现问题的前提是正确地面对自然规律,放弃支配自然、统治自然的错误观
念。"我们每走一步都要记住:我们统治自然界,决不像征服者统治异族人
那样,决不是像站在自然界之外的人似的——相反地,我们连同我们的肉、

血和头脑都是属于自然界和存在于自然之中的;我们对自然界的全部统治力量,就在于我们比其他一切生物强,能够认识和正确运用自然规律。"①恩格斯认为自然界在不断发展变化,"整个自然界,从最小的东西到最大的东西,从沙粒到太阳,从原生物到人,都处于永恒的产生和消失中,处于不断的流动中,处于不息的运动和变化中"②。这是"辩证自然观的核心"③思想。并且,自然界的生活是由矛盾所决定的,自然界的运动变化是有规律的,自然界是由低级向高级发展的。归根结底,不能将人与自然界的关系问题视为一种主体与客体、目的与手段、中心与边缘的关系,而是要区别于形而上学的观点,预见到二者的辩证统一,在此意义上,应充分认识到自然界自身的独特发展规律。

其次,恩格斯从实践辩证法的视角出发,认为人类与自然界之间存在相互作用与相互影响的关系。这是他在同马克思共同认识了人与自然主客体二分的对象关系的基础上,思想的又一次进步,即从实践唯物主义的维度理解自然。他认为,对自然界的理解必须伴随人类实践活动及其历史发展,并指出人类知性认识及其成果——自然科学,反映着一个时代人类对自然的把握程度。"要确立辩证的同时又是唯物主义的自然观,需要具备数学和自然科学的知识。"④我们可以看到,当马克思从劳动实践方面深刻地阐述人与自然关系的同时,恩格斯则将目光放在了自然科学上,并进行了哲学层面的高度总结。

无论是自然辩证法抑或是实践辩证法,恩格斯并未对某一方面有过轻视,他认为二者是由自然向人类的历史生成统一起来的。而在人与自然对象性关系上他举例道:"日耳曼人移入时期的德意志的自然界现在剩下的已经微乎其微了。地球的表面、气候、植物界、动物界以及人本身都发生了

---

① 《马克思恩格斯选集》第 2 卷,人民出版社 2012 年版,第 998 页。
② 《马克思恩格斯选集》第 4 卷,人民出版社 2012 年版,第 856 页。
③ 《马克思恩格斯选集》第 3 卷,人民出版社 2012 年版,第 359 页。
④ 《马克思恩格斯选集》第 3 卷,人民出版社 2012 年版,第 385 页。

无限的变化,并且这一切都是由于人的活动,而德意志的自然界在这一期间未经人的干预而发生的变化,简直微小得无法计算。"①由此可见,他认为人与自然对象性关系的形成首先取决于人类自身活动的特点。

从《德意志意识形态》到《反杜林论》再到《自然辩证法》,恩格斯在他的著作中都表达了对自然观的态度。首先,恩格斯从人与自然的分化过程入手,进而提出,人之所以从自然中分化出来,关键在于劳动。其次,恩格斯从人与自然之间关系的角度出发,深刻分析和说明了人与动物的本质区别在于其与自然的关系上的不同。恩格斯指出,动物也具有从事有计划的、经过思考的行动的能力,并通过它们的活动也改变外部自然界,"但是一切动物的一切有计划的行动,都不能在地球上打下自己的意志的印记。这一点只有人才能做到"②。在这里,恩格斯从人与自然关系的角度出发,并通过与动物的比较,对人的本质进行了深刻探析,与马克思关于"一个种的全部特性、种的类特性就在于生命活动的性质,而人的类特性恰恰就是自由自觉的活动"③即劳动的论断,是完全一致的。

通过对恩格斯著作更深入的了解,我们有理由认为,恩格斯的自然观是辩证唯物主义的自然观。围绕着自然界及人与自然的关系这一核心问题,他的自然观涵盖了自在自然、人化自然、生态自然三个维度。他认为矛盾决定着自在自然是不断运动和变化的,而且还遵循着由低级到高级的发展变化规律,直至出现了人类。在此基础上,恩格斯对人化自然的内涵提出了更为具体的思考。与马克思的观点一致,恩格斯认为,随着实践的发展,人类脱离了自然并开始支配自然,但人类的一切行为绝不能违背自然规律。他更加强调,要实现人自身和自然界的一体性的生态自然,就要变革旧的社会制度,而资本主义社会制度是生态问题产生的根源。在这一问题上,马克思和恩格斯再次站在了一起。

---

① 《马克思恩格斯选集》第 3 卷,人民出版社 2012 年版,第 922 页。
② 《马克思恩格斯选集》第 4 卷,人民出版社 2012 年版,第 997 页。
③ 《马克思恩格斯选集》第 1 卷,人民出版社 2012 年版,第 56 页。

恩格斯从自然的历史角度与马克思的人化自然思想相互衔接,并批判地吸收和继承了前人在哲学和自然科学方面的成果,《德意志意识形态》中所体现出的自然思想确立了其自然观的范畴,而这一自然观直到《反杜林论》的问世,才正式标志诞生,并在《自然辩证法》一书中几近成熟。这一思想体系的主要内容基本可以概括为:世界的存在是它的统一性的前提,自然是一个不断运动、变化和发展的过程,人与自然相互联系、相互作用,人类可以通过实践认识、改变自然,但不能违背自然规律。而辩证法的规律,恰恰是从自然界和人类社会历史中抽象出来的,包含于自然规律之中的现实的发展规律。

人们对自然界的本质、发展变化的过程、规律,以及整个自然界的结构同人与自然之间的关系等方面的基本看法与观点,可以称之为自然观。在这一问题上,马克思和恩格斯虽然具有不同的研究思路与研究重心,但二者在核心观点与实质内容上是一致的。都分别从本体论、价值论、实践论以及历史观维度,分析、解读了人与自然之间的多重关系,并明确了人类发展的必要前提与根本遵循。马克思恩格斯的自然观,深刻影响了包括乔纳森·休斯在内的诸多马克思主义者,这种影响不仅体现在对自然世界与人类社会本身的关系问题的基本看法,更影响着在对人与自然关系背后,人与人之间交往关系及其实质的认识程度。乔纳森·休斯正是建立在对二者自然观的深刻继承的基础上,认识到要坚持自然界的物质本原性和物质自然界的辩证性,把人与自然的关系理解为以实践为基础的辩证统一关系,承认自然的优先地位,在自然观上坚持唯物主义原则。这些重要认识和思想启发,成为了休斯生态历史唯物主义思想的重要来源与理论依归。在此基础上,作为西方马克思主义者的休斯,也同时吸收了西方马克思主义的哲学观,这一点将会在下一节中着重论述。

二、西方马克思主义的生态观

西方马克思主义流派繁杂,思想众多,涉及哲学、文化、政治、经济等诸多问题,是 20 世纪具有国际性影响的西方社会思潮之一,其形成、发展和转向,至今经历了三个主要阶段。在此之中,西方马克思主义的生态观发展经历了早期西方马克思主义、法兰克福学派和生态学马克思主义三个阶段,在生态问题上,西方马克思主义对传统马克思主义的生态思想进一步发展的同时,又对生态问题提出了自己的主张,而在其自身发展的过程中,其内部各阶段、各流派的思想碰撞、融合与进步,也为乔纳森·休斯的生态与历史唯物主义思想明亮了灯塔,具体表现为以下三个阶段。

第一,早期西方马克思主义阶段。早期西方马克思主义生态观的代表人物主要有匈牙利著名的哲学家卢格奥尔格·卢卡奇(Szegedi Lukács György Bernát)和意大利共产主义者安东尼奥·葛兰西(Antonio Gramsci)。在《历史与阶级意识》一书中,卢卡奇从以下三点定义了自然:首先,卢卡奇将自然看作在人之外的、与人无涉的、客体的自然,认为自然是事件规律的总和,更像现代数学科学的自然。其次,卢卡奇认为社会中对人有价值意义的自然才称之为自然。他在《历史与阶级意识》一书中指出:"社会形式(物化)使人失去了他作为人的本质,他越是占有文化和文明(即资本主义和物化),他就越不可能是人"①,强调了物化的自然对人的意义,自然的真正意义遭到异化。最后,卢卡奇坚决反对摆脱社会范畴的自然,他认为这种脱离社会范畴的自然观点是片面的,而应是在社会历史领域来理解自然,在此意义上,他修正了以往对自然错误的理解,从同一性的角度理解社会与自然、人与自然。

卢卡奇认识到脱离人的自然是毫无意义的,并坚持自然的社会性和属人性。但他对自然与生态的理解仍然存在一些问题,这主要表现在:一方面,卢卡奇认为自然具有社会历史性的前提是,必须在资本主义社会中。换句话说,他认为前资本主义时代与历史唯物主义的方法格格不入。这一点具有本质上的错误。另一方面,卢卡奇对恩格斯的观点提出了批评,其问题

---

① ［匈］卢卡奇:《历史与阶级意识》,杜章智等译,商务印书馆 1999 年版,第 218 页。

的焦点在于对"自在之物"与"自为之物"的理解。简单来说,马克思、恩格斯的观点,即通过不断的实践,世界上就不会存在康德所定义的不可捉摸的"自在之物"。而卢卡奇的观点是"自在之物"与"自为之物"是相互统一的,而在马克思、恩格斯的视角下,"自在之物"与"自为之物"则是相互对立的。其实,错误理解康德认识论的人恰恰是卢卡奇,马克思、恩格斯的本意是"自在之物"与"自为之物"不仅对立而且统一,而卢卡奇只看到了其统一性,忽视了其对立性,这也为其不完善的生态思想埋下了伏笔。

意大利哲学家葛兰西也多次表达了关于人与自然之间关系的思想。他从实践哲学的角度出发,认为人的实践活动与外部世界的实在性和规律性不可分割,并指出,人与自然发生关系的途径是通过劳动和技术,如他在《狱中札记》中所言:"人与物质(自然——物质生产力)之间的矛盾通过辩证的发展达到统一。"①此外,他还认为,无论是人或人的客观性认识,甚至于实在的外部世界皆是历史的生成物。通过从社会历史维度对马克思自然观的继承,葛兰西从实践出发理解自然,将自然的历史性与人的创造性联系在一起。但是,他将自然狭隘地限定在了生产要素的经济范畴内,忽视了马克思提出的人与自然的辩证关系。

第二,法兰克福学派阶段。法兰克福学派是西方马克思主义的重要流派,其主要理论在于坚持了卢卡奇对马克思、恩格斯思想的阐释,在对自然与生态的观点上更加强调人的主观能动性,并继续从实践的角度来认识自然,将自然与生态、自然观与生态问题紧密连接。这一阶段西方马克思主义生态观的代表人物主要有德国哲学家马克斯·霍克海默(Max Horkheimer)、德国哲学家西奥多·阿多诺(Theodor Wiesengrund Adorno)、美籍犹太裔社会学家赫伯特·马尔库塞(Herbert Marcuse)和德国著名法学家卡尔·施密特(Carl Schmitt)。

在霍克海默与阿多诺合著的《启蒙辩证法》中提出,科技的发展与人类

---

① [意]葛兰西:《狱中札记》,葆煦译,人民出版社1983年版,第84页。

自身的解放并无必然关联,科学家们认识万物,则意指他们能驾驭万物,促动人类产生了支配、奴役和统治自然的幻想,而实质是要统治人类,因此,人间也变成了地狱,人类又被迫倒退到更原始的阶段。而霍克海默在其著作《批判理论》一书中强调自然与社会之间的渗透作用是相互的,无论是来源于科学或历史发展过程中所获得的人对自然的认识,都将成为人类对于生态与自然的体会,并作为意识形态去理解。霍克海默与阿多诺都深刻地批判了科技理性与生态现状,并都意识到摆在首位的问题是人与自然之间的关系。但一方面,他们将批判理论视为整个人类社会变革的决定因素,并将启蒙文化批判成导致生态问题及其他所有问题的罪魁祸首;另一方面,在人与人和人与自然的统治关系问题中变果为因,忽视问题的主要矛盾。由此可见,他们的生态观仍有局限。

作为"弗洛伊德主义的马克思主义"的代表人物,马尔库塞重视人与自然的相互性,意识到要在关联中看待人与自然的解放,要在主客关系中将自然置于人类的平等伙伴关系,赞同自然优先于人,人类解放的前提基础是自然的解放,而自然的解放可作为人类解放的依赖。这在一定程度上体现出他对马克思自然观的认同。但在他的思想中仍然存在明显问题,比如马尔库塞将人与自然视为同等地位的主体,且并未在其理论框架内展开详细论述;再如马尔库塞试图用人与自然的矛盾取代人与人的矛盾,以及他把自然解放视为人类解放的必然前提,这些都犯了同霍克海默和阿多诺一样的错误。马尔库塞还从社会批判的角度对资本主义社会的生态问题进行了揭露和批判,提出了关于自然解放的重要思想,并指出科技异化是资本主义社会生态问题的直接根源。因此,科学革新便是马尔库塞"自然解放"思想的首要举措。在此基础上,他还提出建立一个"生存缓和"的社会,在这样的环境下,培养人们新的需求观,减少过度消费、缩小生产规模、节育人口。这些具体措施在今天看来显然并不合适。科技的问题固然对造成生态恶化起着一定作用,但问题的实质仍然是使科技发生异化的罪魁祸首,即资本主义框架下的资本。在资本权力的作用下,科技由帮助人解放自身的工具异化成了帮助资本统治人的工具。脱离了科技异化的根源而单纯地重新塑造人的需求观,显然是不现实的。

随着《马克思的自然观》一书问世,作为法兰克福学派第二代关键代表人物的施密特提出了一个富有创造性的观点,他在这本书中提出了:"自然的社会中介和社会的自然中介。"①这一思想将自然与社会互为中介,虽然自然作为人类活动与物质资料的来源,并且具有客观存在性,但只有依靠社会作为其中介才能与人发生联系,才被视为有意义的自然。反之,"人的各种目的通过自然过程的中介才得到实现"②,这也是自然作为社会的中介的含义,且这个过程符合自然辩证法的哲学原理。施密特认为,自然界与人类社会的连接点正是一种彼此需要被中介也可以被中介的关系。施密特的这种将自然与社会互为中介的思想,恰恰肯定并强调了自然的客观性。他的思想整体上使得马克思的历史唯物主义思想得到坚持和继承,符合马克思主义历史观同自然观的内在一致性,使得自然史与人类史相统一的思想在马克思之后再次引起关注。然而,施密特在一些观点中,表达了对恩格斯《自然辩证法》的诸多质疑,虽然在本质上施密特并未完全反对恩格斯的观点,因而这些批判仍是片面的,在此不做过多论述。

第三,生态学马克思主义阶段。随着 20 世纪 70 年代环境运动在西方爆发,西方马克思主义阵营在研究视角上也出现了较大的转变,许多西方马克思主义者在环境运动的影响下,转而成为生态学马克思主义者。而所谓生态学马克思主义,则是将西方马克思主义的自然观和革命观,以及生态学、未来学等思想融为一体,并进而从哲学、文化、价值等视角对当代资本主义社会进行批判,有明显的存在主义、人本主义、个体主义的色彩,并对生态问题提出了自己的新观点,主要体现在:寻找产生生态危机的原因、建立解决生态问题的方法和对生态社会主义的构想。

生态学马克思主义者对于产生生态危机的根本原因有独到的见解。首

---

① [德]A.施密特:《马克思的自然观念》,欧力同等译,商务印书馆 1988 年版,第 59 页。
② [德]A.施密特:《马克思的自然观念》,欧力同等译,商务印书馆 1988 年版,第 23 页。

先,生态学马克思主义认为,人类试图对自然进行控制的观念是造成当今生态问题恶化的重要原因。《自然的控制》的作者莱斯认为,以科技为工具和手段控制自然,其实质是对人与自然关系的控制。从意识形态层面解读,善意的控制自然也许带来自然的解放,恶意的控制自然必将社会变成欲望的追逐场,永无止境,其后果将会导致社会冲突的增强,而等待我们的只有自然的报复与反抗,即生态危机。在莱斯思想的作用下,阿格尔则认为通过实践劳动可以改变"人的感觉",即人对自然的观念,进而可以改变人与自然间的关系。另一些学者则反对认为科技本身是产生生态危机的根本原因这一观点。代表人物高兹对不同的技术类别从获取利益的视角进行归属分类,并形象地把技术分为"硬"和"软"两类,认为在资本主义和社会主义两种制度下,技术对生态的影响完全不同。他认为生态危机的原因在于资本主义制度下产生的法西斯式的利益获取。① 在这种制度下"生产也就是破坏"②。而奥康纳和福斯特从不同程度,也都对资本主义这种生态帝国主义行为进行了批判。佩珀认为,在资本主义社会中,处处存在着人对人的剥削,而这种剥削的后果,则将形成人对自然的剥削,这一问题的根本原因在于,在资本主义生产方式下,资本追逐利润最大化逻辑的驱使。因此,"资本主义的生态矛盾使可持续发展、'绿色'资本主义成了一种不可能实现的梦想,从而成为一种自欺欺人的骗局"③。福斯特认为,出现生态危机的根本原因在于资本家为了追求利润最大化,强制切断了劳动者与土地的联系,而背后依托的是大土地所有制形式,这引发物质变换的断裂。此外,一些学者对虚假需求进行批判,而这一批判的来源是法兰克福学派美籍犹太裔哲学家艾瑞克·弗洛姆(Erich Fromm)和美籍犹太裔哲学家马尔库塞(Herbert Marcuse)。二者的主要观点则是对异化消费的深刻批判,他们认为,由异化消费引发虚假需求,导致对自然过度的采伐,最终导致生态危机的出现。

---

① Gorz A., *Ecology as Politics*, Boston: South End Press, 1980, pp.177-190.

② Gorz A., *Ecology as Politics*, Boston: South End Press, 1980, p.20.

③ David Pepper, *Eco-Socialism: From Deep Ecology to Social Justice*, Routledge, 1993, p.95.

对于如何可以切实有效地解决生态危机的思索,生态学马克思主义经历了一个由浅入深的过程。随着对生态危机产生原因的深入认识,更多相应的建构方案都将焦点聚于资本主义制度本身,但这并不是一个简单的过程。莱斯和阿格尔认为,当务之急是寻找到新的依靠力量,无产阶级的生活条件得到巨大改善,已不再具有革命性,所以他们将目光抛向了具有"生态意识"的中间阶级①。高兹也有同样的观点,他认为,被自动化工业所驱逐而游离于现实物质生产之外的不是以占有劳动而是以废除工人,和以劳动为目的"非工人的非阶级"群体将取代无产阶级通过废除谋生手段的劳动本身和废除一切对劳动控制的形式,进而废除资本主义生产方式。高兹还试图从生态合理性的经济重建中寻找出路,但他清醒地意识到,资本主义生态重建依然会对自然造成破坏,这源于其本质,即对资本利润最大化的追逐。因而,在高兹看来,社会主义的生态重建从本质上区别于资本主义,有可能成为解决生态危机的真正可能途径。佩珀、奥康纳、克沃尔、福斯特等人也都深刻意识到只有生态社会主义才是解决生态危机的根本途径。与此同时,莱斯还提出了这样的一个观点,即我们改变人类妄想控制自然的观念的实质,正是从控制自然转化为解放自然,"控制自然的任务应当理解为把人的欲望的非理性和破坏性的方面置于控制之下。这种努力的成功将是自然的解放——人性的解放:人类在和平中自由享受它的丰富智慧的成果"②。莱斯在《满足的极限》一书中认为,人类的最终满足不在于消费活动,而在于生产活动本身。只有消除了异化消费所派生的虚假欲求,人们才可以真正地享受劳动生产本身,从而,人类便不会基于生产的结果同自然形成对立了。

生态学马克思主义者认清了生态危机的发生实质,并在思考解决方式的同时,更多地对建设生态社会主义提出设想。奥康纳认为生态学和社会

---

① 这个"中间阶级"包括中小资产阶级、知识分子和青年学生等,这部分人没有被资本主义的异化消费所毒害,具有强烈的生态意识。——作者注

② [加]威廉·莱斯:《自然的控制》,岳长龄等译,重庆出版社 1993 年版,第 168 页。

主义是不矛盾的,要把二者结合起来,用生态社会主义取代资本主义。但他所设想的生态社会主义其实质仍然仅仅是从对资本主义的改良层面出发的,并未彻底改变资本主义的根本性质,即生产资料私有制。这种改良的本质,不过是在生态危机的背景下,融合了以往来自于生态学马克思主义的某些理论和原则。克沃尔反对这种观点,认为生态社会主义必须坚持社会主义和生态化生产这两个原则。他认为,为了实现生态社会主义,可以放弃坚持"非暴力"原则。戴维·佩珀则在《生态社会主义:从深生态学到社会正义》中表达了他的理想社会构想,这种构想批判地综合了马克思主义、无政府主义和深生态学的思想观点,类似一种激进的政治思路。同时,佩珀和本·阿格尔也都认为,通过构建生态社会主义的方式,更有利于人类社会的发展与进步。但是,虽然本·阿格尔更为重视人类对自然的保护力度,但这并不代表他将自然视于一种过分高的地位之上。他提出的"生态社会主义"与"生态完整的社会主义",含义基本相同,从根本上都是追求一种绝对的、彻底的自由社会。高兹对于生态社会主义的设想在其著作《资本主义、社会主义和生态学》中有很详细的描述,他最具代表性的观点是:生态原则作为第一性原则,无论政治、经济、社会、个人都要以生态原则为前提。

　　上述生态学马克思主义者的这些设想,虽都存在着不同方面、不同程度的局限性,但其本质都来源于马克思的思想理论支撑。这些设想或批判或继承,或具体或抽象,彼此的观点之间或赞同或反对,但他们几乎都主张人与自然的和谐统一,认识到单纯发展科学不能改变生态问题,若要避免生态危机需要改变消费需要,但生态危机的根源却在于资本主义制度本身。乔纳森·休斯对这些思想观点科学扬弃的基础上,更为清醒地领悟了马克思历史唯物主义思想,以及人与自然关系的实质,为其生态历史唯物主义思想的形成之路拨开云雾。

三、分析马克思主义的哲学观

　　20 世纪 70 年代,英美一些学者将分析哲学的分析方法诉诸对马克思主义哲学思想的研究当中,正是这些学者对马克思主义的政治需要创新了马克思主义的研究范式,并在此基础上产生了分析的马克思主义。分析马克思主义试图利用分析哲学的清晰论证对马克思主义哲学中的历史唯物主义、道德论、剥削理论和阶级冲突理论等进行分析解读与分析重塑,它在西方马克思主义衰落以及无力解释资本主义新危机下,力图寻求一种更为优质的、适应时代发展的社会主义理念。分析马克思主义者们试图通过分析的方法对马克思主义理论进行改良,使之在某种意义上讲,既具有科学性又不失革命性。分析马克思主义的思维重点与理论主张并不具有统一性,无法总结出明确的、有说服力的流派主张,但他们大多具有语言简练、论证清晰、强调方法论意义上的"个人主义"、反对"辩证法"的特征。

分析的马克思主义者普遍认为,传统马克思主义中存在诸多理论论证逻辑不严谨、内容不清晰、概念混乱的问题。在对马克思主义兼容科学性和革命性的优化重建过程中分析哲学被广泛应用,这种思想确立了分析哲学在分析马克思主义中的地位。甚至于带着分析哲学严谨的思维方式在理解马克思历史唯物主义的过程中,分析的马克思主义者认为其表述粗略,并未达到分析哲学应有的标准,而这种观点更多地源于他们对概念在理论上的逻辑关系的严谨论证。在推崇分析哲学的同时,分析的马克思主义者反对以传统马克思主义为代表的辩证法。对于传统马克思主义者公认的辩证法,分析的马克思主义者却认为它缺乏理论推理的可靠性,而这种形式逻辑造成了马克思主义的混乱,甚至会引发怀疑主义,并抑制了其科学性。在分析的马克思主义者的视角里,辩证法充其量是谈论相互联系和变化的抽象方法,只有分析方法的清晰论证才具有彻底性。这种观点最突出地体现在美国马克思学家诺曼·莱文(Norman Levine)的《什么是今天的马克思主义》一文中。莱文认为,马克思的辩证法只是一种通俗的因果解释,并且混沌得一塌糊涂。

在方法论上,分析的马克思主义者们更多地否定方法论的整体主义而赞同方法论的个人主义。方法论的个人主义与整体主义这两种截然不同的观点,所争论的焦点在于在阐释社会现象的过程中是否可被视为一个可还原且独立的主体。原因在于,它们普遍认为一切事物发展的最终结果都是通过无数个人行为所造成的。基于这种认知,分析的马克思主义者认为,在社会主义终将取代资本主义这一问题上,马克思整体主义的解释过为宏观,并未具体体现个人行为对这一问题的结果是如何导致的,并通过还原理论认为个人行为可作为任何社会科学的解释的最终还原,而这种还原需要通过个人的动机、价值观、情绪、思维方式以及所具有的能力及对知识的储备等来说明。美国学者乔恩·埃尔斯特(Joy Elsfer)和美国政治学家约翰·罗默(John.E.Roemer)都赞同上述主张,他们呼吁用"方法论个人主义"原则来重塑马克思主义理论。这种观点认为,以现代科学的视角来审视传统马克思主义通过整体描述对社会现状的诠释是并未达到理论要求的。因此,他们更为倾向于用方法论个人主义来作为解释分析一切事物的逻辑基点。

基于上述分析马克思主义的理论特点,很多分析的马克思主义者所涉及的问题同时围绕其代表人物英国哲学家科恩(G.A.Cohen)①的三个发问来展开研究的,即:"我们所追求的是什么形式的社会主义?""为什么我们想要这种社会主义?""我们怎样才能实现社会主义?"②科恩作为牛津大学教授以及"九月小组"(1979年科恩等几名学者约定每年9月在伦敦定期交流关于马克思主义研究的新成果,被称之为分析马克思主义的"九月小组")的发起者,他认为分析的马克思主义可以分成广义和狭义两种解释。"从广义上讲,所有的分析的马克思主义都是分析的;从狭义上讲,大多数的分析的马克思主义都是分析的。"③而广义与狭义的另一个不同则体现在思维方法上,广义的分析是对立于辩证思维的,而狭义的分析则对立于整体

---

① 国内某些译本中将科恩译为 G.A.科恩,为追求学术严谨,在本文的页下注中会有两种译法,意在还原译者的本意。——作者注

② G.A.Cohen, *Labour, And Freedom: Themes from Marx*, Oxford: Oxford Press, 1988, p.12.

③ [英]G.A.科亨:《卡尔·马克思的历史理论——一种辩护》,段忠桥译,高等教育出版社 2008 年版,第 2 页。

主义的思维方式。①

乔纳森·休斯关于历史唯物主义的诸多观点也来自于对科恩思想的反思,比如科恩对生产力与生产关系、生产关系与生产方式、经济基础与上层建筑等基本概念范畴的澄清,详细的例证在第一章第二节与第三章第二节中会有阐述。科恩在其经典著作《卡尔·马克思的历史理论——一个辩护》中明确表示要为这种"老式的历史唯物主义"进行辩护。其中,科恩对于生产力发展问题的分析可以体现出作为分析马克思主义代表人物的哲学视角。他认为,首先人类处于物质资料匮乏的环境中,并且有能力也有意识通过提高生产效率来缓解物资匮乏的现状,从人类自身欲望的角度出发,生产力的发展似乎是不可避免的,它必将贯穿人类历史发展长河的始终。科恩指出,生产力的发展具有自律性,其根本原因是为了满足人们对物质资料的向往,社会结构并不能左右生产力的发展,反而人的理性、革新精神以及因物质缺乏而导致的负面情绪等非社会的物质事实却可以对其产生影响。依据科恩的上述观点,一些先进生产力形式的出现,比如劳动者更新自己的劳动工具,其目的在于减轻自己的劳动负担;再如资本家采用更先进的设备,其目的在于增加他所获得的最终利益。并非是这些决定了对物质匮乏的摆脱,它们只是构成生产力发展的某一个具体原因,而非其根本原因。因此,在人类发展过程中的确存在由于自然或环境因素使某一社会明明资源匮乏但仍缺少生产力进步的发展趋势,而这并不是全面的更不是永恒的。在人类整体的历史中,生产力的进步总会在某处发生并一直伴随人类的整体发展。

以科恩为代表的分析马克思主义作为西方马克思主义的重要组成,其运用严谨的、清晰的分析哲学、方法论个人主义等自成一派的方法理论拓宽了马克思历史唯物主义的研究范式,其思想实质在于对马克思历史唯物主义的辩护与推进,并试图采用分析的方式重塑符合时代发展的历史唯物主

---

① [英]G.A.科亨:《卡尔·马克思的历史理论——一种辩护》,段忠桥译,高等教育出版社 2008 年版,第 2 页。

义。但必须指出,这一流派在研究问题上忽视了马克思主义理论的运动性和发展性,部分曲解了马克思主义的本质内涵,他们对抽象的思维方式以及对自由主义理论与法律实证主义的过分依赖,导致其理论深度的欠缺。乔纳森·休斯作为这一流派的代表人物之一,也在一定程度上存在着相同的问题(这一点在第四章会详细论述),但更多地基于马克思和恩格斯自然观的思想与西方马克思主义生态观中的良性继承,仍使他在对历史唯物主义的生态性维护与诠释的过程中发挥着重要作用。

第二节　生态问题的研究定域

在上一节中,我们总结了休斯生态历史唯物主义的思想来源。休斯继承了马克思、恩格斯的自然观,扬弃了西方马克思主义的哲学观,以此发展了分析马克思主义的生态观。分析马克思主义思潮作为西方马克思主义不可或缺的重要组成,试图通过分析哲学为引导对马克思主义进行扬弃,而西方马克思主义更注重对马克思主义思想的重新诠释与发展,这一思想脉络的延伸使休斯更具体、历史、客观地理解马克思主义,在吸取优点的同时,维护了马克思主义的生态性。在本节中,将会以休斯对生态问题域的重新释义为出发点,进而阐明其如何将生态与马克思历史唯物主义进行了勾连。

一、对生态问题域的重新释义

德国哲学家黑格尔(Hegel)在《小逻辑》中有这样一段论述:"如果只是加以初步的解释,未免有失哲学的本色,结果所得恐不过只是一套无凭的假说,主观的肯定,形式的推理,换言之,不过是些偶然的武断而已。与此种片面的武断相对立的反面,亦未尝不可以同样有理。"[①]乔纳森·休斯认同这种哲学理念,认为我们在研究和评价生态问题之前,必须明确究竟哪些问题

---

① ［德］黑格尔:《小逻辑》,贺麟译,商务印书馆 1980 年版,第 49 页。

才可被视为是生态问题。不然,学界永远无法客观有效地探究马克思和恩格斯的生态思想,领会他们对于一些可能发生的生态问题的预见和潜在的应对理论。自卢卡奇时期开始,西方马克思主义在不同时期的众多流派中,关于生态问题的探索观点庞杂,对生态问题域的界定始终无明确共识,很多学者只为求新求特,而忽视了很多马克思历史唯物主义中的应有之义。休斯提出确定生态问题域的想法基于这种混乱的学术现状,与其分析马克思主义对语义细则、概念逻辑等锱铢必较的哲学态度紧密相关。

休斯认为,在一些特殊的主张中,认为马克思对生态问题的某些方面视而不见的根源是,我们没有弄清在社会所面临的一系列问题中,哪些可被视为生态问题。因此,休斯通过对大量环境方面的文献中所有参与者辩论过程的借鉴,以及对不同学科研究领域的区分,来尝试解决这一问题。

首先,休斯辨析了生态问题究竟属于何种研究领域。休斯认为,"生态"一词已超出了生物学专有的领域,已不再是单纯"用于指生物学的一个分支,旨在处理生物体及其环境之间的关系"①。因为人类与环境之间的关系被超出其科学范围研究的社会和技术因素所中介,由此得出的观点是,生态问题已经不完全属于自然科学的研究范畴,因此,生态学也从生物科学的一个分支成长为把生物科学、物理学和社会科学连接起来的一个重要的跨学科科学。接下来,休斯对"生态"和"环境"这两个词语的关系做出了自己的阐述。休斯认为,对于生物与环境之间的系统的、整体的方面的注重,是"生态"一词所体现出的与"环境"一词的差异,但这并不能表示在对人类问题的核心应用上"生态"或"环境"所体现出的不同,更不能将之作为把人类与环境之间的关系问题从生态学领域移除的理由。因此,休斯认为可以在表述中交换使用"生态问题"与"环境问题"来研究问题。

在认清了现今生态问题所属的研究领域后,休斯又发现了新的问题。休斯指出,造成我们对生态问题界定困难的一个原因是,学界一直以来对

---

① 俞吾金:《从科学技术的双重功能看历史唯物主义叙述方式的改变》,《中国社会科学》2004 年第 1 期。

"自然"概念的多义阐述与笼统释义。早在古希腊时期,古希腊著名哲学家亚里士多德(Aristotle)在其《形而上学》中就对"自然"一词进行了 7 种释义;在近代英国经济学家、哲学家约翰·斯图尔特·密尔(John Stuart Mill)的思想中,"自然"的概念又有所变化,致使"天然自然"同所谓"人工自然"逐渐开始被区分开。马克思则指出:"自然界,就它自身不是人的身体而言,是人的无机身体。"①但后来学者对于"自在自然""人化自然"抑或是"人与自然的统一体的自然"等说法,在表述上时常未加界定。这一现象的普遍存在导致在不同学者视野中"人"究竟是否从属于"自然界",抑或是"自然界"与"人类社会"是两个对立的存在这一问题始终存在争议。这一遗留问题使我们对生态问题域的界定工作更加困难,因为这些问题通常出现在环境已经被人类活动改变的情况下。比如英国学者罗宾·阿特弗尔德(Robin Attfield)、英国学者雷纳·格雷德曼(Rainer Gladman)等在对生态问题域界定时认为,如果一个问题作为人类处理与自然关系的实际后果而产生,那么该问题就是生态问题。这种观点存在着的问题是,对"自然"概念未加审查。帕斯莫尔认为,生态问题可以界定为那些产生于人类处理与自然之间关系的问题。但这里所说的"自然"是否等同于"原始自然"我们难以考证,如果等同,那么很多现有的生态问题就被我们的概念排除在外了,因为恩格斯已经指出人类的活动导致"自然"所剩无几。在马克思、恩格斯的观点中,始终坚持认为人类是自然的一部分,自然因人类的活动而转变成"人化"自然。

在以上的诸多分析的基础上,关于生态问题域的释义,休斯又考察了一些新的观点。德国学者汉斯·马格努斯·恩岑斯贝格(Hans Magnus Enzensberger)认为,20 世纪的环保运用所表明的问题本身与 19 世纪工业化的影响并没有本质区别,只是如今这些问题变得普遍化了,即它们影响着中产阶级的利益。而很多不同观点认为,环境问题在性质上不同于其他社会问

---

① 《马克思恩格斯选集》第 1 卷,人民出版社 2012 年版,第 55 页。

题,因为环境问题引发了特有的提议,即改组整个政治、社会和经济生活的新政治意识形态的需要。英国马克思主义者斯图尔特·霍尔(Stuart Hall)沿用了马克思主义的观点,承认环境危机是一个性质上全然不同的问题,需要一个彻底全新的方法。英国学者乔·韦斯顿(Joe Weston)将生态问题的范围划得更广,比如街头暴力、异化劳动、贫困、失业等。当然,如果不加限制地追根溯源,诸如此类的问题也许与环境问题有些许关联,但若把其本身视为环境问题就是以剥夺其概念特殊性的方式摒弃了它的正常用法。休斯认为,我们关注的环境问题等同于生态问题的这种意义的讨论,而生态学关注的是生物个体与其自然环境的关系。如美国生物学家奥德姆(E.P. Odum)的观点认为,生态学主要关注单个生物个体之外的各级组织,即种群和(生物)群落。因此,休斯认为我们应该将问题的着眼点置于"那些关系到作为一个整体的社会与其环境——非人类世界或'自然'之间关系的问题,界定为生态问题"①。如某位学者无意中将人类带来的氢弹和毒气室等,等同于花鸟鱼虫一般,认为既然人是从属于自然界的,那人类的所有"作品"也都是自然的。休斯批判了这种荒谬的理论,结合韦斯顿所列举的环境问题列表,认为"自然"只是一个程度问题,其与非自然之间并无明确界限。"如果以'自然'的观点来定义生态问题的话,它就会相应地变得含糊不清了。"②这种含糊不清体现在,如果把"自然"理解成"原始自然",那将排除所有被人类改造过的对象,这样一来许多本来的生态问题就被排除在研究范围之外;若扩大"自然"的概念并将其延伸,那么社会所面临的任何问题都将归于生态问题域之中。对于前文提到的帕斯莫尔的定义中所认为的将环境问题理解为人类与自然之间的关系问题的观点,绝大多数学者表示认同,但这仅限于广义的理解,需要注意的是帕斯莫尔这一观点并未严

---

① [英]乔纳森·休斯:《生态与历史唯物主义》,张晓琼等译,江苏人民出版社2011年版,第14页。

② [英]乔纳森·休斯:《生态与历史唯物主义》,张晓琼等译,江苏人民出版社2011年版,第15页。

格区分社会所面临的环境问题与各种其他问题。休斯认为:"环境问题的具体特征及其政治理论内涵,不能从环境问题的形式定义或'人类'与'自然'概念之间的抽象区分来解释,而必须建立在人与自然以及人创造环境之间实际关系的理论阐释之上。"①

针对以上之问题,莱内尔·格伦德曼结合 1987 年《世界环境与发展委员会报告》与帕斯莫尔的理论,将污染(空气、水)、有毒化学物质的扩散、物种灭绝、人口的增长等 13 种现象作为环境"现象"的单表,并将环境问题最终归为三类:污染、资源的枯竭(可再生和不可再生资源)、人口增长。而关于人口增长这一条,休斯并不赞同。格伦德曼认为,人口增长对资源的开采力度也会加大,于是生态问题便会随之产生;另外,如果人口在特定地点、特定时间发生暴增,这会危害到人类自身的利益。但上述这两种说法并没有事实证据表明,人口增长是生态问题的必要条件。休斯认为,人口的恶劣增长的确会对人类社会造成危害,但这属于社会学范畴的问题而非生态学的问题范畴。但是,对于这一问题的更深层次的思考是,如同马克思对马尔萨斯人口理论的批判中所指出的,人口问题本身是否是生态问题的根本原因,以及现存的人口数量是否是造成现实的生态问题的根本原因。在人口问题被移出生态问题范畴后,罗宾·阿特菲尔德认为,"地球的生命支持系统濒危"即"生态系统的破坏"可以单独作为一类生态问题取而代之;而另一种观点则认为,可将"生态系统的破坏"归结在资源枯竭的类别之内。休斯仍然反对这种观点,他以温室效应导致地球变暖为例,指出这种观点在问题的原因方面和概念的归类方面的误区,并强调这种归类方式的局限性,混淆了不同问题、不同种类之间的真正区别。

休斯通过一系列的归纳与分析方法,扫清了由于自然与社会对比的模糊性所产生的在生态问题研究道路上的障碍,扬弃了帕斯莫尔、罗宾·阿特弗尔德、雷纳·格雷德曼、乔·韦斯顿等人的观点,明确了生态问题所涵盖

---

① [英]乔纳森·休斯:《生态与历史唯物主义》,张晓琼等译,江苏人民出版社 2011 年版,第 15 页。

的范畴以及如何在社会其他问题中进行区分。休斯对生态问题域进行了重新释义,将生态问题最终归结为三类,即污染、资源枯竭和自然生态系统的破坏。休斯通过对生态问题重新释义的过程,维护了历史唯物主义在自然概念上的生态性。休斯将生态问题理解为一种关系问题——人与其生存的自然环境间的问题,这一点是毋庸置疑的。他认识到生态问题的实质是人类与其所存在的各种环境之间不友善的关系,所以,引发生态问题的根源是人类自身的非生态实践活动。当然,仍需对这一现象背后的逻辑因素进行更为深入的挖掘,即不同的人类活动背后所依托的是不同的价值引导。因此,本书将在下一节阐述休斯对于非生态实践活动问题背后所依据的价值观或伦理观的辨析。

二、对自然和价值内在逻辑关系的重新勾连

在上一节中,我们论述了休斯对生态问题域的重新释义过程,在此基础上,他进一步认为,造成这些生态问题出现的根源在于人类不同的价值观取向,这源于人类对自然不同的理解,导致对自然的价值的看法不同。所以,为树立正确的生态价值观,我们必须寻找到以生态的价值观为依托的思想来源。环境伦理学作为应用哲学的一个分支,休斯对其中广泛争论的两大阵营:人类中心主义与非人类中心主义关于自然、生态、价值的观点进行了深刻辨析,并得出了结论,即认为马克思历史唯物主义是具有历史性的,同时其更具有生态性。环境伦理学伴随着环保运动成长,认为人类应将关心环境作为一种义务,并对支撑这种观念的价值观是什么等问题尤为关注。因此,对于看待环境问题的视角究竟应该以人为中心还是以非人类为中心出现了争论。

本质上,人类中心主义的出发点和归宿点在于以人类的利益准则为衡量尺度,以人类的价值评判为标准,对于处理人与自然间的关系问题,其利益出发点在于人的需要。换句话说,只有直接涉及人的利益才是中心的,看似与人类利益不相关的抑或是相当一段时间内不相关的就是非中心的。正

如余谋昌教授认为的那样,人类中心主义是"一切以人为中心,或以人为尺度,为人的利益服务,一切从人的利益出发"①。非人类中心主义与人类中心主义的观点相反,它们认为一切自然界中的存在比如牛、羊、蔬菜、花草甚至沙土、江湖、海洋,等等,同人类一样具有生态系统内在价值,它们都是道德共同体的组成部分和成员,认为自然才是一切问题的解释中心,认为应该把人类的道德关怀扩展到世间万物。非人类中心主义的产生,源于非生态的科技发展所引发的日益严重的生态危机。从某种意义上讲,这种危机的产生正是极致地发挥人类中心主义所产生的后果。

休斯考察了两种观点中一些具有代表性的声音,赞同人类中心主义的格伦德曼认为,非人类中心主义者的观点,其成立的唯一可能是可以区分"正常的"和"病态的"自然状态,这样人类才可在不损害自身实践活动的基础上对自然加以保护。但他指出这似乎是不可能的,因为非人类中心主义者们对自然是否"健康"的衡量标准,是依据自然生态系统的繁荣程度,而格伦德曼认为人类无法客观准确地对此进行感知,除非参照人类自身的利益偏好。另一群人根据亚里士多德的学说认为,人类无法对非感知实体的繁荣程度作出评价,显然这也并不被需要,因为任何繁荣的事物都有自己内在的善或内在价值,而人类的作用在于了解、决定非感知实体繁荣的因素,从而独立于人类利于辨别那些对它们有利的条件和状态。而对于是否认同非感知物拥有自己的善(利益)的问题,生物中心或生命中心伦理的拥护者们如罗宾·阿特菲尔德和美国哲学家保罗·泰勒(Paul Taylor)把非感知生物自己的善(利益)归因于个体活的生物体。而生态中心主义者如美国学者贝尔德·卡利考特(J.Baird Callicott)、美国环境伦理学家霍姆斯·罗尔斯顿(Holmes Rolston)则把它们归因于集体的或系统的实体,比如物种、生态系统,甚至是作为一个整体的生物圈。休斯对这种观点更为关注。非人类中心主义伦理学对此的看法是:为保证非感知实体的利益,必要时需要牺

---

① 余谋昌:《走出人类中心主义》,《自然辩证法研究》1994 年第 7 期。

牲人类的重大利益。特别是赞同此观点的整体论伦理学,把人类个体看作生态系统这种主要的价值存储器的组成部分,仅仅因为它们有助于整体繁荣。这种观点被美国哲学家汤姆·里根(Tom Regan)贴上了"环境法西斯主义"的标签。对于此问题,阿特菲尔德的回应是:非感知实体在道德意义上无法与感知生物相比,除非其与感知生物相关时,才可能稍显不同。休斯批判地认为其虽然"消除了非人类中心伦理直观上的可憎后果"①,但这种观点又与非人类中心主义关于非感知生物的利益不只是胜过于人的利益而是一切任何东西的观点相左。澳大利亚哲学家彼得·辛格(Peter Singer)倡导动物解放,他采用论证感知动物道德价值的方法,即寻求那些认可道德考量的事物,与那些道德价值处于争端中的事物之间的类比。他认为,动物具有感知苦乐的能力,因而理应被人类视为道德关怀范畴之内。在他看来,人类对于动物的解放,是人类对于自身解放事业的延续。英国学者约翰·奥尼尔(John O'Neill)提出了内在价值理论,即非工具性意义、非关系性意义和客观价值。他认为,正是非工具性价值这一属性,决定了一个理论是否是人类中心主义的主张,并将其视为拥有自己的善和具有道德价值之间的桥梁。对于这些问题的争论,休斯认为,我们没有必要就非感知生物是否具有善的因素而争论不休,因为"即使我们接受了广泛的非感知实体拥有'自己的善'的观点,想要建立它们的道德价值体系也还是不够充分的"②。

不同于对感知生物与非感知生物的争论,深生态学的代表人物、挪威哲学家阿恩·奈斯(Arne Naess)提出了"生态圈平等主义",并声称非人类中心的伦理是深生态学必不可少的组成部分。他认为,平等生存和成长的权利是一种直观上清晰和显而易见的价值公理,一方面,将"生物"前缀和"生命形式"一词理解为不仅是严格意义上的生命,并包含河流、景观和生态系

---

① [英]乔纳森·休斯:《生态与历史唯物主义》,张晓琼等译,江苏人民出版社2011年版,第30页。

② [英]乔纳森·休斯:《生态与历史唯物主义》,张晓琼等译,江苏人民出版社2011年版,第29页。

统这些非生命的东西；另一方面，站在整体主义的立场，通过对"内在关系"的讨论构成了相互关联的同一性，即每个人的同一性就是他们与所处环境构成的关系部分。休斯认为这种观点否认了自我与其环境之间的任何基本区别，这是令人难以置信的。深生态学家对解释深生态学的整体方面，采用了关注自我实现条件的方式，如美国学者沃威克·福克斯（Warwick Fox）的超个人的生态学，而这又是从心理学方面来理解的。因此，休斯认为："似乎深生态学不是以单一的、独特的评价视角为特征。相反，深生态学只是在伦理领域中通过否认人类中心主义的狭隘的工具主义形式而统一起来的；这一否认呈现出各种各样的形式，它消除，有时试图瓦解，人类中心主义与非人类中心主义的对立。"①

对于人类中心主义或非人类中心主义的观点，休斯似乎都不完全认同。首先，他认为非人类中心主义具有局限性，表现在其主张保护人类以外的，包括非感知生命的权利，却忽视了这些非感知的自然存在物不具有权利与义务的意识，也不具有行使权利与义务的能力，并认为可以牺牲人类自身的利益来维护自然界中非感知生物的利益，这却是一种对道德关怀的曲解，对生命平等权利的漠视，这种思想将危害生态系统的稳定与平衡。在休斯看来，非人类中心主义的价值观事实上是一种矫枉过正的强生态主义，表面上似乎以自然利益为依归，但若以此种价值维度审视万物，反而更不利于生态系统的长久稳定，也不符合人类自身发展的初衷。对于人类中心主义，休斯认为其仍然存在问题，表现在其过度地夸大了人的主观能动性与主体性，凡事以人自身的利益为最终衡量，忽略了人与自然的位置关系，认为只有人类自己才具有内在价值，而其他非人类的自然存在物不过是人类获取利益的工具，并且过分地依赖科技榨取自然，漠视代际关系。若以此种价值观念为引导，人类将继续疯狂于个人主义和消费主义，从而必将导致更严重的生态危机与经济危机。

----

① ［英］乔纳森·休斯：《生态与历史唯物主义》，张晓琼等译，江苏人民出版社 2011 年版，第 41 页。

　　休斯认同马克思历史唯物主义的观点,即"自然界,就它自身不是人的身体而言,是人的无机身体。人类靠自然界生活"①。认为我们确实需要面对的是,从整个自然界的角度来看,包括人在内的一切存在物需平等有序并存,但作为人类自身来看,我们所做的一切努力,其首要条件是符合人及人类社会的永续发展,这就使得我们无法摆脱以自身价值为出发点的痕迹。为了能够更好地结合这两种对立的观点,寻求更符合人与自然关系的价值引导,休斯在认同马克思历史唯物主义思想的同时,继承了人类中心主义中的优良脉络,将人类中心主义做了"广义"和"狭义"的区分。他认为,狭义的人类中心主义观点是将实现人们目的的工具这一范围扩展到人以外的一切事物,因此,资本主义制度下的人类中心主义,是一种狭义概念上的人类中心主义。

　　在对广义人类中心主义下定义时,休斯扬弃了格伦德曼的观点,认为格伦德曼虽然正确地捍卫和马克思联系在一起的人类中心主义,同时他也捍卫了颇有争议的一个观念,即人类统治自然的观念。而他的理由是:我们可以依据人类利益和需要正确地理解"统治",生态问题并非对自然统治的结果,而是对自然缺乏统治的证据。休斯对这个观点提出两点质疑:第一,格伦德曼对"统治"这个词语意义上的理解偏差,"统治"一词似乎是指将个人的意志强加于某个人身上,而无需考虑该人的利益或自主权,并且"统治"并不一定意味着对统治者利益的实际促进。也就是说,当前的自然问题也许就是一种统治失败的结果。第二,休斯认为格伦德曼的论证依赖于人类中心主义的先验假设,根据他的观点,统治或控制自然是一个适当的目标,因为它意味着成功地利用自然来促进人类的利益,而这又被错误地等同于找到了解决生态问题的办法,因此格伦德曼在这种观点上就走入了狭义人类中心主义的误区。休斯认为格伦德曼虽正确地看到了一种更强的人类中心主义(该主义能够充分地说明我们在自然中发现的价值),并由此破坏非人类中

――――――――――

　　① 《马克思恩格斯选集》第1卷,人民出版社2012年版,第55页。

心主义理论的动机。但格伦德曼却错误地坚持着,包括审美价值在内的自然中所有价值都是工具性的这一观点,因此,降低了其理论的合理性程度。

在此基础上,休斯所提倡的"广义的"人类中心主义,"就是将非感知自然的价值建立在对人类生命价值所做贡献基础之上的,但它不同于狭义的人类中心主义,即不单单从工具性方面看待这种贡献。然而这一理论所认可的对人类福祉做出的非工具性贡献的一系列事物,局限于具有自己的善的事物的繁荣"①。马克思认为,我们一系列道德上容许的行为受到了自然界价值的限制或约束,而这些价值是独立于人类和其他感知生物的利益的。休斯认为这种"广义的"或者说"延伸的""弱势的"人类中心主义,正是马克思历史唯物主义的应有之义,这种思想既肯定了自然界及自然规律的先在性和根本地位,同时又不违背人以及人类社会的发展初衷,符合马克思对于人与自然关系的正确理解,是一种对于自然保护、生态维护的可持续的价值理念,使自然与价值的内在逻辑得到正视,为解决生态问题寻找到了出路。而在下一节,本书将进一步阐述休斯视域中"狭义"历史唯物主义与"广义"历史唯物主义的区别,以更充分地证明马克思历史唯物主义的生态性,梳理休斯对历史唯物主义生态性维护的思想脉络。

三、对"狭义"或"广义"历史唯物主义的重新认识

我们在探讨马克思历史唯物主义的生态性之前,首先要明确马克思历史唯物主义究竟是什么? 它的研究范畴又是什么? 西方很多学者似乎并未弄清这些问题,这似乎也正是他们无视马克思历史唯物主义生态性的潜在根源。而之所以这些问题仍未被明确,源于对马克思历史唯物主义的两种认识观点:第一种观点将马克思哲学理解为辩证唯物主义和历史唯物主义的相加,而历史唯物主义是把辩证唯物主义的原理推广到社会历史领域的结果;第二种观点认为历史唯物主义是马克思哲学的基础与核心。我们可

---

① ［英］乔纳森·休斯:《生态与历史唯物主义》,张晓琼等译,江苏人民出版社 2011 年版,第 41 页。

以将这两种观点总结为"推广论"和"基础核心论"。它们都不谋而合地把哲学割裂地认识为自然、社会、思维三个板块，与"自然"相对应的是辩证唯物主义，与"历史"相对应的是历史唯物主义，这就违背了马克思主义哲学的总体性。虽然"基础核心论"更接近对马克思历史唯物主义实质的领会，但其并未阐明历史唯物主义作为基础核心与其他非基础核心领域间的逻辑关联。不能否认，这两种观点都将马克思历史唯物主义置于一种小巷思维模式之中，狭隘了其哲学内涵，遮挡了其应有之义。以此种观点为代表的对马克思历史唯物主义片面的解读，被视为"狭义"的历史唯物主义，并不等同于历史唯物主义，因为其所对应的是"狭义"的社会概念。除此之外，另一种更为广泛的见解，似乎更能被人所接受，即认为应对广义的社会或社会生活（即在人的生存实践活动中展现出来的整体世界）来理解历史唯物主义，依照这种前提所给出的理解是，历史唯物主义就是马克思主义哲学，二者以等号连接，这种"广义"的历史唯物主义观点似乎重现了马克思思想的总体性和本真精神。下面将对两种意义上的历史唯物主义做进一步论述。

在"狭义"的历史唯物主义观点中，对于"推广论"的形成，俄国马克思主义者普列汉诺夫（Plekhanov）是不得不被提到的。作为积极的马克思主义者，他说道："因为辩证唯物主义涉及到历史，所以恩格斯有时将它叫作历史的。这个形容词不是说明唯物主义的特征，而只表明应用它去解释的那些领域之一。"①普列汉诺夫认为，辩证唯物主义是马克思主义哲学的代名词，是马克思主义哲学的基础，而并非被其视为展现在应用层面的历史唯物主义。苏联政治家约瑟夫·维萨里奥诺维奇·斯大林（Joseph Vissarrionovich Stalin）更进一步地将历史唯物主义视为辩证唯物主义在研究社会生活中的推广，这种推广的狭义的历史唯物主义理论就此形成。而"基础核心论"似乎是另一种形式的"推广论"，理由在于，它认为自然界的基础理

---

① ［俄］普列汉诺夫：《普列汉诺夫哲学著作选集》第 2 卷，生活·读书·新知三联书店1962 年版，第 311 页。

论应用是历史唯物主义,进而再推广出辩证唯物主义,这可以理解为反逻辑上的"推广论",这种理论导致其仍然坚持将历史唯物主义定位在对社会历史领域的对应。如上所述,"推广论"将历史唯物主义作为马克思理论大厦的核心基点,但却无法论证与之其他各部分间的逻辑关联,似乎这种"总分"的说法无法兑现,这正是这种观点的另一个问题所在。

"广义"历史唯物主义的观点认为,历史唯物主义作为马克思主义哲学的全部,适合于一切研究领域,并不仅仅局限于传统社会历史层面。在《1844 年经济学哲学手稿》中,马克思写道:"社会是人同自然界的完成了的本质的统一,是自然界的真正复活,是人的实现了的自然主义和自然界的实现了的人道主义。"①"整个所谓世界历史不外是人通过人的劳动而诞生的过程,是自然界对人说来的生成过程。"②"广义"历史唯物主义的支持者认同马克思的观点,认为马克思的"社会"概念涵盖了人与人类思维以及自然本身,其并非狭义的"社会"含义。这种"广义"的社会含义将"广义"的历史唯物主义完整呈现,解释了历史唯物主义对于世界的整体观点。"广义"的历史唯物主义者们还认为其理论还原了"狭义"历史唯物主义者对认识论、方法论和范畴论研究的消解与限制。其理论依据是"那种排除历史过程的、抽象的自然科学的唯物主义的缺点,每当它的代表越出自己的专业范围时,就在他们的抽象的和唯心主义的观念中立刻显露出来"③。这段马克思在《资本论》中的表述,更加深了"广义"历史唯物主义者的理论自信。而休斯对于"广义"和"狭义"的历史唯物主义也提出了自己的看法。

休斯在《生态与历史唯物主义》一书中认为,马克思的历史唯物主义是一种包含了生态维度的"广义"历史唯物主义,关于这一点,我们从他对科恩的批判中能够加以证实。科恩对马克思的历史唯物主义的狭义性的考虑来源于《〈政治经济学批判〉导言》中马克思的一段话:"人们在自己生活的

---

① 《马克思恩格斯全集》第 42 卷,人民出版社 1979 年版,第 122 页。
② 《马克思恩格斯全集》第 42 卷,人民出版社 1979 年版,第 131 页。
③ 《马克思恩格斯文集》第 5 卷,人民出版社 2009 年版,第 429 页。

社会生产中发生一定的、必然的、不以他们的意志为转移的关系,即同他们的物质生产力的一定发展阶段相适合的生产关系。这些生产关系的总和构成社会的经济结构,即有法律的和政治的上层建筑竖立其上并没有一定的社会意识形式与之相适应的现实基础。"①他认为,这里可以看出马克思对这些组合的定义与它们之间的解释性关系做了精准界定。由此可见,马克思的历史唯物主义确实相对应于传统的社会层面。而休斯认为,首先,这只是一个序言,并不具足够代表性,且有可能是马克思为了通过当时普鲁士的审查刻意为之。其次,无论是上下文还是原文的观点,马克思并非将其作为历史唯物主义的一个概念来写这段话的。科恩又引出恩格斯《在马克思墓前的讲话》中的文字:"马克思发现了人类历史的发展规律,即历来为繁芜丛杂的意识形态所掩盖着的一个简单事实:人们首先必须吃、喝、住、穿,然后才能从事政治、科学、艺术、宗教等等;所以,直接的物质的生活资料的生产,从而一个民族或一个时代的一定的经济发展阶段,便构成基础,人们的国家设施、法的观点、艺术以至宗教观念,就是从这个基础上发展起来的,因而,也必须由这个基础来解释,而不是像过去那样做得相反。"②科恩认为这段文字正是说明历史唯物主义是狭隘的历史唯物主义理论,历史唯物主义要求依照我们生产我们所需的方式去解释国家机构、法律等,但并非每个人都有对于食物、衣服、住所的需要,而休斯认为马克思自己的观点中也隐含着历史发展将不会在"过于富饶的自然"的情况下发生。"过于富饶的自然'使人离不开自然的手像小孩子离不开引带一样'"③,"人类不是生下来就定居的,除非在特别富饶的自然环境里,人才有可能像猿猴那样栖息在某一棵树上,否则总是像野兽那样到处游荡"④,这使科恩认为历史唯物主义无法对一种人类不依赖自然且不需要生产来满足它们的物质需要的世界作出

① 《马克思恩格斯选集》第2卷,人民出版社2012年版,第2页。
② 《马克思恩格斯选集》第3卷,人民出版社2012年版,第1002页。
③ 《马克思恩格斯文集》第5卷,人民出版社2009年版,第587页。
④ 《马克思恩格斯文集》第8卷,人民出版社2009年版,第123页。

解释,这正是历史唯物主义的"狭义"所在。休斯结合加拿大学者安德鲁·
科里尔(Andrew Collier)的观点对马克思、恩格斯的主张进行维护,并强调:
"即使马克思对人类依赖自然的断言并不在一个狭义规定的历史唯物主义
的内容中,但这样的依赖的事实仍是这个理论的应用所不可或缺的,并且也
是马克思的更宽泛的学说所必不可少的,因为狭义的历史唯物主义为他的
这种学说提供了指导线索。"①

　　虽然不能把科恩的观点完全归类于"推广论"或"基础核心论"的"狭
义"历史唯物主义,但从休斯对他这种狭义思想的批判中可以感受到,休斯
对马克思历史唯物主义是"广义"的历史唯物主义这一观点的认同。而这
种认同也非简单的、机械的认同,是正视"狭义"与"广义"历史唯物主义之
间内在关联意义上的认同。更进一步的是,休斯赞同马克思历史唯物主义
是对人类具有生态指引的历史唯物主义。他认为,历史唯物主义是"一个
包括马克思生态依赖原则肯定的广义的定义"②,而这种生态依赖原则在马
克思恩格斯的著作中随处可见。在《自然辩证法》中,恩格斯反对把精神和
物质、人类和自然、灵魂和肉体对立起来的荒谬的反自然的观点,更警告世
人:"我们不要过分陶醉于我们人类对自然界的胜利。对于每一次这样的
胜利,自然界都对我们进行报复。"③马克思更坚持认为,"自然是人的无机
身体,人类靠自然界生活"④,并指出"整个所谓的世界历史不外是人通过人
的劳动而诞生的过程,是自然界对人说来的生成过程"⑤。

　　综上所述,我们有理由坚持认为,马克思历史唯物主义是"广义"的历
史唯物主义,是马克思主义哲学的全部,适合于一切研究领域,并不仅仅局

---

①　[英]乔纳森·休斯:《生态与历史唯物主义》,张晓琼等译,江苏人民出版社 2011 年
版,第 41 页。
②　[英]乔纳森·休斯:《生态与历史唯物主义》,张晓琼等译,江苏人民出版社 2011 年
版,第 41 页。
③　《马克思恩格斯选集》第 4 卷,人民出版社 2012 年版,第 998 页。
④　《马克思恩格斯选集》第 1 卷,人民出版社 2012 年版,第 55 页。
⑤　《马克思恩格斯全集》第 42 卷,人民出版社 1979 年版,第 131 页。

限于传统社会历史层面。这种认识,也可作为休斯所提出的马克思历史唯物主义是符合生态的历史唯物主义的这一观点的理论依据。在这一节中,本书阐释了休斯首先通过对生态问题的重新释义,得出符合马克思历史唯物主义应有之义的生态问题域,进而辨析了这种问题所产生的价值引导的来源,即"人类中心主义"和"非人类中心主义"价值观,从中得出一种包含生态意蕴的"广义人类中心主义"价值观,而这种"广义人类中心主义"正是马克思"广义"历史唯物主义对人与自然关系的认识。休斯这一系列系统的阐释维护了历史唯物主义的生态性,但他对历史唯物主义的生态性维护却不止于此,在后面的内容中会继续探寻。

第二章 乔纳森·休斯生态历史唯物 主义的理论内核

上一章我们梳理了乔纳森·休斯生态历史唯物主义的思想来源,并明确了他对历史唯物主义所涉及的生态问题的重新定域。这一章中将阐释休斯如何带着这样的问题域,从对马尔萨斯人口理论的真实揭露为出发点,论证出历史唯物主义理论的生态适用;并在对历史唯物主义与形而上学生态学、还原主义之比较的基础上,清晰了历史唯物主义的生态方法;最后通过对历史唯物主义的生态依赖原则、生态学上的脉络关联、动能的唯物性与劳动过程概念及生产主义的深入探讨与辩证维护,从而更延伸了历史唯物主义的生态思想。

第一节 对马克思历史唯物主义核心理论的拓展

休斯通过马克思对马尔萨斯"自然限制"的批判,以及自身在坚持马克思自然限制相对特性的思想基础上,对于盗用马尔萨斯主义的环保主义者的批判,清晰地指出相对于马尔萨斯而言,马克思、恩格斯思想的优越性所在,这可视为更有利地将马克思历史唯物主义的核心思想进行扩展的理论依归,而这种扩展就表现在其理论在生态维度上的适用。

一、对马尔萨斯"自然限制"的真实揭露

在人类历史的发展长河中,出现过许多关于人与自然关系的探索与反思。在上一章的论述中,突出表达了一个观点,即自然对人类是有限制的,人类需要正确、理性地面对自然。而在本节中所谈到的马尔萨斯的人口理论却是一种极端的对人与自然关系的解读。

18 世纪的欧洲,人口问题首次成为社会焦点,在这种历史背景下,英国人口学家托马斯·罗伯特·马尔萨斯(Thomas Robert Malthus)牧师发表了《人口原理》一书,其所倡导的"自然限制"理论在学界反响巨大,颇受争议。而马尔萨斯关于其人口理论所倡导的核心思想是:地球上的资源是有限的,无论我们如何发展科技,如何提高我们对自然资源的利用效率,它都是有限的,这一点是永远不可避免。而作为人类自身而言,伴随着物质生活水平的提高、思想观念的进步、变革等种种因素,人口的数量目前仍处于一直增长的状态,而人口的增长会直接带来人们对物质生活资料需求的增长,总有一天会达到地球上所有资源都无法承载的地步,到那时,任凭再先进、再具有生态性的技术手段与制度约束,也终将于事无补。"人口如不加限制,就将呈几何级数增长,而生活资料只是呈算数级数增长。一组简单的数据就会说明与生活资料相比,人口增长的巨大力量。"①在这种观点的基础上,马尔萨斯认为,必须对人口的增长加以限制,并提出了两种我们至今看来无法认同的限制手段:预防性限制与积极限制。

预防性限制是一种从增长源头出发的限制手段,具体指通过抑制婚姻,降低结婚率等方式,从而在根本上降低出生率。即在假定人口死亡率不变的前提下,来降低人口增长率。对于马尔萨斯这种观点的提出,也迎来了前所未有的攻击。攻击者们赞同马尔萨斯所认为的"两性之爱是必要的,并

---

① Porritt J. , *Seeing Green: The Politics of Ecology Ex-plained*, Oxford: Blackwell, 1985, p.4.

且这种状态仍将会持续下去"①的观点,但他们坚持认为,正因如此,通过预防性限制会造成非婚生婴儿的数量有所提高,这会违背从源头限制人口数量的本意。

在马尔萨斯看来,如果说预防性限制,限制的是人口数量的上游,那积极限制则是限制其下游,即积极地提倡死亡率的增加。这种观点看起来是荒谬绝伦的,但马尔萨斯却认为,例如饥饿、病乱、人类战争、自然灾害等一切可增加死亡率的行为都是意义积极的。无论是限制出生还是增加死亡,马尔萨斯观点的基本逻辑是,不择手段尽可能地保证人口数量的减少,以此适应地球上总的生产资料,这仿佛是一种"牺牲小我、完成大我"的思想。他认为,以提高生产或者优化事物再分配结构,作为减轻贫困和饥饿的做法并无意义,在某种程度上,甚至会得到相反的效果,因为总有其极限到来的那一天。更让人难以理解的是,他对于一些试图改善穷人状况的较为温和的措施一并反对,相反,他提倡劳动济贫所制度。他认为,人类因生活资料的短缺而造成的苦难是不可避免的,而这种痛苦要由底层人民承担,劳动济贫所则可出于威胁的方式,可以对没有信心积极维持家庭生计的人们进行控制。

马克思对马尔萨斯的荒谬言论进行了深刻的批判,而这一批判集中于马尔萨斯对人口问题本身的理解,而非其所谓的解决途径。这种批判方式的原因在于:一方面,马尔萨斯降低人口方式的无理性是不言自明的,且已遭到了诸多指责,另一方面更为重要的原因是,当问题出现时,所对应的解决方案自然也不成立了。也就是说,马克思的这种批判是一种基于哲学层面原理式的批判,而非"人道主义"伦理层面的批判。休斯对马克思所提出的这些批判进行总结、归纳和理解。在他看来,首先,马克思对马尔萨斯的批判在于其为济贫所辩护的行为,认为这正是掩饰贫困的真正原因,并指出,马尔萨斯把贫困当作"人类永恒的命运"。马克思认为马尔萨斯理论伴

---

① Thomas K. Malrhus, "An Essay on the Principle of Population" 1st edn, in *Malthus*, London：William Pickering, 1986, p.8.

随着保守的意识形态意图,带有保守的政治意蕴,这种保守主义的非科学性,恰恰为他所谓科学的"人口理论"提供了动机。其次,马克思、恩格斯都不认同马尔萨斯的人口增长的几何模式,他把经济发展的不同阶段的过剩人口看成是一样的,不了解它们特有的差别,因而把这些极其复杂的和变化多端的关系愚蠢地归结为一种关系。马克思坚持认为,人类人口增长是社会的、历史的和自然的因素共同作用的结果,并引用数据来证明自己的观点,且指出人口并非总在生活资料极限的边缘,有时甚至落后于生产,甚至在生产增长时人口数量反而会下降①。事实上,对于今天的社会而言,特别是在发达国家或经济情况较好的国家中,的确出现了这种情况。在《政治经济学批判大纲》中,恩格斯认为,人口增长会受到社会环境的影响,而并非不可避免地遵从一个几何模式的增长。马尔萨斯在其理论后来的版本中一定程度上勉强承认这一点,即恰当的政府政策也许会促进道德对增长的约束,但是他还是低估了这种力量。马克思指出:"马尔萨斯式的人,即被抽象化而不再由历史决定的人……马尔萨斯把人类繁殖过程的内在的、在历史上变化不定的界限,变为外部限制;把自然界中进行的在生产的外部障碍,变为内在界限或繁殖的自然规律。"②最后,马克思认为马尔萨斯将特定的人的数量和特定的生活资料的数量强行连接。他引用英国古典政治经济学家大卫·李嘉图(David Ricardo)的例证,如果一个工人不再工作,那么现有的粮食便与之不存在丝毫关系。因此,马克思认为问题的根源并非简单的人口数量与生活资料的数量对应关系,而是对于生活资料的分配关系。在这里,他强烈地抨击了资本主义制度下的分配关系。根据马克思的相对剩余价值理论得出:当今的贫困和饥饿的真实原因不是自然的而是社会的。因为当今世界已具备的技术和已获取的资源,可以满足每个人对粮食的需要,但仍出现贫困和饥饿,这说明是生产方式和分配制度的问题,这是马克

———————

① 参见[英]乔纳森·休斯:《生态与历史唯物主义》,张晓琼等译,江苏人民出版社2011年版,第72页。

② 《马克思恩格斯全集》第46卷,人民出版社2003年版,第107页。

思对马尔萨斯人口理论直击命脉的批判。

关于马克思、恩格斯对马尔萨斯的批判，作为环保主义者的泰德·本顿提出了质疑。他认为历史唯物主义所假定的生产力的发展，是一种无限制的经济增长方式，这种增长方式既与资本主义所追求的生产力发展不同，又与对环境限制的尊重不一致。恩格斯认为，科学的发展和人口数量的增加同样是永无止境的。本顿则认为这种观点过分乐观，高估了科学的潜力，这种假设是依赖于现代工业生产发展的经验，并认为历史唯物主义否定了"自然限制"的存在，以此作为对历史唯物主义缺失生态维度的指责。

对此，休斯为历史唯物主义进行了生态性的维护。首先，休斯借鉴了格伦德曼的观点。格伦德曼认为当今科学发展的速度，早已远远超乎马克思、恩格斯那个时代能够想象的程度。因而，就技术动力观而言，恩格斯比本顿更为贴近现实。然而，马尔萨斯的绿色继承者的技术怀疑主义矛头，指向的是技术创新的效果而不是速率。对此，休斯辩护地认为，恩格斯也在后期的著作中注意到技术进步过程中的无意识后果对自然环境的危害。而这种观点也在恩格斯的著作中找到了来源，恩格斯警告说，每一次针对自然的胜利"在第一步都确实取得了我们预期的结果，但是在第二步和第三步却有了完全不同的、出乎预料的影响，常常把第一个结果又取消了"[1]。其次，休斯认为，恩格斯对技术潜力的看法是否过分乐观，并不妨碍历史唯物主义对马尔萨斯批判的主要框架。马克思、恩格斯并非认为依靠肥沃的土地供养人口可以没有限制，而是说目前这些限制并没达到，因此现存的贫穷和饥饿源于我们对已获得的技术和资源的不合理运用。而马克思也深刻地指出，其不合理的根源在于资本主义制度的本身：一方面，不断被制造出来的虚假欲求使人们为了盲目追求个人获得，而枯竭了生态资源；另一方面，则由于资本主义的分配制度所导致。历史唯物主义认同自然限制的存在，这是马克思、恩格斯在他们关于自然的论述中反复提及的，并指出发展技术的目的不

---

① 《马克思恩格斯全集》第20卷，人民出版社1971年版，第519页。

是为了将其彻底消除而是通过发展科技来提高满足人类需求的潜在能力,在此意义上,对自然资源极限的到来时间进行推迟。

休斯认为,马克思、恩格斯批判地指出了马尔萨斯理论中,意识形态特征和动机上的错误,揭穿了其人口增长与资源短缺之间的粗浅关联,拒绝了马尔萨斯的"人类缺乏满足其需求的现有手段是对生活资料的直接和绝对的自然限制的后果这一信念"①。历史唯物主义并非否认"自然限制",只是认为这一限制目前并未到来,"自然限制"本身也非单纯的自然作用结果,而是人与自然相互作用所产生的。这种观点正是历史唯物主义生态性的体现。在现阶段,人类的需求无法被充分满足的原因是分配不均、利用失败和生产力不足。因此,我们的当务之急是建立科学的、生态的分配制度,优化利用结构,发展可持续的生产力(这一问题将在后面的部分中着重论述)。休斯指出,经济增长和环境问题间的关系并不简单,但他赞同马克思历史唯物主义的思想,坚信通过"人类知识和社会组织不同程度地限制或促成自然潜力的实现"②。对于资源的限制与增长的极限等问题,本书会在"附录一"中作出进一步的讨论,并试图揭示,资本主义对于这种永恒的限制的一系列突破手段,这种分析对于我们透彻理解马克思关于资本主义制度本身的批判尤为重要。

二、对盗用马尔萨斯主义的环保主义者的批判

马尔萨斯与他的人口理论在世界范围内有着深刻的影响,当然,这种影响并非体现在其荒谬的解决方案所带来的积极方面,而是使人们更加关注人口与资源、人与自然间的关系问题,以及隐藏在生态问题背后的原因。为了使批判更有说服力,休斯继续列举一些对马尔萨斯主义"盗用"或者说继

---

① [英]乔纳森·休斯:《生态与历史唯物主义》,张晓琼等译,江苏人民出版社2011年版,第80页。

② [英]乔纳森·休斯:《生态与历史唯物主义》,张晓琼等译,江苏人民出版社2011年版,第80页。

续发展了的部分环保主义者的思想。

　　20世纪60年代末，受到马尔萨斯的影响，美国学者保罗·埃尔利希（Paul Ehrlich）在《人口爆炸》一书中提出，过多的人与过少的食物终会导致一个普遍饥饿的垂死的星球。与此同时，美国学者加勒特·哈丁（Garrett Hardin）在《公地的悲剧》中提出了著名的"公地悲剧逻辑"。他首先同意马尔萨斯的性欲不可抑制的观点，并认为生育也将不可控制。而若将所有生活资料的承载地——地球，视为一块"公地"的话，所有的人类个体都将毫无保留地在此"公地"中获取利益，因为人们对资源获取的成本是由全体人类共同承担的。所以，他认为人们再不可毫无成本地在"公地"中生育。休斯批判地认为，保罗与哈丁都认同人口增长的速度必会超载于有限的资源承载力的地球，二者关于人类生活资料贫瘠与环境恶劣深化的观点，仍然是马尔萨斯式的思维方式。而他们所得到的解决办法也依然是马尔萨斯式的方法，即对人口增长的盲目限制，虽然所使用的具体方法与程度都有所不同，但他们的理论核心都未摆脱马尔萨斯的影子。而哈丁的"救生船"比喻，即他所提出的："如果贫穷国家接受不到外来的粮食援助，它们的人口增长率将会因粮食歉收和饥荒而得到周期性限制。但是如果它们在需要时总能从一个世界粮食银行获得粮食，那么它们的人口会继续没有限制地增长。"①这种将发达国家比作救生船，并认为只要不对那些超载落水的人们实施救助，就没有沉船风险的思想同马尔萨斯的观点如出一辙，都并未如马克思一样，关涉全体人的共同利益。同时，他们将缓解贫苦大众的生存状况，视为对人口与资源造成不利影响的原因，这显然是有悖人性的。

　　到了20世纪70年代，罗马俱乐部的《增长的极限》再次将马尔萨斯主义的观点与环境问题关联。需要指出的是，这篇报告将人口增长视作为环境问题的一个主要因素，或者说是诸多因素之一，而不再是纯粹的如马尔萨斯式的唯一原因。虽然在一定程度上，报告中的观点较马尔萨斯的极端理

---

　　①　O.Neill, *Faces of Hunger:An Essay on Poverty,justice and Development*, London:Allen and Unwin,1986,p.58.

论较为温和,但它却把问题的焦点由人口数字转移到了人类需要,认为需求的增长会最终击败一切试图对此问题进行改善的措施,同时指出,技术能力的提升没有触及问题本质,而只是缓解了问题的症状。当然,通过对资本逻辑所造成的技术异化的分析,我们不难发现,这种症状的缓解事实上是一种有意为之,其背后另有目的。这篇文章同马尔萨斯观点的相似之处在于,同样认为解决问题的方法,不是增加生活资料的供给(这会导致对技术进步的不足够重视)而是限制需求的增长。同时,《增长的极限》也从对粮食供应限制的关心,延伸到对工业所用资源的限制的关心,并认为这样的资源不像粮食,它们的人均消耗量没有自然上限,因此,《增长的极限》一文认为,对经济和人口增长的限制,是限制这些资源需求的必要措施。在整篇报告中,作者对马尔萨斯所主张的对需要的抑制的可能性更倾向于一种乐观的结果,但却对于如何具体地贯彻落实这一可能性言之甚少。休斯批判地认为,《增长的极限》的主要问题之一是,它对于技术进步所带来的效果没有给予应有的重视。休斯赞同马克思的观点,认为随着技术水平不断提升,生产效率也会大幅增强,从而使提取和利用的对象可转移到对许多新的材料进行生产来作为替代方式,并在这种生产过程中加大对污染的控制程度。

如果说《增长的极限》是作为扩展的马尔萨斯主义,那么罗马俱乐部的另一个报告《处在转折点的人类》就可被视为温和的马尔萨斯主义,抑或解放的环保主义。这种判断表现于,《处在转折点的人类》一文中认为:"直到增长的定位、意义和主题以及增长的进程都得到定义,否则增长或者不增长既不是一个得到很好规定的问题,也不是一个有意义的问题。"①而为了更好的定义,此文将作为整体的一个量化或同一的增加,视为未被分化的增长,而因不同的部分或器官所导致的增长的数量和方式的不同,则被视为存在于有机增长或分化的增长模式内,未分化增长与分化增长是相互协调的。这篇报告还认为,人类当前最迫切的问题是增长的不适当分化,并且这种分

---

① Mesarovic M., Pesel E., *Mankind at the Turning Point*, London: Hutchinson, 1975, p.3.

化无法准确对应人类或其他物种的需求。把这个理论应用到"世界系统"所得到的是,对某些地区某些方式的增长提倡抑制,而另一些地区另一些方式的增长则需要提高。休斯批判地认为,这种观点在理解增长的本质上犯了定性不定量的错误,在这个问题上,马克思更科学地通过人类需求与生产理论的关系做出了合理解释。在第三章我们会进一步探讨。

英国学者乔纳森·波里特(Jonathan Porritt)在谈论"增长"问题时认为,"未来所有的经济增长都必须是可持续的,就是说,必须是在地球有限的限度范围内而不是在超出这个限度的范围内实现的增长"①。他虽然提出可持续发展的思想,但可持续的本意更多地表现在较少的经济增长,而非不同类型的经济增长。事实上,这种观点同样是一种概念的偷换。在此,我们能看到仿佛马尔萨斯规律的基本阐述结构仍然发挥着作用。况且,他并未真正阐明"增长"的含义,对于哪种是可接受的增长类型、哪种又是不可接受的增长类型,也同样并未给出合理的具体说明,这是导致其理论备受攻击的根本原因。作为温和的马尔萨斯主义者,乔纳森·波里特拒绝对人口增长的强制性限制,认为这种限制缺失了人权与道德的关怀。休斯对此认为,虽然乔纳森·波里特明确反对对人口增长的盲目抑制,但这种主张事实上来源于他所处的特定的政治背景,他的观点中仍然带有马尔萨斯主义的色彩。在波里特看来,那种短缺必须通过限制需求而不是增加供给来解决的马尔萨斯式的原则仍然十分明显。

在休斯看来,以上的论述中,这些马尔萨斯主义的"盗用"者或"发展"者的环保主义思想的共同特点是,他们都已经从概念上不同程度地转化了马尔萨斯观点中的主要矛盾,比如从人对食物的需求到人对事物的需求。但即便如此,其仍未摆脱马尔萨斯的思维模式。无论是从抑制新生人口出现到增加新生人口的出生成本,还是从抑制人口的增长到抑制人类需求的增加,对增长的限制的主题在这些思想者心中从未改变。

———————————

① Porritt J., *Seeing Green:The Politics of Ecology Ex-plained*, Oxford:Blackwell, 1985, p.120.

三、马克思历史唯物主义理论的生态适用

在前文中,我们之所以要讨论马克思和休斯,对马尔萨斯主义以及发展了的马尔萨斯主义的批判,是因为从这些辩论中,我们可以清楚地感受到马克思历史唯物主义对待自然、环境以及人与自然关系的根本思维方式。从马克思和休斯的观点中,我们不难发现,更多人所面临的生活资料的贫瘠问题,并非直接来源于地球上的资源的现实匮乏,而是因为贫困的人不具有获得生活资料的条件。对于富人而言,过多的财富只会使得他们可能购买的数量增加,而并非会增长单一物品的使用价值。那么我们可以得出这样的结论,马克思对马尔萨斯的批判是具有其效力的。我们通过对这些批判过程本身的剖析,以及对历史唯物主义的深刻认识可以发现,在面临如当今人类所亟待解决的需求与资源之间的关系问题时,马克思历史唯物主义思想依然适用。而休斯也继续为维护这种适用性,进行着历史唯物主义的生态性维护。

新晋的环保主义者同意历史唯物主义对于自然限制相对遥远的主张。但他们提出了一个紧迫的威胁,即自然系统吸收污染,同时又不中断它们支撑人类生存的能力,这似乎并非长久之计。对此,休斯认为历史唯物主义所关注的并非是资源的有型数量,而是资源的利用率。即这些资源可以转化为多少我们的需要,这就涉及生产技术的效率、替代资源的出现以及废物处理技术等。而这些因素可以说明,技术发展对自然限制的推迟和资源的保护是有重要作用的。这一点与马克思对马尔萨斯的回应中所强调的那些影响因素所起的作用是一样的,即"粮食生产而不是土地决定一个区域的最大人口量(或'承载能力');过去几个世纪以来农业技术的进步使在一定区域的土地上生产更多的粮食成为可能,并且更多的土地被用来耕作"[1]。在此意义上,休斯认为,在历史唯物主义的字典里,自然限制具有相对特性。

---

[1] [英]乔纳森·休斯:《生态与历史唯物主义》,张晓琼等译,江苏人民出版社 2011 年版,第 83 页。

与休斯一样,美国哲学家马修斯(Mathews)赞同历史唯物主义的这一观点,并对自然限制的相对性提出两个重要决定因素,即现存资源的数量和自然法则与人们在这样的自然处境中的活动方式。他指出,人们往往忽视了第二点,并认为这种活动方式是一成不变的。其实不然,就可再生资源来说,虽然一个既定资源的有型数量是固定的,但是开采过程中的资源损耗程度正是人类活动的功能所在,相关的因素如科学知识、技术能力和经济手段等,它们都相应地取决于社会的和政治的选择以及优先权。可再生资源和产生可再生资源的环境系统,不是在总体数量上受到限制,而是在与这些资源的持续再生产相一致的开发速率上受到限制。当然,尽管社会、技术等因素可对自然限制产生相对特性,但总有些领域是现有的手段无法突破的。马克思、恩格斯从未认定自然限制不会到来,而我们通过人为的手段,只是可以延缓它的发生。恩格斯在《自然辩证法》中描写道:"也许经过多少亿年……那时日益衰竭的太阳热将不再能融解从两极逼近的冰……那时有机生命的最后痕迹也将渐渐地消失……甚至连这样一些星系也要遭到同样的命运。"①对于这种绝对限制,休斯认为,恩格斯早已适当地、有远见地将其描绘出来了。

马克思认为,自然限制的范围在于一定的目标或价值背景,并且这些限制受技术状况、占统治地位的社会组织形式等多重因素的影响。而生产过程自身即是人类通过实践与自然界间的互动过程,人类利用技术将他们的影响再施于自然,我们存在于自然当中,一切活动都必然依赖自然界中的法则,因此,对于人类的这种实践活动过程本身的关注是尤为重要的。尽管如此,技术性的限制抑或是社会性的限制,仍然可与那些生态性的限制划清界限。因为生态限制的出现,代表着自然总资源的耗尽对人类生存发展方面的有害因素,所以,生态限制也是随着自然界中总的资源收益不断减少而渐渐产生的。限制本身可被视为增大产量的成本超过收益,而如何定位"超

---

① 《马克思恩格斯选集》第4卷,人民出版社2012年版,第860—861页。

过"和"未及",取决于自然界中各种各样的成本和收益的相对权重。而马尔萨斯主义的观点是,生产技术的变革不会为改变限制提供任何帮助。因此,休斯认为,通过马克思恩格斯对马尔萨斯的批判可见,历史唯物主义的生态性在于它给予每一个可限制的因素的作用以适当的思考。它承认自然、社会和技术的相互关联性,它从未否认自然限制,但同时指出高估自然因素的风险。技术和社会组织,需要在判断环境限制存在于何处,以及它们以何种状态逼近我们时所起到的作用。因此,技术的发展同样不是盲目的,以个人短暂利益为依归的,而应该实现一种客观的、持续的、尊重自然规律的生态化发展。马克思的历史唯物主义认为,生态限制或者说增长的极限,事实上是一种相对化的存在,我们看待这个问题需要通过符合生态限制的自然因素、社会因素和技术因素来综合性分析,而不能简单地盲目判断,不能进行脱离了现实的人和现实社会本身的盲目判断。自然资源的极限是存在的,但过分注重自然资源的极限,会忽略社会和技术因素的发展,而社会因素与技术因素在某种程度上会相互关联,相互影响,因此,在研究过程中要相互结合,不可独立分割。一切事物皆存在于普遍的联系之中,"而这些因素的相互关系正是马克思历史唯物主义理论的核心"①。休斯通过对马克思历史唯物主义核心思想中应有的生态之义的深入挖掘,维护了历史唯物主义的科学性、生态性,并在生态领域对其核心理论进行拓展。

第二节　对马克思历史唯物主义生态方法的阐发

在对历史唯物主义理论核心进行生态维护与拓展后,休斯继续对历史唯物主义的理论方法中的生态性进行探寻,通过将历史唯物主义与形而上学生态学和还原主义的方法比较,休斯得出了历史唯物主义的生态方法。在某种意义上说,历史唯物主义具备研究和解决生态问题的能力,更是一种

---

①　[英]乔纳森·休斯:《生态与历史唯物主义》,张晓琼等译,江苏人民出版社 2011 年版,第 90 页。

最为有效的方法理论。这一结论,对马克思的批判者们给予了充分的回击,也对维护、肯定历史唯物主义的生态思想指导作出了具有重要意义的贡献。

一、形而上学生态学与还原主义

在关于历史唯物主义与形而上学生态学的方法比较方面,休斯首先分析了两个问题:第一,关于环境理论家的方法论和形而上学的主张,在哲学和生态学上的合理性问题;第二,这些主张与马克思历史唯物主义理论之间的联系问题。

关于形而上学生态学,休斯认为,形而上学生态学虽然只是生态学中的一个领域,但对它的研究仍具有重要意义,可以为解决环境问题呈现理论根基和意见参考,是我们研究环境整体主义的前提基础。因此,我们有理由认为形而上学生态学的理论者们,在方法体系与哲学想象层面,对自然生态系统的理论者们有着至关重要的地位。

休斯列举了澳大利亚生态伦理学家安德鲁·布伦南(Andrew Brennan)的观点。安德鲁·布伦南对深生态学运动的生态中心伦理发起挑战,并提出自己的替代学说,即“生态人文主义”。这可理解为研究环境哲学思想的一个有益的出发点。布伦南确定了两种不同的世界观的定义,首先他将认为世界在某种程度上依赖于精神的观点视作唯心主义,之后又将认为所有的事物都以一种重要的方式相互依存的观点视为全球整体主义。在生态学框架上他又做了两个区分:其一,“科学生态学”,即生物学家对有关生物体之间以及生物体与其所处环境之间相互作用的科学研究(偏生物学方向);其二,“形而上学生态学”,即解决问题的一种方法以及提供适用于远远超越生命系统的形而上学的生态学(偏形而上方法论)。“科学生态学”与“形而上学生态学”的本质区别在于,科学生态学即本身的科学领域研究,形而上学生态学可被视为更广泛的,即将生态学的思维和方法用作对世界观和方法论的研究的一种“广义的生态哲学”。

在对比分析后,休斯更多地将整体主义视为形而上学生态学的根本论题。形而上学生态学家的整体论可以解释为一个关于全球事物相互依存的论题。如美国学者弗里特乔夫·卡普拉(Fritjof Capra)所说:"现实的新景象是建立在对所有现象——物理、生物、心理,社会和文化等现象——本质上相互联系和相互依存的意识基础之上的。"①这正是他提出新的世界观(范式)的核心,并且认为整体主义中所有危机都是认识危机的不同层面,在此基础上,他通过"分析的"和"还原的"技术的限制,对牛顿力学的所谓"旧范式"提出质疑,认为其在对事物的认识上具有割裂性。因此,休斯总结道:"形而上学生态学家的整体主义也许可以解释为这样一种观点,即生态学(和当代物理学等)所揭示的相互联系的程度或类型,削弱了对诸如笛卡尔式科学的还原技术手段理解生态系统这样的实体的企图。"②

然而,关于"还原"该如何被理解,或者说应用"还原主义"在研究生态问题时容易引发哪些不当的后果的认识,我们首先需要对其词义进行分析。如"整体主义"一样,"还原主义"也围绕一些尽管有关但不等同的理论学说。不同之处在于,"还原主义"所针对的这些理论彼此之间可将一个理论还原为另一个理论,而最终都还原至同一理论,即机械运动。

安德鲁·布伦南认为还原主义可做两方面理解,即术语还原与本体还原。术语还原,即仅存在于术语间的新旧替代,并同时保持其含义的不变或者相似;本体还原,即存在于实体间的新旧替代,通过还原从而减少实体数量。进一步,布伦南指出术语还原与本体还原是独立对应的两个论断,并从两方面加以解释:首先,术语还原几乎无法实现从不同的角度对待同一种事物的存在。简单地举例来说,我们承认所有内在的心理状态在外在的身体上都会出现或多或少的相对反映,但不能排除一些较为特殊的心理状态,这种心理状态存在于不同的身体系统中,所带来的表现可能截然不同。其次,术语还原与本体还原存在着根本性的区别,我们并未看到关于"本体还原"

---

① Capra F., *The Turning Pioint*, London:Fontana,1983,p.285.

② [英]乔纳森·休斯:《生态与历史唯物主义》,张晓琼等译,江苏人民出版社 2011 年版,第 97 页。

较为清晰明确的概念式定义,这也反射出本体还原所涉及的范围之宽泛。而"术语还原"更多地又只能作为我们研究问题时的一种理论参考,因为我们需要承认,在现实中,术语还原的方法难以真正被实现。布伦南本人更将术语还原视作一种逻辑等价的陈述,而这其中包含了不同的术语组合。休斯认为:"如果'本体还原'是一个缺乏明确标准的概念,那么从方法论的视角看,'术语还原'似乎就是空洞的。"①

基于以上两种形式的"还原主义"都无法真正地产生任何实质性的方法论戒律,布伦南又讨论了第三种还原类型,即"理论还原"。从某种意义上讲,这与形而上学生态学理论者所关注的共同之处更为突出。所谓理论还原,即指一个理论在联系论述语的附加陈述的帮助下推导出另一个理论。比如,将热力学还原为统计力学,就需要将气体温度和压力同其分子运动连接起来。然而,这种还原依然缺乏相对明显的术语或本体含义,这仍然是其问题所在。

休斯认为,形而上学生态学理论者之所以反对还原解释,关键在于,他们不愿看到"这种还原将导致生态系统和其他集体或整个实体被视为比它们所包含的单个生物体更不'真实'从而具有较低价值"②。布伦南对于还原主义的第三种形式的诠释虽然仍具争议,但即便理论还原真实存在,也无法作为方法论来满足如卡普拉式的学者们之需求。而这些学者的方法论焦点更恰当的解释是一种延伸,涉及的范畴包括关于生态学范畴之下的整体论与还原论者,或者说是有机论与机械论者。

基于生态问题的研究层面,休斯认为,追求还原解释,即使原则上是可能的,也不总是处理生态问题最富有成效的解决办法。还原主义所追求的"万般归一"原则在研究科学领域并非万能适用,因为科学在不断发展,我

---

① ［英］乔纳森·休斯:《生态与历史唯物主义》,张晓琼等译,江苏人民出版社 2011 年版,第 98 页。

② ［英］乔纳森·休斯:《生态与历史唯物主义》,张晓琼等译,江苏人民出版社 2011 年版,第 99 页。

们对它的探索也在不断进步,在这个过程中对于处在次要位置的科学仍存在研究价值。还原主义致力于寻找到问题的基础层面,力图在根基上解决矛盾问题的核心。但在这种机械的还原过程中,还原科学与被还原科学中出现的大型的、复杂的系统问题并不都能被很好地解释,因为对于还原科学的研究,即便依靠大量初始数据,这个工作本身也是十分困难的。在不同的层面之间解释问题,需要"有一个与生态关怀相关的民主的维度,即针对大众能够理解的生态问题进行辩论"①。不然,将无法作为一个对环境亦或生态问题有利的研究方法。因此,休斯认为,形而上学生态学理论者在一定意义上可能正确地抵制了过分强调用还原性术语解释生态和其他现象。而在下一小节,将通过对历史唯物主义的方法与形而上学生态学的方法进行比较,得出在正确认识、分析和解决环境问题时,应该依赖重要的方法论支持。

二、历史唯物主义的生态方法

在休斯看来,一些环境保护主义者如卡普拉认为,马克思的技术决定论抵消了他所谓的对所有现象的相互关联的深刻洞悉。又如英国学者李吉科(Lee Keekok)认为,如果将经济基础视为意识形态上层建筑的原因的话,那么后者就不能反过来对前者有任何影响。这些观点导致他们认为马克思的方法是一个无视或否认现象之间复杂因果关系的机械的社会模式。这种观点是对历史唯物主义的误解。

马克思坚持认为,经济的发展是建立在政治、法、哲学、宗教、文学、艺术等因素的基础上的,但是,这些现象与经济基础之间又存在互相作用。恩格斯认为:"并非只有经济状况才是原因,才是积极的,其余一切不过是消极的结果。"②而一些存在于马克思的《〈政治经济学批判〉序言》中的段落,似

---

① [英]乔纳森·休斯:《生态与历史唯物主义》,张晓琼等译,江苏人民出版社 2011 年版,第 103 页。

② 《马克思恩格斯选集》第 3 卷,人民出版社 2012 年版,第 649 页。

乎再一次将历史唯物主义与"机械性"相互勾连。对此,休斯通过恩格斯在
《自然辩证法》中的表达作为回应:"相互作用是我们从现今自然科学的观
点出发来在整体上考察运动着的物质时首先遇到的东西……只有从这种普
遍的相互作用出发,我们才能达到现实的因果关系。为了了解单个的现象,
我们必须把它们从普遍的联系中抽出来,孤立地考察它们,而在这里出现的
就是不断变换的运动,一个表现为原因,另一个表现为结果。"①恩格斯指
出,对于历史唯物主义机械性的指责仅限于对马克思在与其对手之间的争
论中所强调的要点的优先之处,即经济基础在解释历史中的主要作用。并
且,如果"政治权利在经济上是无能为力的,那么他们为无产阶级政治专政
进行的斗争"②就将是毫无意义的。休斯认为,正因如此,对于经济基础与
上层建筑间的辩证关系的认同,是历史唯物主义方法论的根基部分,而那些
对于"机械性"的指责,可被视为一种片面的、不存在的思考误区。休斯援
引了科恩对马克思历史唯物主义分析重建过程中的有益观点,认为上层建
筑支持或者妨碍构成经济基础的经济形式,是其是否可被选择的根据,而其
促进或者妨碍生产力的良性发展则成为这些形式兴衰与否的根源。当上层
建筑作为一种桎梏阻碍生产力进一步良性发展时,这种经济形式将连同上
层建筑一同被推翻。这说明,对于历史唯物主义"线性"或机械的单项因果
关系模型的指责并不成立。

休斯总结了历史唯物主义方法论的发展过程,在恩格斯晚期的一些著
作中寻找到一些深刻和清晰的哲学讨论。休斯认为:"尽管他的大部分讨
论……含糊不清,但我们仍然可以从中看到他们的许多真知灼见,这些真知
灼见有时更为深刻和清晰。"③在此基础上,休斯将历史唯物主义与形而上
学生态学进行比较,同时又与还原主义进行对比。首先,休斯指出,恩格斯

① 《马克思恩格斯选集》第4卷,人民出版社2012年版,第920—921页。
② 《马克思恩格斯选集》第4卷,人民出版社2012年版,第613页。
③ [英]乔纳森·休斯:《生态与历史唯物主义》,张晓琼等译,江苏人民出版社2011年
版,第107页。

在表现与研究对象的相互关联性相关的辩证法概念时,把"辩证法"定义为"相互联系的科学",是从联系、联结、运动、产生和消逝等方面对事物进行考察以及在对观念上的反映。在这一点上,恩格斯与形而上学生态学家一样,对过分重视将自然分成各个组成部分的方法,即将事物无限分割成各个局部问题来进行解释的方法作了对比。正如他所言:"把自然界分解为各个部分,把各种自然过程和自然对象分成一定的门类,对集体的内部按其多种多样的解剖形态进行研究……这种做法把自然界中的各个事物和各个过程孤立起来,……不是从运动的状态,而是从静止的状态去考察;不是把它们看作本质上变化的东西,而是看作永恒不变的东西。"[1]休斯认为这种形而上学的思维方式与历史唯物主义的方法理论相比,存在特有的局限性。另外,关于还原理论,休斯指出,恩格斯并未否认关于科学还原理论的可能性,但同时他强调,恩格斯认同的规律性的联系,即符合还原的条件,是建立在"高级"和"低级"学科之间的。"如果不假定这一点,将使我们能够完全无需高级科学。"[2]休斯借用恩格斯的话语,认为还原主义将一切归结为例如物理学的机械运动,那么我们何谈其他运动形式。"正如高级的运动形式同时还产生其他的运动形式一样,正如化学作用不能没有温度和电的变化……但是,这些次要形式的存在并不能把每一次的主要形式的本质包括无遗。"[3]休斯通过恩格斯的量变质变理论更加证明了这一观点,"纯粹的量的分割是有一个极限的,到了这个极限它就转化为质的差别:物体纯粹由分子构成。但它是本质上不同于分子的东西,正如分子又不同于原子一样"[4]。

休斯认为,在历史唯物主义的方法论中,的确有大致类似于形而上学生态学特性的整体特征,但马克思、恩格斯所秉承的那种整体论,并不排除在

---

① 《马克思恩格斯选集》第 3 卷,人民出版社 2012 年版,第 395—396 页。
② [英]乔纳森·休斯:《生态与历史唯物主义》,张晓琼等译,江苏人民出版社 2011 年版,第 108 页。
③ 《马克思恩格斯全集》第 20 卷,人民出版社 1971 年版,第 591 页。
④ 《马克思恩格斯选集》第 3 卷,人民出版社 2012 年版,第 904 页。

整体的系统行为中存在着一个处于主导作用的因素。可以这样来理解：在历史唯物主义的视域中，万事万物并非割裂的或可以无限分割的，而是存在着普遍联系的，但这之中有某些因素是起主导作用的。马克思以复杂程度为依据，将有机整体划分成若干个相互关联的部分，同时，把所研究的对象视为一个繁杂的整体系统，进而对系统的性质以及其决定要素展开研究。这是历史的、动态的联系方式，不同于机械地关注因果联系。马克思认为，任何一个对象的发展变化并非其内部某单一因素的作用结果，而是其内部各要素间相互作用的产生。在这些要素中，若某一要素在决定产生相互作用的条件时扮演至关重要的角色，则可将其视为占主导地位的要素。依据历史唯物主义的这一观点可以推导出：经济基础与上层建筑之间占据主导地位的是经济基础，而在资产阶级社会中资本是生产的主导形式，商品又作为构成资本基本形式的核心要素。运用这种方法反观生态领域，同样具备科学的方法论指导。

休斯认为，无论是在马克思、恩格斯对历史唯物主义本身的解释中，抑或是在对其方法论的深入思考与具体实践过程中都可以发现，历史唯物主义对于相互依存和相互关联的形式的认同，体现出其与形而上学生态学理论者所关注核心的不谋而合。但是，在联系的过程中总有一个因素占主导地位。而在这种相互依存和相互关联的形式中，我们有理由相信生态问题从某种程度上也并非单一的、割裂的问题。现实的人类社会，正处于生态系统不同组成部分在因果上相互依赖程度的危险之中。这种问题存在于诸如在某些时空范畴内，对不合格产品的生产同地球另一端的致癌的放射性排放物之间，又或者一辆汽车的尾气与地球某个角落臭氧层的空洞之间。因而，我们应当充分认识到，当今的环境问题需要跨越科学之间传统划分的界限，从而使更多的学科联系在一起，"而通过生态问题所连接的最重要的两个学科是自然科学和社会科学。因为：具有破坏人类社会可持续性潜力的严重生态问题的存在，破灭了任何把社会科学视为独立于自然科学的看法；反之，自然科学不仅要考虑人类对其研究对象的影响，而且也要考虑对其起决定因素的社会科学。由此我们需要的是承认自然条件在塑造社会过程中所起到的作用的社会理论,以及社会本身影响那些条件的方式。这是马克思的历史唯物主义声称要做到的一点理论"①。这正是历史唯物主义生态方法的体现。

休斯通过对历史唯物主义的深入剖析,在同形而上学生态学与还原主义的方法体系对比的过程中,总结了历史唯物主义的方法论原则,在对批判者给予回击的同时,更有力地维护了历史唯物主义的生态性,并证明了其在生态问题上的适用性,这同时为生态问题的解决寻找到方法论指引。休斯在确立了历史唯物主义的生态问题域、生态研究域、生态理论拓展后,再次明确了其方法论的科学性与生态性。这种科学的生态方法,在应对如今日益复杂的环境问题时从容不迫,其自身的发展性,使我们有充分而正确的理由仍将其视为处理问题的方法论原则。休斯对历史唯物主义生态方法的探析,以及对历史唯物主义方法论在生态维度上适用的证明,具有重要的理论意义,也使其可以更好地为历史唯物主义的生态思想进行维护。

第三节 对马克思历史唯物主义生态思想的维护

历史唯物主义中是否包含生态性思想这一重大问题,一直以来都备受争论,这也正是休斯生态历史唯物主义思想所关注的一个基本问题,同时是其理论展开的必要前提。上一节中,我们探讨了休斯通过对历史唯物主义与形而上学生态学和还原主义的比较,进而论证了历史唯物主义的科学的生态方法论。在这一节中,将阐述休斯如何运用马克思主义的观点与方法,解析当代社会生态危机问题,并以"生态依赖"原则为出发点,挖掘历史唯物主义的生态思想,维护历史唯物主义的生态性。休斯通过对马克思生态思想一致性的证明,明确了发展动能的唯物性理念,抵抗了借劳动过程与生

---

① [英]乔纳森·休斯:《生态与历史唯物主义》,张晓琼等译,江苏人民出版社 2011 年版,第 122 页。

产主义对历史唯物主义进行的批判,并将生态理论与马克思主义进行了科学的结合。至此,休斯在理论层面上完整确立了历史唯物主义的生态性,完成了对历史唯物主义生态性的维护。

一、历史唯物主义与生态依赖原则

在本章的第一节中,分析了休斯通过对马尔萨斯"人口理论"的批判,进而展开了对历史唯物主义生态理论的拓展,在此过程中我们得到的结论是:自然存在限制,但也受社会和技术等因素影响。虽然马克思、恩格斯多次表达了类似的观点,但反对的声音仍然存在。因此,休斯试图将这一观点理论化,并吸收进一个政治规划中,进而通过指出人类对自然的依赖思想是历史唯物主义十分重要的组成部分,以此来阐释历史唯物主义的生态思想。

有观点认为,在人与自然两种因素的相互作用中,如果人类的活动并非受自然的限制,那可以说,无论是人类的活动抑或是自然的进程所产生的对自然系统的破坏,都不可能使生态出现问题,这是基于人的行为发展来分析的。并且,如果人类的行为活动可对自然生态系统产生影响,那可以说,我们就不必担心由人类自身因素所产生的生态问题,同时,我们也无法阻止自然带给我们所处环境的改变。休斯认为,以上两种逻辑明显是说不通的,因此,他提出:"人类和非人类的自然之间的关系是双向的。人类受非人类的自然的影响,反过来人类又影响非人类的自然。"①休斯认为,人与自然之间存在一种交互关系,互为因果。

有这样一种观点认为,马克思历史唯物主义希望人类在控制自然的方面加强力度,并指出,历史唯物主义在本质上低估并忽视了人类对自然的重要依赖性。休斯指出,这种观点不全面地表述了人与自然间的互动关系,而错误根源在于这种对人类脆弱性的强调。通过这样的理解误区,即人对自然的过分依赖,导致对人类施加给自然的影响加以否定,即对人的主观能动

---

① [英]乔纳森·休斯:《生态与历史唯物主义》,张晓琼等译,江苏人民出版社 2011 年版,第 123 页。

性的否定。休斯认为,这与环保批评理论家们对人与自然关系的两个方面考虑有着关联:其一,人类对自身施加于自然的有害影响进行分类并加以指责。其二,人类对自身作用于自然的影响而可能出现的不良后果进行强调,认为这会致使我们终有一日失去人类赖以生存的地球环境。对此,休斯认为,通过人类的努力与实践增强其自身对自然的控制能力,与对造成不良的生态后果之间并无必然关联。相反,某种程度上,这种对自然的增强控制,反而可以在一定程度上抵御恶劣的生态问题出现。比如,我们可以通过增强对自然控制的实践,来缓解缺乏满足人类需要的手段,也可通过这种方式更好地防范自然所带来的灾害。但是,他对此做出了一个重要的强调,认为我们需要正确区分这种对自然的控制,而原则在于是与人类的利益相一致的、对自然有意识的改进,还是那些无法预料的或者至少不被人期望的人类行为影响,这一点是十分重要的。只有那种与人类自身利益相关联,一种有意识的、科学的、生态的、可持续的控制,才是具有可行性的。对自然的控制是一把双刃剑,我们需要正确认识到解决生态问题的自然潜力和技术潜力,但同时要杜绝那种盲目地以个人短暂利益为依归,忽视生态持久性的控制方式,这可能由知识匮乏所导致,也可能源于并非眼前欲望的目标,但这将使我们真正远离自然规律。因此,不应忽视人的主观意识,忽略人的主观能动性对自然的反映,因为人与自然互为因果、相互共存。所以,休斯认为:"一个有生态意义的学说不应该低估人类影响他们环境的能力,但是必须承认在环境干预后面的意图和这些干预的后果之间的差距。"①

休斯在以上论述中得出的结论是,一个对生态有意义的学说必须将人与自然的关系的相互作用,视为其理论框架的必要条件。而反观马克思历史唯物主义,休斯认为,需要对应几个方面的标准来衡量其是否符合这样一个结论的要求,即一种关乎生态维度的有意义的思想。据此,休斯将人与自然的关系做了三种原则性的说明。首先,休斯提出生态依赖原则,并说明

① [英]乔纳森·休斯:《生态与历史唯物主义》,张晓琼等译,江苏人民出版社 2011 年版,第 125 页。

"人类为了生存而依赖自然,因此无论他们想要做什么都离不开自然,而且他们所面对的自然的特征会对他们的生活进程造成重要的因果影响"①。这是一种生态学意义上的生态依赖,强调的是人类不应该缺失生态关怀,对自然资料进行无节制的获取,致使恶劣的自然环境报复于人类,而并非鼓励人类为了自身的利益对自然中的生活资料盲目地无休止地获取。后者正是马克思历史唯物主义中关注的自然依赖原则的原因所在。其次,休斯认为,人与自然之间存在生态影响原则,这一原则说明无论是否有计划的驱使,人的一切行为活动都会对自然界产生一定的影响作用。在此,休斯特别指出,这并非如"环保主义者所抵抗的机械论的方法"②,而是基于历史唯物主义与其批判者的思想理论所得出的易于对其考察的框架方式。在这两条原则的基础上,休斯又提出了第三条原则,即生态包含原则,即"人类是自然的一部分"③。休斯这一原则的提出是源于哲学一元论的理论基础,认为所有事物都是自然界的一分子,源于自然,都是自然的一个组成部分。这种观点也可从某种角度上更好地说明人类同其他物种一样,即在独立的同时又会对自然产生影响。休斯提出的这种"一定程度上的相似性"和因果相互作用,这正符合我们之前所探讨过的广义人类中心主义与广义的历史唯物主义的观点。

休斯认为,站在人与自然关系的角度来看,第三个原则并未过多地区别于前两个原则,且自身具有一定模糊的成分。因此,应将研究中心放在前两个原则上。而就生态依赖原则来说,又存在因果依赖和生存依赖。首先,人与自然之间相互影响,互为因果。但是,人类对自然是一种单方面的生存依赖。我们可以这样理解,自然界先于人类出现,人类的身体是由自然界中的

① [英]乔纳森·休斯:《生态与历史唯物主义》,张晓琼等译,江苏人民出版社2011年版,第126页。

② [英]乔纳森·休斯:《生态与历史唯物主义》,张晓琼等译,江苏人民出版社2011年版,第126页。

③ [英]乔纳森·休斯:《生态与历史唯物主义》,张晓琼等译,江苏人民出版社2011年版,第126页。

物质演化而来,即使有一天人类消失,自然界依然存在。所以生存依赖是一个必然的基础前提,而因果依赖又是人与自然间的关联所在。休斯指出,对于历史唯物主义缺失生态依赖原则的批判并不成立,基于以上三种生态原则的分析类比,历史唯物主义有资格作为研究生态与环境问题的一个科学的思想框架。我将在接下来的部分阐述休斯对历史唯物主义与人类对自然的依赖相连接的论证过程。

休斯首先对"唯物主义"进行重新定位。他指出,马克思把他的历史理论描述为唯物主义的即历史唯物主义。而唯物主义在广义上是指存在都是物质的,但马克思偏向一个辩证意义上的唯物主义,即所有存在归根到底依赖于物质。关于此,我们在之前的章节中有所探讨,即对广义的或者说弱势的历史唯物主义的讨论。在这种前提下,一些认为马克思思想中阐述的人与自然的关系,似乎是单向度的人对自然的依赖。对此,休斯认为,虽然这种解释貌似意味着人类对自然的依赖是一种单方面的生存依赖而忽略了因果依赖,但这只是马克思的一个内部的哲学视角。"马克思把他的历史理论描述为唯物主义的理论并没有主要转向一个上述所描述的哲学信条,而是转向了一组'唯物主义的'解释性断言——他是从这个一般哲学视角的内部提出了这种断言,但这种断言非与这个一般哲学视角根本相关。正是在这组解释性断言中,我们发现了马克思对生态依赖原则的贡献。"①

对于历史唯物主义的生态性认识,意大利左派学者塞巴斯蒂亚诺·廷帕纳罗(Sebastiano Timpanaro)提出了自己的见解,他否认那些认为马克思的上层建筑基础的比喻表现了社会的合法性、政体和意识形态依赖于它的经济形式,但却反对这些形式对自然的前提依赖的那些观点。英国生态学马克思主义者泰德·本顿(Ted Benton)从历史唯物主义的自然主义与地理历史变迁因素,对其生态性进行了论证。美国学者霍华德·L.帕森斯(Howard L.Parsons)同样攻击了这样一个观点,即马克思、恩格斯否认非人

---

① [英]乔纳森·休斯:《生态与历史唯物主义》,张晓琼等译,江苏人民出版社2011年版,第129页。

类自然的独立力量。美国学者彼得·狄更斯(Peter Dickens)也认为尽管有些困难,马克思主义还是提供了通向一个绿色环保社会理论的最佳舞台。甚至于说,历史唯物主义可被视为唯一发展了的一门对目前面临的环境问题的解决方案。他指出,人类在改变自然的同时,自身也在发生着改变,这种改变包含了社会制度和社会进程调节等诸多方面。休斯认为,塞巴斯蒂亚诺·廷帕纳罗"为我们指出了马克思唯物主义的'生态学的'解释方向"①,泰德·本顿的"两个论题抓取了我所称之为的人类对自然的生存性依赖和自然作用于人类的因果影响的含义"②。但连同霍华德与狄更斯的观点看,休斯认为以上三人对马克思所意识到人类对自然的依赖思想赞同的评论,只起到了有限的意义。但三人有一个可信的共同观点,即把人类对自然环境的依赖看作马克思著作的一个中心原则。因为马克思、恩格斯对这种依赖的认可是与历史唯物主义理论相联系的,这种依赖被马克思自己描述为他的研究的一个重要指导线索。

"全部人类历史的第一个前提无疑是有生命的个人的存在。因此,第一个需要确认的事实就是这些个人的肉体组织以及由此产生的个人对其他自然的关系。当然,我们在这里既不能深入研究人们自身的生理特性,也不能深入研究人们所处的各种自然条件——地质条件、山岳水文地理条件、气候条件以及其他条件。任何历史记载都应当从这些自然基础以及它们在历史进程中由于人们的活动而发生的变更出发。"③休斯认为,在《德意志意识形态》中,许多类似这样的文字似乎可以帮助我们清晰地理解历史唯物主义理论对人依赖于自然的观点的重要性。他指出,这段文字中对于例如地质条件、山岳水文地理条件等其他的自然部分的描述正可以说明在历史唯物主义视角中的那种整体思维(而人类只是自然的一个组成部分)。另外

---

①　[英]乔纳森·休斯:《生态与历史唯物主义》,张晓琼等译,江苏人民出版社 2011 年版,第 131 页。

②　[英]乔纳森·休斯:《生态与历史唯物主义》,张晓琼等译,江苏人民出版社 2011 年版,第 132 页。

③　《马克思恩格斯选集》第 1 卷,人民出版社 2012 年版,第 146—147 页。

可以看到的是,历史科学在马克思、恩格斯的视角中,更多地表现为对人类的身体特征及其周边的自然生态环境的延伸。

休斯指出,马克思、恩格斯认为人类应正视自身对自然环境的依赖程度,这一点十分重要,甚至关乎于历史的发展进程。马克思、恩格斯提出的,为了满足人类需要而进行的有目的地对自然改造的生产活动,是历史的一个基本的和不断发展的条件的观点,也正来源于人对自然的依赖。"因为我们首先应当确定一切人类生存的第一个前提,也就是一切历史的第一个前提:人们为了能够'创造历史',必须能够生活。但是为了生活,首先就需要吃喝住穿以及其他一些东西。因此,第一个历史活动就是产生满足这些需要的资料,即生产物质生活本身。"①

休斯在马克思的后期文献中发现,马克思认为在所有历史阶段中共同的生产过程的一般的物质性特征,与资本主义经济发展中的生产过程所采取的特别形式是不同的,并在《资本论》第一卷第七章中从生产过程的一般的物质性特征的角度,把生产过程描述为劳动过程。而从生产过程的特殊的资本主义形式方面把生产过程描述为价格稳定过程,并坚持认为这两个过程对适当地理解资本主义制度下的生产过程是必要的。对于休斯的观点,我们可以从《资本论》中找到证明。"是制造使用价值的有目的的活动,是为了人类的需要而占有自然物,是人和自然之间的物质变换的一般条件,是人类生活的永恒的自然条件,因此,它不以人类生活的任何形式为转移,倒不如说,它是人类生活的一切社会形式所共有的。"②这是马克思对劳动过程的描述。休斯认为,通过这段描述可以证实历史唯物主义的生态依赖原则,因为在马克思的视角中劳动过程包括了为满足人类需要而对非人类的自然物的占有,这正暗示了人类的生存依赖于非人类的自然。

对于休斯的理解,我们在马克思的《〈政治经济学批判〉序言》中仍可找到回应。"如果认为,劳动就它创造使用价值来说,是它所创造的东西即物

---

① 《马克思恩格斯选集》第1卷,人民出版社2012年版,第158页。
② 《马克思恩格斯文集》第5卷,人民出版社2009年版,第215页。

质财富的唯一源泉,那就错了。既然它是使物质适应于某种目的的活动,它就要有物质作为前提。在不同的使用价值中,劳动和自然物之间的比例是大不相同的,但是使用价值总得有一个自然的基础。劳动作为以某种形式占有自然物的有目的的活动,是人类生存的自然条件,是同一切社会形式无关的、人和自然之间的物质变换的条件。"①在这里可以看出,马克思认为劳动的前提永远是自然,并在此肯定了人类对劳动过程永恒的依赖,以及自然元素或因素在这个过程中所起到的关键作用。在此基础上,马克思进一步提出:"自然界同劳动一样也是使用价值(而物质财富就是有使用价值构成的!)的源泉,劳动本身不过是一种自然力即人的劳动力的表现。"②除此之外,在《1844 年经济学哲学手稿》中还蕴含了人类作为自然的一个依赖性部分的概念,即马克思所提出的自然是人的"无机身体"——因为人是自然界的一部分。

休斯认为,从《1844 年经济学哲学手稿》和《德意志意识形态》到《政治经济学批判》和《资本论》,蕴含着一个关于历史唯物主义的生态依赖原则的肯定过程,或许有时并未用明确的语言表达出来,但这并不可作为某些马克思的批判者们的批判依据(即便表述上有所区分,但也只是马克思本人在表述过程中表达和强调的程度问题,并非观点性的改变)。历史唯物主义是包含生态依赖原则的科学理论。在《哥达纲领批判》中,马克思认为认清人类生存的物质先决条件是理解社会的必要事实,再次显示出对自然施加于人类社会的因果影响的认可(即使是在人类生存条件一旦得到满足的情况下)。这一观点,正是生态因果原则的有效例证。这有效地对那些认为历史唯物主义低估了人对自然依赖的重要性的指责给予了充分回击。休斯在维护了历史唯物主义的生态理论与生态方法后,继续对历史唯物主义的生态思想进行探索与展开,串联了马克思前后期著作中的生态逻辑,肯定了历史唯物主义在生态维度的重要地位。

①　《马克思恩格斯全集》第 13 卷,人民出版社 1998 年版,第 25 页。
②　《马克思恩格斯选集》第 3 卷,人民出版社 2012 年版,第 357 页。

二、生态思想连贯与动能唯物发展

虽然上文中提到很多历史唯物主义对生态依赖原则的贡献,但许多环境评论家认为,这些观点在马克思的著作中并未保持一致,并以此作为对马克思历史唯物主义思想缺乏生态性的攻击手段。具体来说,这些观点认为,马克思关于人与自然间依赖关系的思想,在其早期著作中的确可以追寻,而在其晚期的著作中却遭到了放弃,并且认为在其整个历史唯物主义理论中对于自然生态的关注少之又少,由此提出马克思历史唯物主义的思想在生态学上存在断裂。针对这些指责,休斯继续为马克思历史唯物主义的生态性展开辩护。

弗里特乔夫·卡普拉赞许马克思关于自然是人的无机身体的思想,并认同"自然和劳动一样对生产过程是必不可少的"①,但却认为马克思后期放弃了这种生态依赖原则。这一观点的理由如下:在他看来,马克思在《资本论》等后期的经济学著作中过度强调生产力与技术决定论。唐纳德·C.李(Donald C.Lee)认为,马克思主义和资本主义一样贪婪、暴力和破坏自然。② 彼得·狄更斯认为马克思晚期著作中没有能够发展他早期的关于人与自然关系的观点。③ 德国政治家鲁道夫·巴罗(Rudolph Bahro)似乎也同意这种观点,并在他的著作中写道:"对于年轻的马克思来说,废除生产资料的私有制正好促进了自然和文化的和解。马克思已经看到了资本主义生产和自然之间的矛盾。只是这种矛盾还没有严重到让马克思把其置于他分析的中心位置。后来,这个观点更多地脱离了马克思的思想范围,因为他把注意力仅仅放在更严格意义上的资本关系的分析上,即分析那时妨碍劳动者进一步发展的问题上。"④

① Capra F. , *The Turning Piont* , London:Fontana,1983,p.216.

② Lee D.C. , "On the Marxian View of the Reationship between Man and Nature" , *Environmental Ethics* 2 , 1982 , p.314.

③ Dickens P. , *Society and Nature:Towards A Green Social Theory* , 1992 , p.14.

④ Bahro R. , *Socialism and Survival* , London:Heretic Books , 1982 , p.30.

　　对于以上这些反对马克思的观点，休斯再次进行了驳斥。他认为："马克思放弃人与自然关系的概念的观点是令人难以信服的，但这个概念在马克思思想整个框架中所起的作用有待考察。"①有趣的是，另一些人的观点是只有在马克思晚期的著作中才能发现对自然作用的正确认识。例如，塞巴斯蒂亚诺·廷帕纳罗认为，马克思的观点随着早期与黑格尔哲学的一致性到后期的渐行渐远，所以变得更唯物主义了。休斯认为他的观点比弗里特乔夫·卡普拉等人的更具说服力，但这些只能作为证明马克思后期思想中的生态依赖性，并不代表马克思早期和晚期的思想会如此具有割裂性。

　　休斯的这种观点，无疑是对历史唯物主义生态性的正确解释。显然，青年时代的马克思已经深刻关注到自然等问题，所以，关于生态意义的论题在他的早期著作中时常可见，随着其理论体系的日渐成熟，其对生态依赖原则思想的坚持也日益深化。他主张人只是世界中的一部分，人不能脱离自然而存在的观点。但是，面对诸多的社会现实问题，他的理论侧重点不断转型，从关注生命初始到关注政治、经济和文化等多个方面，但这种转型绝不等同于断裂，而恰恰是其思想不断丰富成熟的过程体现。可以肯定的是，历史唯物主义的博大精深，正在于它的包罗万象。虽然生态问题并非历史唯物主义特定的研究对象，但历史唯物主义也绝不缺少生态维度的思考，而对人与自然之间深刻关联的理解，正是我们解决社会中存在的一切问题的基础前提。只有明确了我们从哪里来，才能清楚我们要到哪里去以及怎样到那里去。很明显，在此问题上并不存在断裂之说。

　　现在的问题是，如果马克思的思想的确具有连续性，那么那些认为其思想割裂的理由何在？在以上的论述中我们不难发现，主要的反对观点集中于马克思在他后期的许多著作中对生产力的发展（所谓人类改变自然的方式）重视过度，由此视马克思在其后期的思想中，抛弃了人的自然依赖原则。对此，休斯认为，人类对自然的改变并不必然与人类对自然的依赖相矛

————————

　　① ［英］乔纳森·休斯：《生态与历史唯物主义》，张晓琼等译，江苏人民出版社 2011 年版，第 142 页。

盾。认为马克思早期忽略了人类依赖自然的原则,是因为他们对早期著作中马克思关于人类对自然的改造的理解错误。他们认为改造与依赖不相兼容,而马克思的这种改造是蕴含于依赖之中的改造。在马克思的晚期思想中,这种生产力的发展同样是在依赖原则基础上的发展。

如果把休斯的观点扩展开来,我们可以这样理解,早期的马克思所提倡的人对自然的改造是存在于依赖之中的改造,其本意在于使自然更适于人类发展,而并非单纯为了人类发展而改造自然甚至毁灭自然。马克思坚持认为人是自然的一部分,自然先于人类而产生,人类需要摸索自然规律,并科学合理地利用自然规律,不可盲目地与之抗衡对立。我们依赖自然,因此改造只是有限度的改造,是符合自然规律的改造——这里所说的是一个度的问题,也是广义历史唯物主义一直以来所坚持的观点。而对于马克思在后期著作中关于重视发展生产力的思想阐述,同样可视为是其哲学智慧的集中体现,因为马克思已然明确地判断出了改变资本主义社会制度必有的基础条件以及资本的历史使命所在。西方有些观点认为,今日的环境问题之所以存在,皆由于生产力的过度发展:因为在早期的人类社会中,如原始社会中,生态问题并不存在,因此他们将一切问题的矛头指向生产力的发展(而马克思又恰恰是生产力发展的倡导者)。但是,我们必须认识到,当今社会,无论是我们的科技水平、人均寿命、粮食产量等一切综合实力的提升,都是由于发展生产力所带来的,人类发展壮大的前提就是维持自身的可持续发展。因此,问题的本身并不在于生产力的发展,而是在于盲目地为个人或集团的短暂利益所进行的非生态的、不可持续的生产力发展。在下一章中将对这个问题着重探讨。马克思所倡导的生产力发展从不是盲目的、非生态的、不可持续的生产力发展,而是一种科学的、生态的、符合自然规律的生产力发展。对这一问题的明晰剖析,是我们在实现生产力发展的同时又兼顾环境保护的可行性的必然前提。而休斯也正是在此方面,为马克思历史唯物主义的生态性进行辩护。然而,在这一观点得到证实后,新的问题又出现在休斯的视野中。

马克思历史唯物主义之所以不同于之前的唯物主义,其最大的区别"在于他们(历史唯物主义)给予了人类改变自然的关注"[①]。而这种关注使马克思认为"自己赋予了唯物主义迄今为止'被唯心主义发展'的'能动的方面'"[②]。这主要表现在对费尔巴哈的批判上,马克思认为其所谓"直观的"唯物主义忽视了人的能动性。"实际上,而且对实践的唯物主义者即共产主义者来说,全部问题都在于使现存世界革命化,实际地反对并改变现存的事物。如果在费尔巴哈那里有时也遇见类似的观点,那么它们始终不过是一些零星的猜测,而且对费尔巴哈的总的观点的影响微乎其微,以致只能把它们看作是具有发展能力的萌芽。……他没有看到,他周围的感性世界决不是某种开天辟地以来就直接存在的、始终如一的东西,而是工业和社会状况的产物,是历史的产物……"[③]这是马克思对个人能动性的关注,使得一些学者以此作为将历史唯物主义列入反生态依赖原则的理由。波兰哲学家莱斯泽克·科拉科夫斯基(Leszek Krakovski),指责马克思"缺乏对人类存在的自然条件的兴趣"[④],认为在马克思的世界观中并不存在肉体的人类,取而代之的是一种纯粹的社会术语。对此,休斯赞同塞巴斯蒂亚诺·廷帕纳罗的思想,认为他们不可能认识到有意识的存在可能依赖于外部世界,因为他们认为外部世界本身仅仅是他们的思想的内容。[⑤] 在此问题上,休斯机智地发现了科拉科夫斯基的观点是对马克思在唯物性问题上的错误解读。科拉科夫斯基把马克思在某些段落中所谈及的自然抑或物质世界解释为完全是一种存在于人类意识之中的产物。这种先天性的错误导致科拉科夫斯基认为,在马克思的视角中事物的存在"与它们在人类脑海中出现的

---

① 　[英]乔纳森·休斯:《生态与历史唯物主义》,张晓琼等译,江苏人民出版社2011年版,第144页。

② 　[英]乔纳森·休斯:《生态与历史唯物主义》,张晓琼等译,江苏人民出版社2011年版,第145页。

③ 　《马克思恩格斯选集》第1卷,人民出版社2012年版,第155页。

④ 　Kolakowski L.,*Main Currents of Marxism*,Oxford:Clarendon Press,1978,pp.412-413.

⑤ 　Timpanaro S.,*On Materialism*,London:New Left Boots,1975,p.101.

画面是同时产生的"①。但实际上，马克思所提出的是人的主观能动性可引发的变革力量问题。

休斯认为，认同马克思人类依赖自然的思想应该包括三方面内容：其一，认同自然先于人类产生，人类对其具有依赖性，并且在限制了人类的意识的意义上同时也约束了人类的行为。其二，人类的一切活动虽然都在自然规律的限制之中，但这些活动一定程度上可以使自然发生改变。其三，人类的能动作用同样依赖于此，也同样受环境的限制和约束。因此，马克思认为对外部现实的占有或掌握成为所有历史的一个根本的或普遍的条件。

休斯的观点是可以在马克思的思想中找到确实依据的。在对费尔巴哈的批判中，马克思明确了人类通过主观能动性改造自然的程度，但并非作为一种前提或限制。马克思认为，费尔巴哈将人视为某种并不具备积极心态的自然界产物，这正是其唯物主义的局限性所在，这种观点一并忽视了"环境是由人来改变的"②。对于马克思来说，人类活动始终依赖于自然，而人的主观能动性的发挥限度也必然包含在自然规律的范畴之内。自然界的每一物种都蕴含着其自身的发展规律，但这一切的规律都包含于自然界之中。因此，对人的主观能动的激活并不妨碍人类社会对于生态领域的维护与发展。这种发展连同人的劳动实践活动一样，将永远处于一种同一的过程。

在这一节的讨论中，我们可以看到，休斯通过对弗里特乔夫·卡普拉、唐纳德·C.李、彼得·狄更斯、鲁道夫·巴罗和塞巴斯蒂亚诺·廷帕纳罗等人观点的反驳，明确了马克思思想在生态学上的历史统一性，证明了从青年马克思时期到成熟马克思时期，历史唯物主义思想过程中生态依赖原则的脉络关联，并勾勒出生产力的良性发展样态。通过对莱斯泽克·科拉科夫斯基等人观点的反驳，我们看到，马克思对人自身的主观动能的强调与历史唯物主义的生态关怀并不矛盾。从这一点上，休斯进一步丰富了历史唯物

---

① Kolakowski L., *Main Currents of Marxism*, Oxford：Clarendon Press, 1978, p.69.
② 《马克思恩格斯选集》第 1 卷, 人民出版社 2012 年版, 第 134 页。

主义的生态思想。

三、对本顿的批判与对布莱克本的回击

20 世纪 80 至 90 年代,英国艾塞科大学教授泰德·本顿(Ted Benton)立足生态中心主义的哲学基础和价值立场,在其代表作《马克思主义和自然的极限:一种生态批判与重建》一文中对马克思、恩格斯的文献进行了深入探索。他以生态学的视角出发,认为马克思、恩格斯的观点存在某种脱节,这表现在"哲学和历史理论的唯物主义前提"与经济理论之间①。本顿指出:描述劳动过程的关键概念"包含一系列相关的更有影响、但不精确并有缺陷的系统,最后的结果是使得理论不能充分地使人类为满足自身需要而与自然互动的生态条件和生态限制概念化。"②而他对马克思劳动过程概念的批判主要由两方面观点组成。首先,他认为马克思的概念十分片面,"生产性的"或是"改造性的"劳动过程结构过于宽泛,马克思所指的劳动过程不能被"生产性的"劳动过程所包容。其次,他认为"生产性的"劳动过程具有生态性的特点,但却被马克思忽略。本顿还列举了生态控制的四个特点来使其批判的理由看上去更为充分:其一,在生态控制中,劳动是被应用到劳动条件上而不是原料上。其二,这种劳动维持、调节和再生产并不是改变它所操作的材料。其三,这种劳动活动的空间和时间分布受它的环境条件以及有机发展过程节奏的深刻影响。其四,自然所给予的条件扮演着劳动过程的条件和劳动对象的角色。

休斯指出,马克思将劳动过程划分成三个组成要素,即有目的活动或劳动本身、劳动对象和劳动资料。劳动对象又可理解为原料(包含先前的劳动过程的结果和天然存在的东西)。原料又分为构成一件产品的主要实体和辅助材料。劳动资料又可狭义地理解为劳动工具,包含人造工具和天然工具。马克思对劳动资料的定义是:"劳动者置于自己和劳动对象之间、用

---

① Benton T. ,"Marxism and Natural Limits" ,*New Left Revies* ,1989 ,p.55.

② Benton T. ,"Marxism and Natural Limits" ,*New Left Revies* ,1989 ,p.63.

来把自己的活动传导到劳动对象上去的物或物的综合体"①(在最简单最原始的劳动过程中,人的身体就是劳动资料)。广义上的作为生产资料的物品,它们并不直接作为人类活动的传导者,而是"劳动过程的进行所需要的一切物质条件"②。本顿的列举,其实并非生态控制所特有的;恰恰相反,如果正确理解马克思对劳动过程的界定,所谓的"生态控制"反而是可以融合在历史唯物主义思想理论框架之内的。劳动不被直接用于原料而是被直接用于生产资料,这在所有种类的劳动过程中都很常见。即使是劳动过程的时间安排和地点选择问题,在不同行业中也都存在。并且,这种依赖在任何气候或其他自然条件上都可适用,"这符合马克思的分类中广义上的劳动资料"③。

在马克思的视角中,自然给予的条件既可以作为劳动的条件也可以作为劳动的对象。在《资本论》第一卷中他就特别提道:"每种物都具有多种属性,从而有各种不同的用途,在同一劳动过程中,同一产品可以既充当劳动资源,又充当原料。"④所有的劳动过程中都存在对自然的依赖,只是依赖的程度和对象有所不同——并且马克思在《资本论》中把生产过程的物质方面描述为,人类单方面为了自身的需要而对自然物进行占有。休斯对本顿观点的这种反驳,可视为对历史唯物主义劳动过程的正解。马克思、恩格斯的观点并非存在脱节,而所谓劳动过程不能被"生产性"的劳动过程所包容,以及"生产性的"劳动过程被排除在马克思的论述之外的这种本顿式的观点也并不能成立。

在未充分理解马克思对劳动过程的表述这一前提下,本顿继续对历史唯物主义进行批判,认为对"生产性的"劳动过程来讲,马克思并未对劳动

---

① 《马克思恩格斯文集》第 5 卷,人民出版社 2009 年版,第 209 页。
② 《马克思恩格斯文集》第 5 卷,人民出版社 2009 年版,第 211 页。
③ [英]乔纳森·休斯:《生态与历史唯物主义》,张晓琼等译,江苏人民出版社 2011 年版,第 145 页。
④ 《马克思恩格斯文集》第 5 卷,人民出版社 2009 年版,第 213 页。

过程作出充分的描述,提出应该将环境条件与劳动资料相分离,并且应当同时考虑到这些环境条件与生产的可持续性的关联。他还指出,劳动过程的操作所导致的自然调节的无意识后果可能会妨碍到它们的环境条件和原料的持续存在或者再生。休斯认为,本顿强调环境条件在人类活动中的重要性这一点并没有错,"但是马克思明确地区分了这些'广义上的'劳动资料和狭义上的劳动资料"①。马克思从未在其劳动过程概念中否认这些条件对生产的可持续性的影响。

马克思在《资本论》中指出:"破坏着人和土地之间的物质变换,也就是使人以衣食形式消费掉的土地的组成部分不能回到土地,从而破坏土地持久肥力的永恒的自然条件……资本主义农业的任何进步,都不仅是掠夺劳动者的技巧的进步,而且是掠夺土地的技巧的进步,在一定时期内提高土地肥力的任何进步,同时也是破坏土地肥力持久源泉的进步。"②而恩格斯也发出了类似的警告,他认为,生产活动对自然基础造成的影响存在一种无意识的可能,人们不应该"过分陶醉于我们人类对自然界的胜利。对于每一次这样的胜利,自然界都对我们进行了报复。每一次胜利,起初确实取得了我们预期的结果,但是往后和再往后却发生完全不同的、出乎预料的影响,常常把最初的结果又消除了"③。

通过这些经典的论述,我们不难发现,马克思、恩格斯从未否认环境条件可能存在不再满足人类生产的要求的情况;相反,他们还指出在生产活动中存在无意识的可能因素,会导致以上这种情况的发生。因此,休斯提出的将人类生产活动的无意识后果结合于历史唯物主义劳动过程论述之中的论断,事实上并不违背马克思、恩格斯对人与自然关系的总体理解。而本顿所提出的观点也并非是对历史唯物主义的全盘否定,他只是试图通过对劳动

---

① [英]乔纳森·休斯:《生态与历史唯物主义》,张晓琼等译,江苏人民出版社2011年版,第156页。

② 《马克思恩格斯文集》第5卷,人民出版社2009年版,第579页。

③ 《马克思恩格斯选集》第3卷,人民出版社2012年版,第998页。

过程的概述,进行更详尽的划分与修正,来"真正理解马克思主义"(但实际上却只获得了一种片面的结果)。

和本顿相同,理查德·詹姆斯·布莱克本(Richard James Blackburn)批评马克思在基本的解释取向上对生产活动的关注过于狭隘,并且对历史唯物主义的坚持不够彻底。布莱克本认为,地缘政治学竞争范式探讨的因素与马克思论述中所缺失的因素大致相合,在这个意义上,他试图将二者综合思考,并提出一个令人惊讶的结论,即依据生产的历史发展解释,不比关注军事力量的解释、人口统计学的解释和地理学的解释更具有唯物主义的理论特质。也就是说,后三者比生产的历史发展更为重要。理查德·詹姆斯·布莱克本认为,历史包含着一个创造和破坏的辩证法,但马克思和黑格尔一样,只狭隘地关注创造而对破坏的关注不够。真正的唯物主义应该承认对这些破坏(包括自然灾害和人为灾害如战争等)的抵制,而且应当同强调物质需求的生产一样,将"破坏"也提升到社会生存的前提条件上来。对布莱克本观点的简单理解就是:他认为马克思既没有充分认可自然(特别是以破坏性的方式)对人类社会的影响程度,也没有充分认可在它影响下的地理可变性。

休斯认为,从生态性批判的角度来看,布莱克本的思想同本顿一样具有误导性。当今许多环境问题的产生并非天然的自然灾害,而是人类过分地干预和违背自然规律所引发的,这源于人类生产活动的无意识性所带来的后果,"而不是从无到有的创造问题"①。即便如飓风、洪水、地震等自然灾害,历史唯物主义也并非对其视而不见。接下来,休斯又从上文提及的关于布莱克本所列举的三个方面入手,对历史唯物主义进行维护。首先,军事力量方面。休斯认为军国主义的军事活动对人类大部分历史产生影响,但它和生产不同,不是所有"可能社会"的一个必要条件;并且军事行动的后果和意义将取决于卷入其中的社会生产力性质,所以,生产还应当被看作减少

---

① [英]乔纳森·休斯:《生态与历史唯物主义》,张晓琼等译,江苏人民出版社 2011 年版,第 161 页。

布莱克本所谓的外部破坏性力量的一种手段。其次,人口统计方面。休斯指出,马克思认为人口统计学受社会影响(结合对马尔萨斯的批判),因此不能把它作为一个社会发展的纯粹的自然决定因素,而像环境的其他元素一样,动物数量也会被人类活动所改变。最后,地理学方面。休斯强调,马克思认为地理因素对生产的发展起到了很多关键的作用,但随着社会的发展,纯地理变化的重要性无疑将被削弱。

在这里,我们并不需要对布莱克本观点的片面性作过多的论据列举,因为从布莱克本与休斯的论辩中我们就可以清晰地看到,布莱克本对历史唯物主义的批判似乎是一种主观的、个人的、一厢情愿的做法。历史唯物主义的生态性体现在对人与其身处的自然环境之辩证和谐的关系这个点的重视上(无论是军事、人口抑或地理方面的因素,事实上都是人与自然关系的某个方面)。马克思认为,劳动过程作为人的主观能动性的现实体现,其只可在一定程度上超越某种限度去改变自然,但不可从根本上超越某种限度去改变自然规律。休斯从对马尔萨斯人口理论的剖析着手,从而论证出历史唯物主义思想的生态适用,继而在与形而上学生态学、还原主义比较过程中,明晰了历史唯物主义的生态方法;最后,通过对历史唯物主义的生态依赖原则、生态学脉络上的关联、动能的唯物性、劳动过程概念及生产主义的深入探讨与辩证维护,从而充分证明了历史唯物主义的生态性。

第三章　乔纳森·休斯的生产力
生态化发展思想

在之前的章节中,我们探讨了关于休斯对历史唯物主义生态性的维护过程,其中包含理论框架、方法指引与思想阐发等方面。在此基础上,这一章中我们需要着重论述人类需要与生产力发展的关系、技术发展与生态问题的关系、生态问题的根本原因以及实现共产主义的基本要求等问题,从而对马克思发展生产力的思想理论进行生态维护,并进一步寻找解决生态问题的方法路径。

第一节　需要的满足与生产力的发展

在这一部分中,我们将通过对马克思需要观的分析,认真体会真假需要的不同性质,并深刻了解这种意识作用的结果。资本主义社会使人类产生了更多的虚假需要,这是资本永续增殖的必然过程。无止境的虚假需要,必须通过对更多自然资源的掠夺来填充和满足。休斯在深入理解马克思的需要理论之基础上,进一步诠释了生产力发展的最终目的是为了权衡人类的需要。

一、马克思与休斯的需要理论

有机体主观地对其所缺乏的某种物质的有意识行为可理解为需要,人的需要即人渴求获得某种事物的愿望。1943 年,美国心理学家马斯洛(Maslow)在《人类激励理论》一文中对人的需要作出了五个层级的划分,即生理需求、安全需求、归属与爱的需求、尊重需求和自我实现需求。在他的理论中,需要的程度如同阶梯式不断上升,当需要满足达到一个平台时,人类马上会对更高的平台产生渴望。而早在 1845 年,马克思、恩格斯就从哲学的视角指出了人类需要的本质。马克思认为,在任何情况下,"各个人过去和现在始终是从自己出发的"①,"一切历史的第一个前提,这个前提是:人们为了能够'创造历史',必须能够生活。但是为了生活,首先就需要吃喝住穿以及其他一些东西。因此第一个历史活动就是生产满足这些需要的资料,即生产物质生活本身……已经得到满足的第一个需要本身、满足需要的活动和已经获得的满足需要而用的工具又引起新的需要"②。因此,马克思认为需要即人的本性,人类的生产活动即需要得以满足的方式。这说明了需要对于人的存在与人类社会发展的重要性,在某种程度上而言,人的本质即需要,或者说,和需要表现为某种二重性关系。但不同于马斯洛的划分类别,马克思将人类需要分为生存需要、社会需要、精神需要和发展需要四个维度。

第一,就生存需要而言,需要作为人体原始动力出发的目的来源,支配着人的一切行为活动。而最基本的衣食住行,也表现着人类最基本最"底层"的需要。一般情况下,在这个需要被满足之前,人类无法进行其他需求活动。马克思认为,生存需要是人类生存的第一前提,更是人类历史发展的第一前提,人类的第一个历史活动必然关于产生满足其生存层面某种需要的活动。

---

① 《马克思恩格斯选集》第 1 卷,人民出版社 2012 年版,第 215 页。
② 《马克思恩格斯选集》第 1 卷,人民出版社 2012 年版,第 158—159 页。

第二,就社会需要而言,需要作为人类历史不断向前发展的动力牵引,促使着人类历史不断进步。社会历史进步的主体是人,其过程被人的有意识的实践活动所贯穿——人受某种需要的牵引,必然为实现这种需要而运动。马克思据此明确指出:"整个历史也无非是人类本性的不断改变而已。"①

第三,就精神需要而言,人的需要区别于其他物种需要的根本原因在于,这种需要不仅仅停留于物质层面或生存层面。在满足生理需要和社会需要之后,人类会通过需要的满足来构建自身的精神家园,质言之,人类自我价值的体现来源于对社会认同的需求。这源于人的基本属性,即物质与意识的结合。除了人体自身的物质组成外,人类还具有思想意识。因此,对于健全的人来说,精神需要的满足是必不可少的。

第四,就发展需要而言,需要是人类发展的不间断的力量源泉。人们通过自身的不断实践活动,挖掘自身的潜能,使其向更优、更善、更美的方向发展进步,在此过程中,人类的整体文明程度不断获得提高。马克思、恩格斯在《共产党宣言》中认为,共产主义社会的需要,正是一切人自由而全面的发展,而这种自由而全面发展的前提,恰恰是每个人的自由而全面的发展,这也是人类终极需要的深化体现。"全部历史是为了使'人'成为感性意识的对象和使'人作为人'的需要成为(自然的、感性的)需要而做准备的发展史。"②总之,在历史唯物主义的视域中,需要即人的活动动力,源自人类自身的物种特性,作为人的本质的需要,不仅对个人的活动有影响,更影响着整个人类社会。

我们对于人类需要实质内涵及运作机理的深入认识,为我们研究马克思历史唯物主义思想,以及在对自身的认识过程中都具有极其重要的意义与价值。在马克思所畅想的共产主义社会中,即一种"按需分配"的社会模式中,生产力高度发达,生产效率大幅提高,人的精神境界获得极大提升,在

---

① 《马克思恩格斯选集》第 1 卷,人民出版社 2012 年版,第 252 页。
② 《马克思恩格斯全集》第 42 卷,人民出版社 1979 年版,第 128 页。

此条件下,人类实现了前所未有的身体解放,并不再受生产资料的限制而必须从事异化劳动。当然,这必将伴随一个漫长的进步过程,而在其最终实现的过程中,人类的整体能力与追求都将发生明显不同,包含体力劳动和脑力劳动在内的劳动者的个体差距将被不断缩小,从而实现根据每个人自身的需求进行分配。

休斯高度赞同马克思的需要理论,并对其做了三点总结来应对一些质疑的声音。首先,休斯指出,极大丰富的物质基础是共产主义产生的必要条件,而并非其产生的目的指向;其次,不同的衡量标准带给我们对富足不同的定义,对于所涉及的整体富足的定义我们仍需讨论;最后,按需分配原则作为一个标志性的产生,在共产主义社会不可或缺。在此基础上,休斯认为,人类需要被满足的程度决定了人类的富足程度,而为了满足人类需要所进行的生产活动,从而引发的生态问题并非无可避免,而关于这一点在后面对于生产力发展、技术发展与环境问题的小节中我们再来详细分析。

休斯进而谈到了需要的三元结构,即"X—Y—A"。我们将 A 视作主体,也可理解为作为人的本体,Y 则代表其想实现的目的,X 则为实现这个目的需要获得(交换)的事物。简单的例子:我(A)需要钱(X)买衣服(Y)。A 想要获得某个 Y 就需要相应程度的 X,而这种 Y 又对 A 具有很强的指导作用。将 A、X、Y 带入不同的模式中,可对不同的需要进行分类,体现出需要的目的的不同类别。

休斯认为,如需对需要进行概念上的进一步的理解,三元结构理论给我们的指引是必须对主体的"需要"和"欲求"这两个(时常被人们认为成连续性的同类事物但却有巨大区别的)概念进行分类。他指出:"虽然所有的需要都有'A 为了 Y 需要 X'的形式,但只有某些欲求才有'A 为了 Y 欲求 X'的对应形式。"[①]简单来说,三元结构模式对任何主体的需要都可满足,但对主体的欲求只有部分可满足。因为欲求更多是心理上的状态,在现实中作

①　[英]乔纳森·休斯:《生态与历史唯物主义》,张晓琼等译,江苏人民出版社 2011 年版,第 232 页。

为一种手段为使主体达成某种愿望,具有倾向性和引导性。更进一步地来分析需要与欲求的区别,休斯认为应从二者应用的不同语境入手,"需要是一个指向透明的语境,而欲求则是指涉不透明的"①。在需要的陈述中,我们可以为 X 替换任何外延对应词而不改变陈述的真值,但在欲望陈述中,我们就不可以。这说明二者在概念上具有本质不同,在资本逻辑的宰制下,资本主义社会中主体欲望中的 X 某些时候就是 Y,这也正是马克思所言的货币与商品的对立。对于需要与欲望的区分,以及资本主义社会中虚假欲求对主体的未来发展与客观影响等问题,本书将在"附录二"的内容中进一步的补充,对于这一问题的分析讨论对我们打开资本权力控制主体的逻辑密码具有重要意义。

通过休斯对需要的三元结构分析,我们一方面可以为马克思的"需要"概念提供有意义的借鉴方向,另一方面可以更好地理解下一节中,关于马克思对真实需要与虚假需要(虚假欲求)的划分问题。马克思和休斯对需要的存在意义、发展目的以及现实形式的深入分析是十分必要的,这种分析一方面可以使我们明确人类社会发展的逻辑机理;另一方面有助于我们分析资本逻辑的增殖手段,正是这一手段使更多的消费者生出更多的虚假欲求。

二、资本主义社会中的虚假需要

在唯物史观中,一个不可忽视的思想范畴是马克思对"需要"的理解。若试图阐明生产与需要间的关联,对于人的本质与历史发展动力等问题做出明确的哲学解答,我们有必要从历史唯物主义的视角出发,对需要及其异化问题进行分析。历史唯物主义将人的现实作为基础,在此意义上,对需要的理解更深入、更具体,并将人的需要视为人的价值与利益的统一体。

马克思指出:"在现实世界中,个人有许多需要。"②将人的需要进行细

---

① [英]乔纳森·休斯:《生态与历史唯物主义》,张晓琼等译,江苏人民出版社 2011 年版,第 233 页。

② 《马克思恩格斯全集》第 3 卷,人民出版社 2002 年版,第 326 页。

化,可理解为自然或生理需要、社会需要、经济需要、精神或文化需要。从需要的层次看,马克思把人的需要分为基本需要与欲求,进而辨析了"真""假"需要的范畴与生成机理。人类的真的需要代表着他们确实需要的事物,而人类的假的需要则意味着他们错以为自己所需要的事物。马克思认为过度的假的需要的产生离不开资本主义的制度根源本身,这种过度的假的需要可以理解为人类的欲求——在某种意义上,这种欲求可以说是被制造出来的,即所谓"欲望在作祟"。

英国政治学家安德鲁·多布森(Andrew Dobson)同马克思一样正确地总结道:"他们对需要和欲求做出了(非原创的)区分,这意味着我们的许多消费项目以及我们认为是需要的物品其实是欲求的对象。在这个意义上,他们提出通过占有较少的物品使损失降至最小。"①休斯对此提出的观点是:"坚持满足人们自认的任何需要,在生态上是不可持续的,因为这些需要明显地要求无限扩张。"②这种观点就代表着这样的一个事实,即对真假需要的区分有至关重要的意义(因为对于需要的满足似乎可以理解为一个生态上可持续的目标)。在这个意义上而言,我们就可以更为深入地理解马克思对"按需分配"的共产主义社会中所必要的生态可持续性的表述。

马克思在《1844年经济学哲学手稿》中集中表达了他对真假需要的理解。他写道:"每个人都千方百计地在别人身上唤起某种新的需要,以便迫使他做出新的牺牲,使他处于一种新的依赖地位,诱使他追求新的享受方式,从而陷入经济上的破产。每个人都力图创造出一种支配他人的、异己的本质力量,以便从这里面找到他自己的利益需要的满足。"③这段文字中的"需要",其本质就是资本主义社会带给人们无尽的欲求,即虚

---

① Dobson A.,*Green Political Thought:An Introduction*,London:Unwin Hyman,1990,p.18.

② [英]乔纳森·休斯:《生态与历史唯物主义》,张晓琼等译,江苏人民出版社2011年版,第241页。

③ 《马克思恩格斯全集》第42卷,人民出版社1979年版,第132页。

假需要。马克思在此处深刻揭示了这种被称之为欲求的人的假需要的本质。

除《1844年经济学哲学手稿》外,在《资本论》中马克思对旨在创造使用价值生产和旨在创造价值或(结果相同的)资本扩张的生产进行区分。他认为,后者具有独立于人类需要进行扩张的趋势,这是一种人类需要所从属的资本的"需要"。他写道:"一种不是物质财富为工人的发展而存在,相反是工人为现有价值的增值需要而存在的生产方式。"①他进而指出,这种资本的扩张"需要"在独立于人的需要的同时,还使人类主体产生了"自以为是"的需要。在资本主义社会中,永恒不变的市场竞争原则起着优胜劣汰的作用,资本家需要不停地扩张生产规模,若将此视为资本所有者的需要,那么他们的需要必须从其他人身上创造更多的假的需要来被满足。而在对商品的描述中,马克思说道:"商品首先是一个外界对象,一个靠自己的属性来满足人的某种需要的物。这种需要的性质如何,例如是由胃产生还是由幻想产生,是与问题无关的。"②对这种产生于幻想的虚假需要的描写,反映出资本主义社会对人类真实需要的漠视。

休斯认为,如果我们身处于一个终日充满新鲜诱惑的社会环境中,追逐更新的、更高级的产品成为衡量每个人身份地位甚至价值的重要参考,那么这种需要就会以一种"无意识"的方式改头换面地成为我内心自以为源自个体主观能动性意义上的真实需要。而资本家也同样,若想要维持他们在资本主义社会中的地位,就需要不停地生产更多的人类"需要"。但在马克思的研究中,这些都并非为了维持人类繁衍发展的需要,"也没有规定作为共产主义口号中包含的规范性原则的那种需要的意义"③。

在以上的这些论述中,本书试图通过马克思与休斯对人类所求范畴内

---

① 《马克思恩格斯文集》第5卷,人民出版社2009年版,第716—717页。
② 《马克思恩格斯文集》第5卷,人民出版社2009年版,第47页。
③ [英]乔纳森·休斯:《生态与历史唯物主义》,张晓琼等译,江苏人民出版社2011年版,第245页。

真实需要与虚假欲求的理解,来体会他们的需要观,并对资本主义使人不断派生出的虚假需要进行揭露。休斯认为,对马克思而言,"丰富和多方面的需要是真实的需要,而不管他们是否被视为此类,而其他的都只是被视为需要,它们没有这种客观地位"①。总之,在马克思看来,人类真正的需要同他们自以为的真正需求是有重要差别的。在某些方面人类真正的需要比他们自以为的需要范围会扩大,而在另一方面这种比较的范围又将缩小,然而,对于真实需要与虚假欲求的分辨的意义,一方面并非在于我们将通过这种分辨的结果来试图降低人类的需要,本质上说,这是与禁欲主义的观点截然不同的;另一方面,也并非为了通过降低人类的需要来缓解生态问题,因为我们需要明确的是,即使需要的增加意味着物质生产的增加与对自然资源的更多占用,但它并不意味着通过满足真实需要的产生,就必然会造成生态破坏的后果。

在马克思、恩格斯后期的文本中,出现过似乎放弃了早期关于真假需要区别的内容。马克思指出:"资本按照自己的这种趋势,既要克服民族界限和民族偏见,又要克服把自然神话的现象,克服流传下来的、在一定界限内闭关自守地满足于现有需要和重复旧生活方式的状况。资本破坏这一切并使之不断革命化,摧毁一切阻碍发展生产力、扩大需要、使生产多样化、利用和交换自然力量和精神力量的限制。"②对此,休斯认为,马克思在《资本论》中已经明确表示出使用价值生产旨在满足人类需要,而商品生产旨在生产交换价值,也就是说,不管它所满足的欲望是否为真正的人类需要。休斯指出,在马克思那里,"尽管资本主义的确引起了'需要,才能、享用、生产力等等'的发展,但它是以扭曲和异化的形式做到这一切的:'在资产阶级经济以及与之相适应的生产时期中,人的内在本质的这种充分发挥,表现为完全的空虚,这种普遍的物化过程,表现为全面的异化,而一切既定的片面

---

① ［英］乔纳森·休斯:《生态与历史唯物主义》,张晓琼等译,江苏人民出版社 2011 年版,第 249 页。

② 《马克思恩格斯选集》第 2 卷,人民出版社 2012 年版,第 716 页。

目的的废弃,则表现为为了某种纯粹外在的目的而牺牲自己的目的本身'"①。这清楚地表明,在马克思的视角中,从未放弃对资本主义扩大需要的感知所采取的特殊形式的批判。

在马克思的视角中,真实的需要更多地围绕人类最本质的真正需求,或是维持自身的繁衍发展,或是对精神内涵的充实,而这种充实会对整个社会带来积极正面的相关作用,使人类更清楚地认识自己的需要,是共产主义的理想状态——当人类的境界置于此处,其真正的需求并不会造成生态破坏。"一个健康环境的保护或恢复也将被看作是人类需要的满足。"②相反,资本主义社会从上至下地为了满足个人假性欲求而产生出更多的假性需要的恶性循环,对生态问题的出现须负有重要责任。历史唯物主义从现实的角度关注人类的需要,力图实现人类真正彻底的解放与自由全面的发展,因为在资本主义制度下,受私有制关系的制约,人类无法完全决定自己的命运。休斯也赞同这种观点,因此认为这对真假需要的区分尤为重要。在资本主义社会中,为满足资本增殖的无限欲求,资本必然使人不断地派生出更多的虚假欲求,并在主体满足自身欲望的过程中实现更大程度的生产与更多的价值增殖。资本权力对主体需要(欲望)的刺激,加速了生产、科技进步、社会结构变迁、生活步调等一系列因素,并使资本主义社会本身陷入了无限加速的闭环逻辑。对于这一问题的详细展开,将在本书的"附录三"中着重说明,这对于我们完整理解需要与欲望、欲望与利益,以及生产与生态资源的关系问题具有重要意义。

三、生产力发展的目的是满足人类需要

通过上节的论述我们可知,在马克思看来,人类自以为是的某些需要并

---

① [英]乔纳森·休斯:《生态与历史唯物主义》,张晓琼等译,江苏人民出版社 2011 年版,第 280 页。

② [英]乔纳森·休斯:《生态与历史唯物主义》,张晓琼等译,江苏人民出版社 2011 年版,第 231 页。

非其真实的需要,因此我们有必要建设关于真正需要的规范性。而这一重任似乎只能交给共产主义或在共产主义实现的道路中的规范手段。因为,由资本主义制度所引发的某些需要,在实际生活中对具有多面性的人类真正需要发展起到了一定的抑制作用。但无论真假需要抑或是需要与欲求,我们都应当就需要与生产力之间的关系确立这样的共识:生产力的发展目的即为了满足人类的需要,而人类的需要是生产力发展的动力推手。

　　某种程度上说,马克思的生产力理论贯穿于其思想的全部过程,而对于此问题的集中论述,我们可以对《资本论》与《1857—1858 年经济学手稿》进行考察。马克思认为,对于生产力的研究要与人的全面发展过程相关联,二者密不可分,而人的全面发展过程似乎是一个需要不断被满足的过程。因此,关于生产力的发展目的,离不开人的全面发展,更离不开人的需要的满足。生产力是人类利用自然、改造自然的能力,而人们利用自然、改造自然的目的也恰恰是满足自身的发展。人类作为劳动实践过程中的主体,也是最无可替代的生产要素。从哲学的层面可以这样理解,人类的需要可视为某种行为的内在动因,而这种行为即是生产活动,并且在生产的对象、手段和结果之中都有它的痕迹,甚至是生产的目的,这一看似作为前提的要素,也是建立在现有生产力的基础上,即不可能提出超越现有生产力界限之上的目的。生产的目的不是生产本身,而在于发起生产活动的人类本身。生产活动的发起者正是为了社会中不同层级的人的需求的满足而不断进行生产与再生产。就比如人类为了解放双手和获得更文明的吃饭方式而发明了筷子和刀叉,并进行生产。生产筷子和刀叉的目的不是生产这些产品本身,而是为了使人类的需求获得满足。在这里值得注意的是,古代乃至近代的人类几乎无法产生乘坐飞机、使用移动电话等现代性需要,这是因为人类的需要既存在个体差异但又必须遵循社会整体现状。因此,我们有理由认为生产活动的出现是为了满足人类的需求,生产力的发展目的是为了满足人类的需要。

　　而在生产力发展的过程中,人类的需要又扮演着推动者的角色。再如筷子和刀叉的例子,是人类有了这样的需要,因此出现了这样的生产活动。"由于资本的无止境的致富欲望及其唯一能实现这种欲望的条件不断地驱使劳动生产力向前发展"①,人类的需要对生产力发展具有重要推动作用,并由其需要的丰富多样性,导致了生产活动内容的复杂多变。马克思认为,人类的需要即人类的本性。从历史的发展轨迹来看,人类的需要并非一成不变的,而是依赖于生产力的发展不断变化和扩张的,但归根结底,人的能动性是生产力发展的源源不绝的动力所在。我们可以认为人的需要是生产力发展的动力推手,并且是唯一的推手,一切生产活动都源于人的需要,而人的需要并不会无理由地变化扩张,会依托一个现阶段的社会生产力水平而有限地变化扩张。处于社会中的人的需要,其实质不能脱离自身的物质生产活动,是随着生产的发展而发展,随着社会的进步而进步。物质的生产决定着需要被满足的方式与需要的内容空间。因此,我们开发劳动者自身的潜能并提高社会生产力发展的水平,不可忽视的是正确面对人类的需要与满足这种需要的方式手段,并使之始终良性循环。

休斯赞同马克思这样的观点:"从事自由选择的、有意识追求的生产活动是人类本性的一部分;并且,他们通过这种活动把人与他人、人与物种链接为一个整体。在行使他们的基本权利并进入到社会关系中时人类因而可以说是实现了他们的本性,我们也可以把相应的需要作为自我实现的需要。"②根据这样的观点,我们可以更透彻地理解生产力发展与人类需要满足间的关系。人类产生需要(限定在现阶段的社会生产力水平之中)进而带动生产力发展,生产力发展使得人类的需要得到满足,人类从这个过程中既通过自身的实践活动彰显其本质又在社会关系的链条中获得自我实现的需要满足。在马克思的视角中将生产活动视为一种"生命活动",存在于人类进行自我实现的过程当中。而这更多的是将劳动作为第一需要而言的,

---

① 《马克思恩格斯文集》第 8 卷,人民出版社 2009 年版,第 69 页。
② [英]乔纳森·休斯:《生态与历史唯物主义》,张晓琼等译,江苏人民出版社 2011 年版,第 261 页。

也就是说,自我实现更多的是建立在人类对于最基本的生存需要的满足之上的。在此处,我们着重分析的是人类需要的满足过程。

如果我们认同马克思对自我实现内涵的诠释,那么我们更可以理解他对于实际的生产力发展过程中工人阶级困境的揭示。马克思认为在资本主义社会中,工人阶级是生产力发展的"前线人员",生产着大量的物质资料却只可以满足自身很少的需要,甚至终日在维持自身及家庭的基本生活需要的最低限度内徘徊。资本主义的生产方式与生产关系导致了人类需要的异化,而为了满足这些异化的需要,必须伴随着更多的异化的劳动。马克思指出,异化劳动"不是自愿的劳动需要,而是满足劳动需要以外的需要的手段。劳动的异化性质明显地表现在,只要肉体的强制或其他强制一停止,人们就会像逃避鼠疫那样逃避劳动"①。如前所述,人类的需要是生产力发展的动力所在与现实指引,资本无限增殖的资本主义结构导致异化的人类需求,进而产生异化的劳动过程,使生产力的发展方向置于一个压抑的、很多时候是非可持续生态性的轨道之中。关于这一问题,在本章的后半部分中,将会结合共产主义社会的优越性继续探讨。

我们确立了生产力的发展目的即为了满足人类的需要,而人类的需要是生产力发展的动力推手这样的共识。但仍需注意的是,人类的需要不能完全决定生产力发展的走向,因为需要和生产力毕竟是两个问题,人类的能动性不等同于决定性。人类的需要本身不会从事任何生产活动,只有当这种需要可带动劳动者从事生产活动时,生产力才有可能得到发展。总而言之,我们在生产力发展的目的这一点上达成了共识(这一结论将在本章第三部分中再次提及)。人类对自然的生态依赖所表达的就是人类从自然中获取物质生活资料并满足人类物质需要的占有,这种物质需要的满足本身就是人的生产、劳动实践过程的根本目的,是人类改造、占有和利用自然来发展生产力的主要动机。因此,想从根本上拒绝环境问题,生产力也必须面

---

① 《马克思恩格斯全集》第 42 卷,人民出版社 1979 年版,第 94 页。

向一个生态的维度发展。

第二节　生产力与生态问题

在上一节中,我们从马克思和休斯的需要观入手,分析了人类需要的真实层级,区分了需要与欲求等真假需要,并揭示了人类更多的虚假欲求的产生根源,即资本主义社会制度,这一根源异化了生产过程,使生产力朝着非生态、非良性的方向发展。在这一节中,我们需要通过休斯的论述,来更清晰地理解生产力的组成结构,通过对生产力与技术的概念阐释,以及对技术发展与生态问题之间必然联系的否定,来回应那些认为马克思历史唯物主义缺失生态关怀的错误言论。马克思历史唯物主义从未停止过对生态的重视关注,它所大力提倡的生产力发展也并非生态问题产生的真正根源。

一、生产力发展不等同于技术发展

生产力是人类利用自然、改造自然的能力,其目的是满足人类需要,但是,在科学技术被广泛视为第一生产力的今天,具体的生产力组成结构,以及生产力与技术之间的关系又是怎样? 我们需要通过对马克思关于劳动过程的分析,寻找到这一问题的答案。休斯将马克思的观点总结为:"生产力由劳动力和劳动力为制造产品所使用的生产资料构成。劳动力由劳动者的体力、技能、知识和创造力等等组成,而生产资料则由劳动资料和劳动对象组成。"①由此得出一个简单的公式:生产力=劳动力+生产资料劳动力=劳动者的体力+技能+知识+创造力生产资料=劳动资料(即工具,在原始时代甚至是人类的双手)+劳动对象(即原料,多指自然资源)。

从上面这个公式中,我们可以清晰地看到劳动资料和劳动工具都来源于自然,并始终是自然的一部分。这是因为,劳动对象要么直接由自然提

————————

① ［英］乔纳森·休斯:《生态与历史唯物主义》,张晓琼等译,江苏人民出版社 2011 年版,第 177 页。

供,要么是由先前的劳动过程加工而成的自然物;而劳动资料包括:从原始社会的石头,到从自然材料中制造出来的工具和机器,甚至是在农业中用作劳动资料的土地本身,或者厂房、运河、道路等,因为马克思认为广义的劳动资料是"劳动过程的进行中所需的一切物质条件"①。由上可见,劳动过程在归根结底的意义上依赖于自然所提供的方法规律;同时,依赖于自然所赋予的生产资料,并且劳动过程存在对环境有害的无意识后果。因此,劳动过程有可能产生生态问题。那么,发展生产力是否等同于发展技术,并必然会加剧劳动活动所可能带来的生态问题呢?

马克思的批判者们认为,历史唯物主义是技术决定论,他们把生产力的发展等同于技术的发展,并认为由于马克思大力提倡解放和发展生产力,才导致日益恶化的环境问题。休斯认为,这种观点并不成立。首先,生产力的发展不等同于技术发展;其次,技术的发展将不可避免地导致生态问题恶化也是片面的。但是技术和生产力间的关系又是什么?

某些评论者认为,生产力=技术=工具和机器=生产资料。这是技术决定论的观点,明显过于狭隘。将生产力直接等同于生产资料,意味着技术提高,而生产力则必然提高。休斯认为,这种观点忽视了生产力中至关重要的因素,即劳动力,也就是人的因素。休斯认为这种技术决定论的观点是对技术的狭隘理解,并提出对技术应给予一个更宽泛的理解。他指出:"任何技术的实际发展必然包括物的因素和人的因素,因为两个因素相互依赖。没有发明他们的知识和使用他们的技能,工具和机器的发展和应用将是不可能的;相反的,劳动力的发展只能带来有限的进步,除非它利用新的生产资料。"②因此,技术的发展=生产资料的发展+劳动力的发展。但不是全部意义上的生产资料与劳动力,因为生产资料当中除工具和机器外,还包括天然存在于自然当中的原料,同时,我们需要先假设没有新的原料被发现。当

---

① 《马克思恩格斯文集》第 5 卷,人民出版社 2009 年版,第 718 页。

② [英]乔纳森·休斯:《生态与历史唯物主义》,张晓琼等译,江苏人民出版社 2011 年版,第 181 页。

然,现实活动中如果有新的发现的可能,这在一定程度要依赖技术进步。但如果没有,技术发展就只体现在对已有固定原料的利用速率上。比如,同一块土地,我们通过技术研制出更具肥力的作物来使同一块土地生产出更多的粮食,再通过技术研发出更具效能的收割机,在对这一块土地进行收割的过程中减少对粮食的损耗,这种方式虽然可以体现技术的发展,但这并不能说明生产力就一定发展了。这是因为,在现实中,自然界的天然原材料并不总是固定不变的,这一结论没有考虑到原料可能出现的短缺问题:当技术得到发展但是原材料减少的情况下,这样我们的生产总量不一定会提高,甚至还要倒退。而在劳动力的部分中,又包含劳动者的体能等具体的个人差别因素。还是用土地的例子:一台高效能的收割机,劳动者甲每天可使用其工作 10 小时,收割 10 亩地;但劳动者乙使用其工作 8 小时,收割 8 亩地后其体力无法继续支持剩余 2 小时的生产活动。这说明,技术提高同样未带来单位时间内总生产力的提高。

正因如此,休斯对生产力与技术之间的关系得出了明确的结论,即技术,或者生产技术,包含于生产力之中,是生产力的一部分,并且是十分重要的一个部分。虽然技术包含劳动力和生产资料两方面因素,但生产力还包括劳动者的体能、原料和自然给予的生产资料等。我们已经证明,即使总的生产力没有增长,生产技术也有可能存在发展;如果生产力的非技术元素如原料的储备下降了,或个体劳动单位的体力差异,那么技术发展维持不变甚至有所发展,总的生产力仍然可能下降。更为重要的是,如果技术的发展走向一种错误的趋势时,那么技术越进步反而可能造成人类的整体损失则越大。所以,不能完全将二者画等号。

技术虽然不等同于生产力,但我们需要明确的是,技术的确是庞大的生产力系统中最重要的组成要素,是社会生产力的重要动因。只有发展技术,人类才能充分地增强生产能力。技术的发展是总体生产力水平提升的前提基础,其起源于生产,发展更依赖于生产,并永远推动着生产,这体现在现代生产力的每一个要素之中。作为知识形态的生产力,人类的科学技术已经在很大程度上实现了转化,并越来越深入地在劳动者、生产工具和劳动对象等各个要素中渗透,在一定程度上改变着人们的生活方式。

二、技术发展不等同于生态问题

通过休斯对生产力发展与技术发展内涵的区分,我们可以认为,虽然二者不能完全等同,但技术发展无疑对生产力发展起着至关重要的作用。而如此重要的生产力要素是否必然导致生态问题,休斯对此的观点是:发展技术对于生态问题的产生来说是作为一个充分条件而存在的,并非是作为一个充分必要条件而存在的。

休斯指出,新的技术产生总伴随着更多资源的消耗和更多污染的造成,但我们需要重点讨论的是,一种既符合马克思生产力发展准则,又可以避免这种情况的出现的技术发展形式是否可能。

格伦德曼提出了两个论点:第一,生态破坏的可能范围随着技术"空间"的增长而得以强势扩大。他说道:"人类在其早期发展阶段,使用原始的技术,并不能以今天人们影响环境的同样方式对环境造成影响:甚至在最慢不经意地使用的条件下,石斧和火也不能引起今天源自核技术或者生化技术的危险相比的危险。"[1]技术空间的不断增加同时也加大了生态问题出现的可能性。

休斯对此的看法是,技术空间的不断增加,同时也的确加大了生态问题出现的可能性。但他更赞同另一些观点,即虽然新技术增加了对生态的潜在破坏,但是它们也可能提供更多有效的控制技术,这些控制技术将会减少潜在的生态破坏实际发生的可能性。因此,也许会对生态问题的风险有所降低,并以核能为例加以阐释。核能在应用中比燃煤更具清洁性,也减少了发生人身危险的可能性。休斯认为,需要注意的是,核能一旦发生危险,其后果的严重性是不可想象的。时至今日,人类的发展程度,各行各业之间对

---

① Grundmann R.,*Marxism and Ecology*,Oxford:Clarendon Press,1991,p.29.

技术的关联与应用,使更多的新技术已经深深渗透进人们的生活中。我们应关注的是,在认同新的技术仍然会对环境带来破坏的前提下,例如面对全球变暖等问题的同时,探讨造成这种破坏的程度和那些已经存在的技术相比是更高还是有所降低? 更为重要的是,抛开技术本身对自然的影响以外,我们不能忽视一些更严重的如洪水、地震、海啸等自然灾害对人类与地球资源的伤害,新的技术在这些方面的应用,一定程度上可以帮我们抵消这些危险。

格伦德曼的第二个论点是,现代技术的复杂性和紧密结合性,导致了其运作过程也更加不透明,并被允许出现一些小的但是却影响很大的事故,因为在事实层面上,任何技术领域都存在着失败或故障的可能概率。一旦这种概率性事件发生,将在无形当中造成环境的破坏,并且无论采取何种安全措施,有些事故仍然无法彻底免除。归根结底,格伦德曼认为,生态问题不可避免地产生于复杂的和紧密结合的技术。

休斯对此的看法是,首先格伦德曼夸大了新技术的风险系数,忽略了伴随新技术而生的精密控制和安全系统对它的担忧的抵消,也没有考虑随着时间推移,人类可以更有效地增强新技术的安全系数,并将一切可能危险的发生概率控制到最低。即使这些都如他所说无法实现,也不能说明新的技术一定对环境造成影响,因为关于所谓新技术必然伴随更复杂且更紧密结合的特征的这一观点,事实上不是绝对的。而且,随着社会的发展,人类(这里指大多数社会群众)有权利也有义务控制新技术的发展方向,即将对环境破坏的可能性降到最低,尽可能少地破坏环境的技术发展方向。

环保主义哲学家瓦尔·罗特莉(Val Routley)的观点代表了许多环保主义者的思想,瓦尔·罗特莉提出:马克思提供给我们的"自动化天堂"的蓝图"必定是高度耗能的,因此展现了可预见的现实的能源情景,即环境破坏"①。也就是说,自动化程度的增强必然会导致能源消耗的增长。

① Routley V.,"On Karl Marx as an Environmental Hero",*Environmental Ethics* 3,1981,p.242.

　　休斯认为瓦尔·罗特莉的观点是错误的。《简明牛津词典》中将自动化定义为：通过一系列连续的阶段对产品生产的自动控制；使用自动设备以节省脑力和体力劳动。生产的自动化包括两个因素：通过机器对脑力劳动和体力劳动的替代。在对体力劳动替代的过程中，就涉及其所需的能量来自于自然，这的确增加了对自然资源的占用，因为原本这些能量来自于人体的劳动。但如今，我们已经到达了一个对自然严重依赖的高机械化生产的时代，我们需要认识到的是，这种替代更多的是带给我们比个人体力劳动更优质的效率问题。很多时候，在技术发展的过程中的确会增加自然资源的占用，但当新的技术代替旧的技术后，更多的可能是对自然资源的一种解放，而这种解放程度往往大于其发展过程中所占用的程度。比如手动挡汽车和自动挡汽车，也许对自动变速器的生产所消耗的总的资源比手动变速器要高，但自动变速器在使用过程中，对人体有一定的释放功效，更重要的是，在换挡的过程中对油耗的消耗更经济、更科学。休斯认为，很多例子都可以表明马克思所设想的技术自动化并不像罗特莉所假设的那样具有生态破坏性，相反可能会更有助于降低它的生态影响，这些需要具体问题具体分析。

　　通过这些论述我们可以认同一个观点，技术的发展的确会对生态问题的影响有所增加，但我们需要辨析这种增加是短暂的还是永久的、是固定单一的还是从其他方面有所弥补的。更多时候，技术的发展会带来对环境问题有益的因素。但这并非表示单纯发展技术就可以完全地、彻底地解决生态问题，因为通过技术发展所带来的劳动生产率的提高是有理论限制的。我们发展技术更多地应立足于"率"的提高，而不仅是"数"的扩大，或者增加产品的规模又或者降低对劳动的要求。

　　因此，带来环境问题的不一定是技术发展本身，更多的是人口的增长与全人类整体需求的增加，因为这一切的满足过程又必将取之于自然。如果回到很多年以前，特别是污染严重的第二次工业革命时期，我们用今天诸如新能源的技术去实现以前的总人口的总需求，显然对地球资源的消耗是降低的。但我们又不能因此就限制人口的增长,这在关于马尔萨斯的问题中已经探讨过。人类的一切发展行为,第一要素即是维持自身物种的长久发展与壮大。而我们也试图整理人体的总需求,这就涉及背后所依托的价值观与阶级属性,或者说,我们需要更生态的生产关系。

三、生态问题的根本原因

乔纳森·休斯对关于马克思生产力、技术与生态问题间关系的进一步阐发,让我们有理由认同马克思并非盲目地提倡技术与生产力的发展而忽视生态问题。这是对历史唯物主义生产力理论的生态性维护。同时我们也要看到,技术虽然不完全等同于生产力,但却是生产力发展过程中最重要的要素。错误的技术与生产力发展引导,的确会不同程度地带来生态问题,那么生态问题产生的根本原因又是什么?

马克思指出,在任何社会形态中的人的一切生产,都是个人对自然资源的占有,而在这个过程中需要依托于某种社会组织形式。资本主义社会其固有的生产方式与私有制度切断了绝大部分劳动者与自然的天然关联。简单来说,在资本主义生产关系中,它分离了劳动力与劳动资料的自然基础。资本的原始积累正是在这种分离下获取的,从而产生了资本主义制度。这违背了人与自然的本质属性,自然不再作为劳动者的无机身体更不再是任何生产资料的所有者。

生态学马克思主义者福斯特说道:"原始积累('所谓的')是资本的史前史和前提。它所代表的变化开创了资本家的占有制度,它是建立剥削异化的、但在形式上却是自由的、劳动者的基础之上的。由此产生了资本家积累的整个历史趋势——它发展的'内在规律'。"[1]马克思认为,资本主义的本质在于通过不断的生产与再生产,不停地扩大资本的增长规模和积累能力,而在创造出更多的物质财富之后,其生产关系又导致分配过程中的贫富

---

① [美]约翰·贝拉米·福斯特:《马克思的生态学——唯物主义与自然》,刘仁胜等译,高等教育出版社 2006 年版,第 192 页。

两极分化,无产阶级付出了更多的劳动却未得到相应的报酬。这异化了劳动过程与人类的本质真实需求,是造成生态恶化的逻辑必然。需要的满足依靠生产力来供给,资本主义社会人类的虚假欲求因资本逻辑的本质属性只会随时间推移不断增长,这就要求生产力与技术的更快发展,而在这个发展过程中以及发展滞后的应用环节,都无疑将造成更多自然资源的占用。然而,这些自然资源并未满足人类的真实需要,反而是为了不断增长的虚假欲求的满足,并且会因此长久地恶性循环下去。在这个过程中所产生的需要异化与科技异化,并由此造成的资源浪费与生态危机其实质是资本主义制度本身。

马克思认为资本主义的"私有制产生的最直接结果就是商业"①,这就必然导致不可调和的个体利益者之间的绝对对立,而个体在获得自身利益最大化的过程中所产生的一系列行为,将最终导致人与人之间的信任缺失。每个个体的人的首要目的都是追求利益(并且是不惜一切代价的追求),这造成的直接后果是,在资本主义社会中,对资源的迅速占用与消耗——因为他们不会考虑其他个体、民族、国家甚至他们的子孙后代,只求这一时、这一世的疯狂占有(而这种占有早已脱离了他们的真实需求)。因此,资本主义的生产关系及其所依托的私有制基础,是一切社会问题,例如经济危机、生态危机的根源所在。

"资本对资本、劳动对劳动、土地对土地的斗争,使生产陷于高烧状态,使一切自然的合理的关系都颠倒过来。要是资本不最大限度地展开自己的活动,它就经不住其他资本的竞争……总之,卷入竞争斗争的人,如果不全力以赴,不放弃一切真正人的目的,就经不住这种斗争。一方的这种过度紧张,其结果必然是另一方的松弛。"②马克思认为,在资本主义私有制生产关系的制约中,以及资本逻辑的驱使之下,人类自由自觉的本性将会逐渐丧失,取而代之的是无休止的利益对抗,这导致供给与需求、人与自然、经济与

---

① 《马克思恩格斯全集》第3卷,人民出版社2002年版,第446页。
② 《马克思恩格斯全集》第3卷,人民出版社2002年版,第463页。

生态之间的关系不再平衡,从而产生不可预计的破坏性后果。我们必须认识到资本主义生产方式对生态危机的根本性影响作用,这样才可以科学地理解生态危机——该危机并非是单纯的生产力发展抑或是技术发展所带来的后果,因为一切行为事实上都是人的行为。生产力本身并没有错,出现问题的是错误的生产力引导方式,更进一步地说,是资本主义现存的生产关系与生产方式。马克思认为,资本对劳动力的剥削是从生产开始的,这时的生产便不再是生产本身,而是一种生产剩余价值的剥削,体现着追求利润最大化的本性。而这种剥削制度也将不可避免地迎来无产阶级的斗争与反抗,在此意义上,资本主义社会中的一切社会革命与生态危机也都是其必然结果。

基于马克思这样的揭示,休斯指出,若想从根本上避免生态危机,就必须摆脱私有制的生产关系,从人的类本质意愿上扭转生产力的发展方向。我们需要一个可以真正以劳动为第一意愿的、自由的、健康的、生态的、持久的人类家园,就必须从根本上改变现阶段的阶级制度与剥削关系。马克思所描绘的共产主义社会,是一个没有剥削、没有压迫,主张消灭生产资料私有制,实现人类真正自由解放的各取所需、各尽所能的高级社会形态。在这种社会形态下,个体的人会真实地看到"镜子中的自己",即更准确地把握自身的真实需要。按需分配的生产关系使人更关注自身的真实需要,生产力与技术的发展趋于更合理、更生态的引导方向,自然资源可得到更有效的利用与保护。这正是我们真正需要的生态家园。对于生态危机产生的根源问题,我们将在"附录四"中从马克思交往理论的视角出发,作更深层次的探讨。在下一节中,将通过休斯对历史唯物主义生产力发展过程中的革命性效应的剖析,来探索马克思所畅想的共产主义社会的实现方式。

第三节　生产力发展中革命性效应的生态性需求

休斯深度剖析了马克思的生产力理论,并从中寻找到了生产力发展过程中的重要环节,即革命性效应。休斯认为,马克思的生产力理论在实际应用过程中会出现破坏效应和促动效应,这可被理解为革命性效应的两个阶段。而导致革命性效应的两个完全不同的发展走向的根源在于,生产力发展过程中的生态关注程度。休斯以因果联系为基础,以生态环境和人类的真实需要为线索,最终总结出只有发展生态的生产力才有可能实现真正的共产主义。

一、生产力发展中的破坏效应与缺失生态维度的生产力发展

在不同的历史背景与客观条件下,人类对技术发展的定义并不相同。休斯认为,我们需要从生态的视角出发,确定符合马克思的生产力发展理论,并对生产力发展可以给予重要支持的技术发展趋势。带着这样的目的,休斯对马克思论述的生产力发展过程进行了进一步解读。

在《〈政治经济学批判〉序言》中,马克思指出:"手推磨产生的是封建主的社会,蒸汽磨产生的是工业资本家的社会。"①后来,他又对此总结道:"同他们的物质生产力的一定发展阶段相适合的生产关系。"②休斯认为,马克思通过"生产力来解释了占主导地位的生产关系,反过来,又通过生产关系解释法律的和政治的上层建筑以及社会意识形态诸形式"③。而更重要的是,马克思以生产力的发展导致生产关系的变化为出发点,进而解释了从一种社会形态到另一种社会形态的转变过程。休斯指出,马克思认为生产力发展的关键作用是为社会的革命性转变创造了条件,他将这一点称之为生产力发展过程中的革命性效应(The Revolutionary Effect)。

休斯指出,一个新的社会形态是否可能出现,取决于生产力发展的程

---

① 《马克思恩格斯选集》第 1 卷,人民出版社 2012 年版,第 222 页。
② 《马克思恩格斯选集》第 2 卷,人民出版社 2012 年版,第 2 页。
③ [英]乔纳森·休斯:《生态与历史唯物主义》,张晓琼等译,江苏人民出版社 2011 年版,第 194—195 页。

度,发展到一定程度的生产力可对现阶段的社会形态产生破坏性影响,而生产力发展必须达到更高的程度才有可能促动新的社会形态的诞生。这就是破坏效应和促动效应。他还指出,生产力在发展到一定阶段后,可以更具倾向性地选择与之最匹配的生产关系及其所依托的社会形态。"生产力的发展创造了在其中理性地选择新的生产关系的条件这样一个事实(也就是革命性效应)。"①

马克思将生产力发展过程中所出现的破坏效应的现象理解为一个矛盾,这是在生产力发展到一个阶段与现有的生产关系之间的矛盾,当生产力发展受到生产关系制约时,也就是说使现存的生产状态出现难以调和的状况时,这个矛盾就产生了。马克思认为这正是历史发展进程的核心,并将生产关系对生产力发展的制约称为桎梏现象。在《〈政治经济学批判〉序言》中马克思这样描述道:"社会的物质生产力发展到一定阶段,便同它们一直在其中运动的现存生产关系或财产关系(这只是生产关系的法律用语)发生矛盾。于是这些关系便由生产力的发展形式变成生产力的桎梏。那时社会革命的时代就到来了。"②同样的观点在《德意志意识形态》《共产党宣言》《1857—1858年经济学手稿》等著作中都有体现。

休斯指出,米勒将桎梏一词理解为绝对停滞,埃尔斯特则简单地认为就是停滞,科恩则用"绝对发展桎梏"来表达,而麦克默特里则将其形容为生产力的绝对丧失。对于这些理解,休斯的评论褒贬不一。他指出,马克思的观点是:桎梏不是对一个社会新生产力发展的限制,而是对其应用高度发达的生产力的能力限制。马克思认为封建社会的生产关系已经成为现阶段已经发展了的生产力的桎梏,资本主义的桎梏通过生产力的发展而得到克服,但终会再次出现。这源于资本主义的生产过剩的周期性危机,以及生产力的错误发展方向,而并非生产力的发展减缓。"如果你往一个错误的方向

---

① [英]乔纳森·休斯:《生态与历史唯物主义》,张晓琼等译,江苏人民出版社 2011 年版,第 197—198 页。

② 《马克思恩格斯选集》第 2 卷,人民出版社 2012 年版,第 2—3 页。

行驶,在一个速度更快的车里只会让事情变得更糟,而不是更好。"①因此,休斯赞同马克思的观点,认为缺失生态维度的生产力发展是导致破坏效应出现的最终原因。

　　休斯指出,马克思认同这样一个观点,即人们对不受桎梏的生产力的发展和应用有兴趣,因此有理由去推翻桎梏的生产关系。共产主义社会中的生产力发展不受桎梏的限制,而资本主义则完全相反。从马克思的观点中我们可以做出这样的判断,在资本主义制度下,生产力发展到被资本主义所桎梏的阶段时,则必然会引起生态问题,这源于资本主义生产力发展的错误方向,而究其根源是其非生态的生产关系与私有制度所导致的。休斯认为,我们现在所面临的经济危机与生态危机等诸多困境,正是资本主义生产力发展出现破坏效应的作用与反映。但他同时赞同马克思的观点,即"无论哪一个社会形态,在它所能容纳的全部生产力发挥出来以前,是绝不会灭亡的"②。

　　对于这样的观点,很多加速主义者提出为了尽快地推翻资本主义,即使在一个已经出现破坏效应的资本主义制度下的生产力发展阶段,仍然要大力发展这种具有生态破坏的生产力。休斯认为,这并非历史唯物主义的本来含义。马克思的思想贡献同样包含着如何减轻现实的人这种处于"分娩中的痛苦"的体验,资本主义的阶级属性势必会带来生产力发展的破坏效应,但"不能要求马克思主义者去支持具有生态破坏性的生产力的发展作为实现桎梏的步骤"③。

　　生产力的发展目的是为了满足人类需求,资本增殖的根本属性导致人类产生出更多的虚假的欲求,而为了满足资本主义社会中人类的诸多假性

---

　　① ［英］乔纳森·休斯:《生态与历史唯物主义》,张晓琼等译,江苏人民出版社 2011 年版,第 205 页。
　　② 《马克思恩格斯选集》第 1 卷,人民出版社 2012 年版,第 3 页。
　　③ ［英］乔纳森·休斯:《生态与历史唯物主义》,张晓琼等译,江苏人民出版社 2011 年版,第 208 页。

需要,资本主义的生产力发展进入了一个错误的方向。在这个过程中缺失了对生态环境问题的关注,又或者说,在发展过程中将生态环境问题的后果转移到其他国家等,但总的来说,这种发展(增长)对地球整体生态资源都是过分占有,不利于人类整体的生态利益,打破了自然整体的生态平衡。由此出现的生态问题可视为资本主义生产力发展过程中所出现的生产力破坏性效应。因此我们得出结论:缺失生态维度的生产力发展,必然使其走向破坏效应,生产力发展过程中破坏效应的出现是缺失生态维度的资本主义生产关系所带来的必然后果。当破坏效应达到一定程度,整个资本主义社会将出现桎梏现象。

在构建人类命运共同体的过程中,这种缺失生态关注的生产力发展所将导致的严重生态后果,并非仅限于使资本主义国家自身陷入灾难,更会对全人类造成影响,特别是为资本主义国家发展而被迫接受生态剥削、忍受生态牺牲的很多第三世界国家。因此,我们需要在马克思的历史唯物主义理论中寻求出路。马克思认为生产力发展的桎梏开创了一个社会变革的时代条件。休斯对此观点进行了类似的举例,即当"生产力发展的水平足以发挥它的破坏性作用但是还不足以发挥它的促动效应。这就导致了危机和不稳定,但是没有可行的替代选择"①。这里所提到的生产力发展过程中的第二个现实走向,即促动效应,似乎是我们解决生态问题的一个方向。

二、生产力发展中的促动效应与关注生态维度的生产力发展

在上一节中,我们讨论了生产力发展过程中所出现的破坏效应的原因与必然后果,在这个基础上,休斯认为,无论是对生产力发展抑或是生产力应用的桎梏,都无法真正实现对现有非生态关怀的生产关系的彻底推翻。也就是说,我们破坏了旧的还完全不够,必须有一个新的、更好的、更生态的生产关系来对现有的旧生产关系进行替代。只有这样,生产力发展过程中

① [英]乔纳森·休斯:《生态与历史唯物主义》,张晓琼等译,江苏人民出版社 2011 年版,第 207 页。

的破坏性效应才具有革命性。马克思认为,无论任何时候,切实可行的生产关系替代都必须取决于生产力发展的程度,二者之间存在一种依赖关系。因此,休斯指出:"由生产力发展所带来的影响使得新的生产关系切实可行就是我称之为的促动效应。"[①]

休斯认为,生产力发展过程中的破坏效应同促动效应一样,都表示新的生产关系比旧的生产关系更优越,只是促动效应需要依赖发展更充分的生产力,也就是说,生产力必须发展到更高的程度才有可能实现这种促动。在《〈政治经济学批判〉序言》中,马克思对类似生产力发展的促动性效应的特征总结甚少,但从马克思的诸多观点中我们可以认为,真正的共产主义到来之前,一系列不同的生产关系会此起彼伏地出现在人类社会历史的演进过程当中。这恰恰说明,社会形态的更替、发展与进步,是与生产关系的变革密不可分的。每一个历史阶段都有它存在的意义和价值,世界不可隔代而发展,任何事物存在也都有它的原因。在马克思的视角中,新事物不可能凭空出现,它必然脱胎于旧事物的母体之中,并具有旧事物所无法容纳的新内容,因此,每一种新生产关系也都必将从其特定的前身那里出现。在这个前身中,某些阶级有动机和能力使新的生产关系诞生。而"每一组新的生产关系反过来因生产力的发展而成为可能"[②]。在这种发展过程中,随着历史的不断发展,所生产商品的数量逐渐地增加,并超过维持劳动者生活所需的数量,而作为生产的结果,这一切都将被生产资料的所有者——资本家收入囊中。这就是马克思论述的剩余价值的出现,以及再次分配制度。在最初的人类社会形态中,人类处于一个生产力极度落后的初始阶段,劳动者的第一愿望是维持自身及家人的生存所需,物质没有盈余更没有积累,社会处在一种无阶级的状态。随着人类获取的物质总量的增加,在满足劳动者自身

---

① [英]乔纳森·休斯:《生态与历史唯物主义》,张晓琼等译,江苏人民出版社 2011 年版,第 209 页。

② [英]乔纳森·休斯:《生态与历史唯物主义》,张晓琼等译,江苏人民出版社 2011 年版,第 210 页。

生存需求的基础上出现了剩余,进而达到可积累的程度,在此基础上,生产资料私有制促使了资本对人的剥削。伴随资本逻辑的不断发展,剥削对人的危害也愈加强烈。恩格斯在《家庭、私有制和国家的起源》中认为,资本主义的剥削本质源于生产的增加。然而,这并非表明发展生产是错误的,人类必须朝着更好的方向迈进,因此剥削的根本原因仍在于生产关系。

马克思认为,在社会主义社会中,技术的进步必然使劳动生产率得到提高,而这种提高本应该成为劳动者获得解放的一个方面,应通过这种方式降低劳动力的负担,而并非将这种提高应用到生产更多的超出人类使用程度的商品上。这不仅是一种生态资源的过度消耗,同时是导致生态问题的重要原因,与历史唯物主义所提倡的人的自由全面的解放是背道而驰的。他在《资本论》第一卷中对工作日的概念做了界定,并在第三卷中特别指出,一个自由国度的基本前提条件是缩短工作日时间。因此我们可以说,相比于马克思所提倡的社会主义,资本主义在劳动率大幅提高之后,带来的却是对自然资源的更为频繁的过度占用。

马克思同时认为,在进入一个真正自由的文明形态之前,必须要有极大的物质积累作为保障,也就是说,生产力必然要发展到一定水平。他同恩格斯在《德意志意识形态》中写道:"生产力的巨大增长和高度发展……是绝对必须的实际前提,还因为如果没有这种发展,那就只会有贫穷、极端贫困的普遍化;而在极端贫困的情况下,必须重新开始争取必需品的斗争,全部陈腐污浊的东西又要死灰复燃。"①在《哥达纲领批判》中他又写道:"在随着个人的全面发展,他们的生产力也增长起来,而集体财富的一切源泉都充分涌入之后——只有在那时候,才能完全超出资产阶级权利的狭隘眼界,社会才能在自己的旗帜上写上:各尽所能,按需分配!"②很明显,只有物质极大丰富的基础上,才能进入社会主义的高级阶段。

休斯认为,马克思所提倡的大力发展生产力的观点与生态保护环境问

① 《马克思恩格斯选集》第1卷,人民出版社2012年版,第166页。
② 《马克思恩格斯选集》第3卷,人民出版社2012年版,第365页。

题之间并不矛盾。单纯追求商品产量的技术发展有可能具有生态破坏性，而马克思并非是追求一种无限制的增长。资本主义的生产关系导致其生产力永远在一个有偏差的轨道上发展，发展得越快背离得越远。而社会主义与共产主义则要求生产力趋向于一个更优化、更生态、更符合人类真实需要的方向发展。马克思对劳动力解放的承诺，是在共产主义社会中，当商品丰富到足够整个社会的需要时，便会进入一种维持与稳定的阶段，而非资本主义个人私有式的无止境增长。休斯指出，马克思所提倡的生产力发展，其目的是为了满足人类需要。而在生产力发展中的技术发展尤为重要，它必须更多地关注生态效能的提高，这才使得共产主义实现成为可能。这是发展中必不可少的一个部分。

　　生产力发展的根本目的在于满足人类需要，对于在生产力的极度发展过程中究竟是趋向于一个破坏效应的出现还是趋向于一个促动效应的出现，其根本因素在于生产力发展过程中对于自然生态环境的"态度"。生产力发展到一定阶段会出现破坏效应，其发展到更高阶段则可能出现促动效应，而如何理解生产力发展是否可以达到一个更高的阶段，这取决于生产力发展的方向是否长远、健康，并且是否以人类整体利益为第一要素。因此，一个真正能满足人类真实需求的、可持续的、具有整体性的生产力发展观，必须以生态保护为首要责任，缺失生态维度的生产力发展终将带来破坏效应的出现。唯有关注生态维度的生产力发展才有可能实现在破坏效应的基础上促动新的、更优的社会形态来临。

　　共产主义的生产方式与分配制度优于资本主义的生产方式与分配制度，它更多地关注人类的真实需要与全人类的整体利益。通过对革命性效应的剖析，让我们更深刻地认识到生产力的发展作为马克思理论中的一个解释性元素的重要性，它为马克思本人和接受社会变革与渴求摆脱资本主义束缚的坚定的马克思主义者们，提供了前进的方向与发展的动力。对革命性效应的两个元素——破坏效应与促动效应的因果分析，使我们眼前浮现出这样的画面：两台加足马力的汽车朝不同的方向飞驰，一台跌落谷底，另一台则在去往更美好世界的路上。

三、生态的环境需要是人类的真实需要

在本章前面的论述中,已经充分阐述了马克思和休斯关于人类需要的观点,以及人类应如何满足这些需要。人类的需要包含真实需要和虚假欲求,马克思认为资本主义的本质属性使资本主义社会的人们必然派生出很多并非其真实需要的虚假欲求,而他更加认为,在实现共产主义的过程中,以及作为共产主义初级阶段的社会主义的发展过程中,人类的需要会逐渐趋于理性与真实,人类会从只关注个体的、缺失代际关怀的、无休止的利益欲求中逐渐解脱出来,朝着更真实、更理性、更持续、更生态的需要前行蜕变。而对于人类一切需要的根本满足方式,即从生产力来说,休斯在马克思的观点基础之上又进而论证了其发展过程中的两个重要因素的出现后果与形成原因。让我们看到缺失与关注生态维度的生产力发展所带来的截然不同的社会发展走向。因此,在我们最终确立生产力的正确发展方向之前,我们还需要一个最为重要的观点认同:生态的环境需要是人类的真实需要。

从人类诞生开始,我们就自然地与自然界结成了一个不可断裂的命运共同体,也就是说,人与自然是生命共同体。我们从自然界当中获取我们所需的物质生活资料,同时,作为自然界的一个重要组成部分,我们不断对自身进行发展,实现自体的繁荣,并由此带动整个物质世界的繁荣。在人类社会的发展过程中,我们不断地进步也不断地突破,而每一次进步与成功,其背后都以自然资源作为依托与基础。在人类社会发展的初期,似乎对这一关系并未给予足够的关注,伴随人类社会不断发展,所需的生态资源不断增加,生态问题不断凸显,正确处理人与自然之间的关系问题则愈发重要。生态问题就类似于这样一个问题,当我们在对自身的"发展"过分关注之时,并且这种发展所造成的后果已经对我们赖以生存的家园造成危机,这时我们就应该回过头来思考,这种行为究竟是"发展"还是自取灭亡。生存与发展是伴随人类社会的两大永恒主题,然而,发展的前提是生存,发展的目的

是为了更好地生存。因此,事实上,我们与自然界荣辱共存,但必须时刻牢记,自然界没有人类一样会正常运转,而当我们失去自然界,人类就将不复存在。

马克思将人类需要分为生理/生存需要、社会需要、精神需要和发展需要。人类最初的行为活动,其目的在于满足基本的衣食等生理需要。当这一层级的需要被满足后,人类则继续追求更高层级的需要。在此基础上,人类更多地关注自身的精神境界与自我发展实现。而在这种发展过程中,对自然资源的过度占用,逐渐引发生态危机。但是,如果任凭生态危机不断恶化,我们最终将无法获得赖以生存的水源、空气、食物等,人类似乎又回到了对最原始的需求关注,因为当生理需要都无法有效地得到满足之时,其他的一切需求也只能搁置。生态危机不仅是自然界的危机,更是人类的危机。如任由当今的生态问题继续恶化,那么人类今日之"发展"实质上是一种倒退,并终将回到整日为满足基本的生存需要而焦愁的境地。这并非我们发展的本意,也不是马克思历史唯物主义的主张,更不是实现共产主义的可能。因此,我们对生态问题的关注不应仅局限于生产力的发展方面,更应认清良好生态环境对人类自身生存发展的意义所在。作为维系人类社会长久稳定发展的第一要素,一切背离自然规律的行为必将遭到自然的还击,在此意义上,人类对生态的环境需要是人类最根本、最真实的第一需要。质言之,一切生产活动行为的发展必须遵循这个第一原则,即生态优先原则,因为生产力发展的目的是用来满足人类需要,而生态本身就是人类的第一性的真实需要。因此,当生态问题成为人类的第一需要时,生产力的发展就必须也将生态维度作为第一原则去贯彻坚守。

在马克思的自然观中充分表达了作为人的无机身体的自然的存在意义,在人类出现之前,自然界早已存在。人与自然间的这种从属关系,自人类诞生以来就从未改变。人类源于自然界,但人的意识又对自然界有反作用。人的意识受所处阶级、历史环境、发展轨迹等多方面因素影响,当这种意识所造成的反作用对其赖以生存的自然界造成危机时,问题的根源在于意识的偏离,更在于阶级对意识的错误引导。"整个自然界,从最小的东西到最大的东西,从沙粒到太阳,从原生物到人,都处于永恒的产生和消失中,处于不断的流动中,处于不息的运动和变化中。"①恩格斯的这段文字深刻地向我们揭示了自然界不会因人的因素而消失,但却会因人的因素而变化。一片森林变成一片沙漠,森林和沙漠都是自然界的一种表达,是自然界的一个部分。但对于人类来说,身处的环境是沙漠还是森林,这有本质区别。因此,我们更应认清人与自然的关系、生态问题与人类发展的关系、生态需要与人类其他需要的关系。这是马克思历史唯物主义的理论中所深刻蕴含的一种指向,是广义人类中心主义的必然要求,更是休斯生态历史唯物主义思想的核心内涵。

在对生态资源是人类的真实需要这一理论肯认后,休斯又提出:"关键是共产主义的可行性取决于提供人类需求的合理满足的潜力,同时还要避免破坏这个目标的生态问题。不过,这个潜力在资本主义制度下可能无法实现,既因为技术的不合理利用,也因为限制了技术得以发展的方式。"②生态环境是以人类为主体的整个外部世界的总体,是人类赖以生存和发展的物质基础、能量基础、生存空间基础和社会经济活动基础的综合体。休斯所说的"潜力",事实上是指生态资源的承载能力,是对人类文明进程的基础承载能力。生态环境的能力建设,事实上应该体现为提高"生态服务"的总价值、扩大生态环境的总容量、增强生态环境的总质量。这与生态的环境本身一样,是人类的真实需要。

四、生产力的生态化发展是共产主义实现的先决条件

马克思关于生产力的理论是历史唯物主义思想的重中之重,在其中,辩证唯物主义与社会历史领域相互交融、互为发展。马克思认为,生产力发展

---

① 《马克思恩格斯选集》第 3 卷,人民出版社 2012 年版,第 856 页。
② [英]乔纳森·休斯:《生态与历史唯物主义》,张晓琼等译,江苏人民出版社 2011 年版,第 212—213 页。

方向,决定了人类社会发展的进步力量,只有生产力不断发展,人类社会才会不断进步。休斯对马克思历史唯物主义进行生态性维护,并提出生产力的生态化发展思想后,我们认同一种不同于以往价值衡量标准的生产力发展趋势,即生态生产力。关于生态生产力的概念,诸多学者众说纷纭,有观点认为:"生态生产力是指:人类推动人与自然、人与人、人与社会(即自然—人—社会复合体)的和谐协调、同生共荣、共同发展的能力。"①它更是一种"能够实现人与自然和谐共处的生产力形态"②。其中,自然—人—社会复合体同样是生态生产力作用的对象,这个范围不仅局限在自然本身。生态生产力在推动人与自然共生共荣、共同发展的基础上,推动人与人、人与社会的共生共荣、共同发展。而在这个推动过程中,立足于共生的基础,努力实现共荣的目标,并实现一种共同发展的动态繁荣。生态生产力概念的提出,绝非是要发明一种异于马克思生产力理论的新理论,而是以马克思历史唯物主义的基本逻辑来把握生产力的新时代样态。本书认为:生态生产力即生态优先,多方和谐,要素均衡的生产力。不仅生态资源本身就是一种生产力,更要以生态美好作为生产力的发展规范。生态生产力发展的必然逻辑来源于马克思的自然观与需要观,发展生态生产力体现了历史唯物主义的生态关怀与当代价值。

　　生态生产力的发展符合马克思历史唯物主义的必然诉求,发展生态生产力,需要有效地将科技与生态、动力与平衡、持续与关联等生产力发展过程中的重要属性完美结合。在发展科技的同时兼顾生态,走可持续的绿色发展道路,将人类的整体利益置于衡量标准的第一原则。归根结底,作为物质基础的高新科技的发展,与作为人类长久利益保证的生态化要求,都将成为生态生产力发展的道路上不可替代的重要因素。而当二者发生冲突时,我们仍然要以生态美好要求为第一原则,因为忽视生态的生产力发展,其实

---

①　廖福霖等:《生态生产力导论——21 世纪财富的源泉和文明的希望》,中国林业出版社 2007 年版,第 1 页。
②　王鲁娜:《当代生态生产力的科学内涵探析》,《转型期经济学研究》2009 年第 1 期。

质是整体生产力水平的倒退。这种生态诉求就要求我们在生态生产力的发展过程中转变发展理念,优化生产力要素,更新运行机制,创新发展模式,拓展发展空间,等等。这一切都源于生态生产力所追求的目标,即对整体生态系统各个要素的紧密相连,并实现其整体的全面、长久、生态的繁荣。

生态生产力不同于以往各个阶段的生产力。从人类历史最初的朴素的生产力发展,到封建社会的机械生产力发展,再到资本主义社会追求个人短暂利益、缺失整体代际关怀的、盲目的、非生态的生产力发展。我们今天提倡的生态生产力可以理解为生产力发展的第四个阶段。然而,这并非说我们力求发明一种全新的生产力理念。生态生产力是一种先进的生产力,是对以往落后生产力的扬弃与超越,是继承马克思主义生产力理论基础上的当代新发展,是最符合整个人类根本利益发展需求的生产力形态。这主要体现在其"生产资源的可再生性、生产过程的可循环性和生产产品的生态属性"①。与传统的生产力形态相比较,生态生产力可以为技术提供更有利的发展空间,更符合整体生态系统的内在规律,对自然—人—社会的整体发展更有推动作用。生产力发展的目的始终如一,但其样态并非一成不变。生态生产力来源于马克思的自然观与生产力理论,是马克思生产力理论的新发展和新阶段的理论形态。生产力与生态之间并非矛盾关系,生态生产力的发展可视为现时代对生产力的解放和发展方式,解放在于生态生产力理念使人类更加明确到,生产力得以更好发展的首先要素,即先在的生态资源基质,解放的同时也为发展提供了更良好的依据保证,因而成熟的生产力发展理念其最终目的也必然包含为人类提供更优质的生态环境。形式上的改变并不妨碍本质上的统一,生产力一直伴随满足人类需要发生发展。

马克思的历史唯物主义思想与休斯的生态历史唯物主义思想一直向我们传递这样一个观念事实:发达的生产力并不等同于先进的生产力,当生产

---

① 王鲁娜:《生态生产力:一种先进的生产力形态》,《学术论坛》2008 年第 9 期。

力的发展目的出现问题时,生产力越发达,整体的生态利益越将受到威胁。生态生产力符合人类发展的根本属性,既具有发达程度,又不失先进力量,更关怀文明方向。与传统的过分追求社会生产力却忽视自然生产力、人为地割裂了人与自然的有机联系的发展方式有根本区别。传统的生产力发展,将人的生产活动视作为获取自身利益、满足自身需要,便直接地、无休止地向自然索取生存资料的单一行为,并且将人与自然视为对立的两面,即人类只有汲取,并不回报,是一种单向度的行为。而历史唯物主义,既重视人的发展,又关怀社会与自然。恩格斯指出:"我们连同我们的肉、血和头脑都是属于自然界,存在于自然界的"①。

　　生态生产力,正是在这种正确的自然观引导下应运而生的。这种先进的、对旧生产力方式有所超越的生产力形态,其背后一直伴随着马克思主义的方法论指引,其实质是马克思生产力理论的新时代样态,因为在马克思生产力理论之中,就已经蕴含了其对于自然资源先在性的充分认识。生态生产力是实现人与自然长久、持续、共存、发展的前提,是人与自然和谐发展的新型优秀理念,更是历史唯物主义生产力理论的当代形态。

　　在确定了生态生产力的意义、性质、发展优势以及理论根源后,我们回到休斯对生产力发展中的革命效应的分析。休斯基于马克思主义的生产力理论认为,当生产力发展到一定阶段会对现有的社会现实起到破坏效应,我们今日所面临的经济危机、生态危机等都是这一破坏效应的现实反映。而若生产力无法实现一个更高程度的发展,其与所对应的生产关系以及社会结构、意识形态将一直处于这种破坏效应的影响后果之中,生产力无法使社会形态进行更替,即无法促动新的文明形态登场。因此,人类如果想摆脱破坏效应就必须实现生产力的更高程度发展,这样才能激活生产发展过程中的促动效应。若想实现生产力更高程度的发展,就必须依赖一种更具生态能效的生产力发展形态。在此意义上,休斯对这一生态化的生产力发展样

_____

① 《马克思恩格斯选集》第3卷,人民出版社2012年版,第998页。

态的总结,与生态生产力的发展理念相得益彰。"一种定性发展——在生产技术的'生态效能'方面的增加——可能被假设为共产主义的一个条件。"①当今我们需要清楚认识到的问题是,生态生产力并不简单等同于生产力生态化,一方面,当"生态"作为名词时,在词语结构上则如同"科技生产力",可解读为生态是生产力,即一些生态资源本身是一种生产力,如马克思的"自然力"观点。另一方面当"生态"作为形容词时,生态生产力一词在结构上类似于"绿色生产力",含义上则表达为生态(化)的生产力(发展)。只有发展生态生产力,才能使这种发展更具有持续性。

马克思对资本主义的生态批判,使我们更清晰地认识到,资本主义生产组织形式的真实面目,其不可持续性与非生态性正是资本自身限制的重要表现。历史唯物主义不同于资本主义,将自然资源视为一种取之不尽、用之不竭的人类欲望(资本增殖欲望)的满足工具,而是一种对自然极限和生态可持续的共同认可与切实关注。"这个领域内的自由(自然必然性的自由)只能是:社会化的人,联合起来的生产者,将合理地调节他们和自然之间的物质变换,把它置于他们的共同控制之下,而不让它作为盲目的力量来统治自己;靠消耗最小的力量,在最无愧于和最适合于他们的人类本性的条件下来进行这种物质变换。"②马克思对于这一问题的深刻理解,让我们看到共产主义社会是人类得以真正实现自由全面发展的社会,能使人的自由需要、创造需要、艺术需要等真实需要得以实现。生产不再受任何可能致使生产力发展出现桎梏的生产关系的制约,"生产劳动给每一个人提供全面发展和表现自己全部的即体力的和脑力的能力的机会,这样,生产劳动就不再是奴役人的手段,而成了解放人的手段,因此,生产劳动就从一种负担变成一种快乐"③。

---

① [英]乔纳森·休斯:《生态与历史唯物主义》,张晓琼等译,江苏人民出版社 2011 年版,第 212 页。
② 《马克思恩格斯全集》第 25 卷,人民出版社 1974 年版,第 926—927 页。
③ 《马克思恩格斯选集》第 3 卷,人民出版社 2012 年版,第 681 页。

休斯认为,共产主义"这个新的社会是一个考虑生态在其中所发挥的作用得到提高的社会——生态考虑不仅是制度化的,而且被内化到人们自己的利益概念里……新的结构必须从一个支持生态保护而不是无限制的增长的有意识的选择中产生"①。具有如此生态旨向的共产主义使我们有理由相信,马克思历史唯物主义所倡导的正是这样一种超越资本主义的意识形态。而为这一远大目标奋斗的过程,也正是生产力发展的过程。共产主义的发展方向试图引领我们走向一个物质资源极大丰富、精神境界极大提高的人类家园。根据休斯的观点,共产主义正是人类发展到更高程度的生产力的促动对象。并且,人类只有依靠发展生态生产力,才有可能实现对这一先进的意识形态的促动发展。因此,生态的生产力发展是共产主义实现的先决条件。但这的确需要经历一个漫长的过程,无论我们实现这一理想目标需要付出多少努力,每朝着这个方向迈进一步,距离就更进一步。

但是,我们仍应意识到这样的一个前提,即生产力与技术的非等同关系。生产力的发展并不一定会带来技术的发展,技术发展也并非生产力发展的全部体现——但不可否认,技术的发展是生产力发展的一个最重要因素。而人类对于技术的过分追求,势必会引发不可挽回的生态问题,但这本身并非技术发展本身的问题。技术发展可能会引发生态问题,但生态问题的根本原因是片面的技术发展观。盲目追求劳动生产率的提高而忽视对劳动者的自由解放的技术发展,是狭隘的、错误的技术发展理念。这种错误的技术发展方向只会使得自然资源被无休止地过度占用,而其所带来的生产力发展,实质上是对生态整体利益的严重威胁。

休斯对于马克思生产力发展过程理论的剖析,使我们清醒地意识到只有将生产力发展到更高的程度才有可能促动新的、更科学的意识形态出场。

---

①　[英]乔纳森·休斯:《生态与历史唯物主义》,张晓琼等译,江苏人民出版社2011年版,第222—223页。

休斯对马克思人类需要理论的理解,让我们看到了人类对于生态环境的需要正是其根本性的真实需要,是整个人类实现可持续的、长久整体发展的第一需要。休斯对马克思所畅想的共产主义社会特征的深入解释,使我们明确了共产主义社会的生态优越性。

第四章　乔纳森·休斯生态历史唯物主义思想评析

在乔纳森·休斯的生态历史唯物主义思想中,明确了生态问题的研究定域与产生原因,从根本上维护了马克思历史唯物主义的生态性,在此基础上,揭示了资本主义发展的困境所在,并为生产力的良性发展、人类需要的真正满足,以及共产主义实现的基本前提等重要问题进行了深入的思考,并对许多具体现实问题提供了路径与方法。但是,由于休斯自身的历史局限,其思想仍然存在一些不成熟与不完整之处。这主要体现在:乐观地将解决生态问题的具体方案寄希望于需要与道德的引导,这种思想过于理想化;同时,提出的生态制度建设的具体措施不够完整,对资产阶级的批判不够深刻,以及对马克思恩格斯思想与文本的诠释相对主观等。因此,本章将从休斯生态历史唯物主义思想的理论地位、实践意义、历史局限三个方面对休斯的整体思想进行深入、全面的评析。

第一节　乔纳森·休斯生态历史唯物主义思想的理论地位

20 世纪 90 年代,一些西方学者对马克思历史唯物主义思想提出了某些质疑。休斯认为,这些质疑事实上是一种对马克思主义理论的忽视或遗忘,而其根本原因在于,人们没有深刻挖掘历史唯物主义的时代意义,因此,错误地低估了历史唯物主义的理论地位。在此基础上,休斯从生态问题的研究领域入手,层层递进,最终寻找到了生态问题产生的根本原因,并从指导思想、研究领域、理论拓展、方法要素等方面,维护了马克思历史唯物主义思想的生态性,确立了其理论地位,在此过程中,形成了休斯自身的生态历史唯物主义思想。

一、明确了生态问题的研究领域

乔纳森·休斯的生态历史唯物主义思想的重要理论影响之一,在于他深入梳理并明确归纳了生态问题的研究领域。正如我们在第一章中所阐述的那样,休斯认为,只有明确究竟什么问题才算得上是生态问题,究竟什么问题才涉及生态问题的研究领域,我们才有资格对马克思历史唯物主义是否具有生态性加以评价。否则,一切讨论都无法在同一个被确立的衡量标准基础之上来进行。因此,如果这个问题没有答案,一切也都毫无意义。

带着这样的目标,休斯首先通过对"生态"一词词性的分析、对"生态"与"环境"概念的比较这两方面,将生态一词从原有的生物学专属领域中拓展出来。在此基础上,休斯又对自亚里士多德的《形而上学》以来,学界对"自然"概念的理解与演化进行分析,辨析了汉斯·马格努斯·恩岑斯贝格、古斯·霍尔、乔·韦斯顿、奥德姆等学者的观点,将"自然"与"原始自然"等概念进行明确,并以马克思、恩格斯的自然观思想为基础,论证了"人类是自然的一部分""自然因人类的活动而转变或'人化'"等重要观点。最后,休斯结合1987年世界环境与发展委员会在《我们的未来》一文中所归纳的三类影响环境问题的具体因素进行讨论,并最终确立了现阶段人类所涉及的生态问题的研究领域。休斯最终对生态问题提出了明确的定域与分类。

第一类是污染,即指对人类或其他生命物有害的物质,存在于自然中的比例超出了自然自身的承载能力,由此引发的环境正常状态的改变。

第二类是资源枯竭,即指自然界中的一切自然资源(natural resources)。

也就是说，凡是自然物质经过人类的发现，被输入生产过程，或直接进入消耗过程，变成有用途的或能给人以舒适感的，从而产生经济价值，以提高人类当前和未来福利的物质与能量总和的一切事物出现减少、短缺、匮乏甚至消亡的状态。

第三类是自然生态系统的破坏，即指在以既定的时间和空间为前提，依靠自然本身所固有的自我调节能力原本可以维持或达到相对稳定的生态系统，发生改变、紊乱、损坏等不稳定现象。当自然生态系统出现破坏，以上涉及的全部有关于人类生命的支撑点，也都将出现问题，甚至带来某一领域的整体毁灭。

事实上，每一种污染形式都离不开人的行为，而每一种形式的污染所带来的后果也都会在不同程度上限制人的行为。同污染一样，自然界中任何一种资源的枯竭也都与人类的行为活动具有密切的因果关系。当污染与资源枯竭达到一定程度，自然生态系统也必将遭到破坏。

休斯通过一系列深入全面的归纳与分析方法，扫清了由于自然与社会对比过程中的模糊性所产生的在生态问题研究道路上的障碍，扬弃了帕斯莫尔、罗宾·阿特弗尔德、雷纳·格雷德曼、乔·韦斯顿等人的观点，明确了生态问题所涵盖的集体范畴以及如何在社会其他问题中进行区分的标准与原则，并在此基础上，对生态问题的研究定域进行了重新释义。通过生态问题域的确立，让我们在研究生态平衡遭到破坏的原因、导致生态系统的结构和功能严重失调的问题实质，以及如何缓解生态问题对人类生存和发展的威胁等问题时，更加具有针对性与效率性。通过休斯的研究，我们对于这些与人类自身生存发展密切相关的现实问题有了更进一步的思考——因为明确了问题的领域才能更好地寻求解决方案。通过休斯对生态问题定域新的释义，让我们可以更清晰、更准确地评价历史唯物主义，进而维护了历史唯物主义在自然概念上的生态性。休斯将生态问题理解为一种关系问题，即人与其生存的自然环境间的问题，通过本书第三章的内容应当可以证明这种观点的合理性。他认识到生态问题的实质是人类与其所存在的各种环境之间不友善的关系,而并非如一切马克思主义的反对者那样将全部问题归结于技术发展与生产力的提升。所以,引发生态问题的根源在于人自身的问题,是人类自身的非生态实践活动。这样,我们就找到了生态问题出现的根源。只有明确问题的范畴,才能找准问题的根源,我们才可以在这一基础上有效地、不盲目地探求解决的路径,才能真正解决人类的生存与发展问题。因此,休斯对生态问题研究领域的明确,在整个生态学领域、历史唯物主义研究领域都有着重要的理论意义。

二、厘清了生态问题的根本原因

休斯在对生态问题的研究领域进行明确后,通过对生产力发展与技术发展的关系、技术发展与生态问题产生的关系,以及对人类真实需要与虚假欲求的关系的深入思考,进而寻找到产生生态问题的根本原因。

首先,休斯并不赞同如马尔萨斯的人口理论,或莱内尔·格伦德曼与帕斯莫尔在关于环境问题分类的阐述中所提出的将人口增长视为产生环境问题的重要因素的观点。这一类思想认为,人口增长势必导致人类活动增加,也就必然带来对自然资源的过度占用,从而出现污染、资源枯竭等生态问题。休斯认为,马克思历史唯物主义理论从未否认过自然限制的存在,也从未认为自然资源是取之不尽用之不竭的,但如果我们仅仅将目光简单地聚焦于人口数量上的增长这一单一的问题,则将忽视问题的根本原因。这样片面的思维方式,将使人类面临着更多的自然资源被过度占用的风险,并总有一天会超过自然的承载能力。通过对马克思的需要理论的深入理解,休斯指出,在现阶段,地球上的人口总数的基本生存需求总和,还没有达到自然界总资源的承载上限,在这样的事实基础上仍然频发的生态危机问题,其原因在于人类的需要异化问题。并且,人类的生存与发展是人类一切行为活动的必然前提标准,人类的一切行为活动其目的都不能脱离这个必然准则。因此,休斯认为现阶段人口的数量本身,并非产生生态问题的根本因素,所以,他更加反对通过机械地控制人口数量增长的方式来试图解决环境生态问题(事实上,这种方案根本无法获得理想的预期效果)。

其次,休斯并不认同马克思主义的反对者所提出的那些观点,即认为历史唯物主义的生产力理论是导致生态问题产生的根本原因。这些反对者们认为技术发展可以完全代表生产力的发展,而生产力发展又带来了对自然资源的使用过度,从而导致污染、资源枯竭、自然生态系统出现破坏。休斯的观点是,技术是生产力的重要组成要素,但不等于生产力的全部,技术的发展也不完全能代表生产力的发展。在第三章中,本书列举了很多休斯关于这一问题的讨论与例证。休斯并未否认片面的技术发展观的确会带来生态问题的恶化,但真正的原因并非技术发展本身,也非生产力发展本身,技术作为人类改造自然、利用自然的工具,在其背后的,是人的问题。休斯的这一观点,来源于他对马克思历史唯物主义中生产力理论与需要理论的分析与整合,并在此基础上总结出生产力的发展目的是为了满足人类的需要,而技术作为生产力的一个重要因素,其发展的目的也是为了满足人类的需要。所以,导致生态问题产生的原因并非生产力与技术,而在于受资本权力操纵的,无限增长的人类虚假的欲求。

休斯通过对人口增长与技术发展两个方面因素皆非产生生态问题根本原因的论证,并最终将问题的矛头指向了人类的需要。"休斯认为,问题的关键不在于马克思是否强调需要的增长,而在于马克思所说的需要的增长是何种意义上的增长。只有准确把握了马克思所理解的需要的增长的真正内涵,才能进一步判断马克思人类需要概念是否具有生态可持续性。"①休斯赞同马克思对需要层级的分类,认为人类的所有真实需要并没有错,而那些虚假欲求才是使得自然界资源被过度占用的罪魁祸首。那又究竟是什么诱使人类产生这些危及生态的虚假欲求呢?

休斯对马克思所提出的资本主义的"私有制产生的最直接结果就是商

① 于桂凤:《马克思的人类需要概念:生态的还是反生态的》,《马克思主义研究》2015年第 5 期。

业"①的观点是赞同的,认为这就必将引发并激化不可调和的个体利益之间的绝对对立关系,而个体在获得自身利益最大化的过程中所产生的一系列行为,将最终导致人与人之间的信任缺失。在马克思看来,每个个体的人的首要目的都是追求利益,并且是不惜一切代价的,这造成了资本主义社会对资源的迅速占用与消耗。"资本作为孜孜不倦地追求财富的一般形式的欲望,驱使劳动超过自己自然需要的界限,来为发展丰富的个性创造出物质要素"②,这正是一种对于早已满足其个体基本生存需求以外的物质需要的虚假欲求。"马克思坚信人类需要的满足似乎并没有使他相信一种(潜在地)生态破坏的物质生产的扩张。"③因此,资本主义的生产关系及其所依托的私有制基础才正是生态问题的根源所在。

休斯在明确了生态问题的研究领域后,进一步厘清了生态问题的根本原因,即资本主义的制度本身。这一结论既可视为为历史唯物主义的生态性进行更强有力的辩护,也同时是为我们彻底解决生态问题提出的道路指引与理论依托,具有十分重要的意义,这正是乔纳森·休斯生态历史唯物主义思想的重要理论价值。

三、维护了唯物史观的生态地位

乔纳森·休斯生态历史唯物主义思想的理论目标是:捍卫马克思主义的一些核心论题,而其所捍卫的这些论题也正是马克思历史唯物主义的重要构成部分。首先,休斯从思想观点上维护了历史唯物主义的生态地位。休斯总结马克思、恩格斯的自然观,认为马克思、恩格斯一直认同自然界存在限制、自然资源承载力存在极限,并坚定地认为人从属于自然界,是自然的一部分,若脱离自然界,人类就无法生存。这从理论层面上摆正了人与自

---

① 《马克思恩格斯全集》第3卷,人民出版社2002年版,第446页。
② 《马克思恩格斯文集》第8卷,人民出版社2009年版,第69页。
③ [英]乔纳森·休斯:《生态与历史唯物主义》,张晓琼等译,江苏人民出版社2011年版,第244页。

然的关系。也正是由于这种自然观的指引,使得历史唯物主义在讨论人与自然关系问题时,一贯本着顺应自然规律的原则,因此,马克思所提出的生产理论,也并非盲目地追求生产力与技术的发展,而是建立在一种正确的生态价值观的指引下的发展(当然这本质上需要依靠科学合理的生产关系)。因此,休斯从这一点上证明了马克思历史唯物主义的指导思想具有生态前瞻性,从思想观点上维护了唯物史观的生态地位。

其次,休斯从研究领域上维护了历史唯物主义的生态地位。休斯梳理了自然、生态、环境等词语含义的发展与变化,并结合时代的现实问题对生态问题域做了全新的界定,对生态伦理学的基本流派的思想形成与主张阐发做了深入总结。最重要的是,休斯辨析了"狭义"与"广义"的历史唯物主义思想,维护了马克思主义哲学的整体性,使我们认识到应立足广义的社会或社会生活(即在人的生存实践活动中展现出来的整体世界)来理解历史唯物主义。这样一来,休斯就将生态问题的研究领域与历史唯物主义的涉及范围有机地融合在一起,通过马克思恩格斯自然观的指引,以及对历史唯物主义原理的深刻挖掘,使我们发现对于生态问题的思考正是历史唯物主义中的必然存在,从而在此意义上,确立了历史唯物主义的生态性与生态地位。

再次,休斯通过对马尔萨斯"自然限制"理论的真实揭露,以及对盗用马尔萨斯思想的环保主义者的批判,将马克思历史唯物主义的理论内核在生态领域进行扩展,确立其生态适用性。通过将历史唯物主义与形而上学生态学及还原主义进行对比,阐发了历史唯物主义的生态方法论,并在这种方法论的指引下维护了历史唯物主义的生态依赖原则,以及马克思生态思想的前后关联性,还通过与本顿和布莱克本的思想作对比,维护了马克思历史唯物主义的生态思想,肯定了唯物史观的生态地位。

最后,休斯通过对生产力与技术的发展关系、生态问题的根本原因等问题的揭示,在维护历史唯物主义生产理论的同时,也为生产力的良性发展指明了前进方向,更为如何解决生态问题提供了思想指引。并且,休斯明确指出:"马克思认为物质生产的增长是建立一个高度发达的共产主义社会的先决条件。但这并不是可以指责他的构想具有生态不可持续的充足理由。"①休斯的以上种种观点,从根本上解释了历史唯物主义的生态关怀,挖掘了蕴含于其中的生态意蕴,维护了其重要的生态地位。

休斯对历史唯物主义生态地位的维护,有力否定了20世纪90年代西方所提出的"马克思过时论",丰富了马克思主义理论在当代生态问题领域的理论指导,让我们更深层次地把握了历史唯物主义的生态思想。历史唯物主义关于人与自然关系的思想,以及生产力发展和需要的满足等理论都充分地说明了马克思主义不是反生态的,反而一直在为解决生态问题寻找出路。资本主义制度只能将生态危机暂时缓解或者将生态问题造成的后果进行地域性的转移,无法从根本上解决生态问题。但是,从历史唯物主义的理论框架出发,可以清楚地判断出这一问题的根源所在,并从本质上解决这一问题;并且,也只有历史唯物主义的思想理论可以彻底解决。

休斯的生态历史唯物主义思想使我们深刻地认识到,马克思主义理论始终处在进行时,始终在辩证发展着:历史唯物主义在当今全球社会仍然适用,并将继续适用下去。因此,必须坚持不懈地深入挖掘马克思、恩格斯的思想理念,站在新时代的历史方位,不断发展马克思主义,并将其与现实问题进行结合。

第二节　乔纳森·休斯生态与历史唯物主义思想的实践意义

休斯的生态与历史唯物主义思想,不仅具有重要的理论地位,更不乏深刻的实践意义。这主要体现在其思想对资本主义发展困境的揭示、对生产力良性发展道路的指引、对人类需要真正满足方法的探寻、对共产主义实现

①　[英]乔纳森·休斯:《生态与历史唯物主义》,张晓琼等译,江苏人民出版社2011年版,第230页。

基础的探索等方面。在这一部分中,本书也将从以上四个方面来分别论述其思想的有益实践意义之所在。

一、为资本主义揭示其困境所在

休斯通过对生产力与生产关系、生态资源与人类需要等问题的论述,鲜明指出了产生生态问题的根本原因在于资本增殖的无止性,而这源于资本主义的制度本身。资本主义生产关系决定了其生产目的是获得剩余价值或利润。为了追求利润最大化,每一个单独的资本家都使出浑身解数提高个别生产力,最终使得整个社会生产力水涨船高。而社会生产力的发展使资本的有机构成提高,实际的利润空间必然越来越小,这使得资本发展的极限时刻步步逼近。这种恶性循环使资本主义无法摆脱必然灭亡的历史结局。马克思通过对资本、利润、劳动、工资、土地、地租等问题的揭示,指明了资本主义物质生产过程的内生性矛盾,劳动与资本形成对立,人与自然之间关系趋向断裂,这一问题构成了资本主义社会生态系统危机的根源。现代工业文明由于资本逻辑的推动,已经形成复合式的增长模式,这也必然出现一系列如资源枯竭、空气污染、土地沙漠化、水资源减少等全球性生态问题。从另一个方面来看,资本主义社会的社会整体生产力不断提高,但参与其中的劳动者的必要劳动并未减少,这说明在必要劳动时间不变的前提下,劳动生产率越高对自然资源的占用也就越大。正如休斯所言:"我们没有理由认为'例如,资本主义要是永远持续下去,那么生产力的发展将在某个时候完全停止下来'。"①而这种占用早已超越了全人类的基本生存需要的满足,并且它仍在进行中,其根源在于资本主义制度下的分配方式。以私有制为主体的分配方式,使整个社会的政治、经济、文化都出现不同程度的异化。因此,我们需要明确的是,倘若让资本主义的方式继续下去,这种异化的程度也必将不断加剧,自然界也即将迎来其资源承载的极限,这正是资本主义的

---

① ［英］乔纳森·休斯:《生态与历史唯物主义》,张晓琼等译,江苏人民出版社2011年版,第200页。

困境所在——而这也是马克思主义对资本主义之批判最锋利最恰切之处。在现代资本主义社会中,由资本逻辑所加剧的异化问题主要体现为现代资本主义的社会加速问题,在本书"附录五"中,将就资本主义社会加速过程中所呈现出的三重幻象进行揭露:其中,"科技承诺"幻象的实质正是资本主义通过技术手段的提高,与现实的生态资源枯竭进行赛跑;资源的限制,正是资本在突破了以往一切束缚之后,自身发展的最大阻碍;因此,资本试图通过科技的发展,来延缓自身的崩溃时刻到来。但这始终只是一种部分的缓和,资本主义内在的结构性缺陷始终被不断放大。

休斯在对马克思生产力理论进行剖析的过程中,已经明确指出,生产力发展过程中会出现革命性效应。而革命性效应中的破坏效应正是资本主义制度危机的现实表现。马克思认为,存在于一定社会的生产关系可由生产力的发展水平来解释。当资本主义社会的生产力发展到无法与其生产关系相匹配时,二者之间必然出现矛盾,并破坏现存的生产关系。休斯认为,这正是:"马克思理解的历史进程的核心。"①这时,生产力会出现桎梏现象,社会变革也将随之而来。

日益严峻的生态困境正是破坏效应的最严重的现实表现,也是资本主义所面临的最大困境。它根源于资本主义的社会制度。首先,资本主义提倡事物的时效流动。简单来说,资本主义社会试图给自然界中的一切存在以价值衡量,将其囊括到"有用"的价值体系中,当一切有了价值,便可作为商品去换取利益,一切存在的价值越大,资本家所获得的利益越大。而到一定时期后,必须伴随着新生事物的出现才能带来资本家更大的获利,如果没有新生事物的出现,资本家的获利周期就变得漫长。因此,资本家们灌输给消费者一种更短暂的事物时效性,以此来缩短事物的使用周期,提升资本家所获取的利益。比如一次性产品、服饰的潮流、科技与电子产品的换代(许多产品通过人为限制强制换代,比如苹果手机)等。这势必增加了商品生

---

① [英]乔纳森·休斯:《生态与历史唯物主义》,张晓琼等译,江苏人民出版社2011年版,第198页。

产的数量,加重了对资源的占用程度。这正是资本主义社会加速问题的根源实质。其次,资本主义追求资源的稀缺增殖。一颗小小的钻石却具有不菲的价格,这一方面源于钻石生产商对于"理念"的输出,赋予钻石看似神圣的使命,将其与诸如美好的爱情等象征意义相关联;另一方面,遵循着"物以稀为贵"的价值原理。资本家们熟练地掌握这种经济原理,囤积居奇,而涉及最多的领域便是资源。因为资源的重要性与稀缺资源的不可再生性,对于只追求资本增殖的资本家来说再合适不过。比如发达国家对不发达国家石油、矿藏、甚至于木材、食材等的占用,为达目的不惜发动战争,更有甚者,为了减少储量用以提升市价甚至人为进行资源毁灭。最终将资源转化为商品,这无形当中造成了生态的严重破坏。马克思指出:"资本是资产阶级社会的支配一切的经济权力。"①为了追求资本利益,在使用以上两种手段的同时,资本主义社会还存在强制生产与强制消费等现象。这些只为利益最大化、不惜浪费资源的反生态性的现状,其根源都在其缺失生态关怀的制度逻辑。

因此,在资本主义制度下,无论是政治、经济、意识的困境,都与生态困境存在某种联系,而其根源是资本自身的困境。资本主义制度的本质,即一种只追求个体利益最大化,不理会人类真实需求,忽视自然资源承载能力的掠夺行为。资本主义的社会生产力发展得越快,其生态困境来临得越早。而其逻辑本身又使自身的发展处于一种恶性循环之中,力图改变现状但早已深陷其中。开始即是错误,结局自然也可以预料。如果使其回归人类真实需要,减少对虚假欲求的追逐,发展生态的技术观,提倡生产力的良性发展,确保资源不被过度占用,的确可以改变其生态困境的现状。但这样的资本主义已不再是资本主义本身,其所代表的资产阶级的利益也不复存在,因为这不符合资本逻辑的游戏规则。也就是说,资本主义如果真的走出生态困境等于资本自取灭亡。马克思指出:"在资本本身的性质上遇到了限制,

---

① 《马克思恩格斯文集》第8卷,人民出版社2009年版,第31—32页。

这些限制在资本发展到一定阶段时,会使人们认识到资本本身就是这种趋势的最大限制,因而驱使人们利用资本本身来消灭资本。"①生态马克思主义者福斯特指出:"资本的限制就在于:这一切发展都是对立地进行的,……他不是把他自己创造出来的东西当作他自己的财富的条件,而是当作他人财富和自身贫穷的条件。但是这种对立的形式本身是暂时的,它产生出消灭自身的现实条件。"②因此,资本最终遇到的敌人正是资本它本身。

休斯揭示了资本主义发展的困境所在,在日益严峻的生态困境、政治困境、经济困境、意识困境背后,资本主义的困境根源在于其自身困境。马克思认为,资本主义最终的归宿是将自身推向解体。但是在构建全球人类命运共同体的今天,资本主义困境的危害所波及的范围甚至是全人类的。因此,如何降低这种困境的危害也是我们需要思考的。休斯在马克思历史唯物主义理论的基础上,清晰揭示了资本主义的发展困境根源及其发生原因,这对于当今时代具有十分重大的现实意义。生态问题与每一个人的切身利益相关,是维系人类生存与发展的根本要素。人类无法长久健康地在一个缺失生态的环境中生存与延续。当人类的生存需要都无法满足之时,政治、经济、文化、思想等都不过是空谈。因此,我们在分析休斯思想的同时,更应该将资本主义的生态困境作为全人类所面临的问题,并给予高度重视。更好地学习与探索马克思历史唯物主义的科学内涵,结合休斯的生态历史唯物主义思想,使我们所依存的自然生态系统早日恢复其本来的自然生态规律。

二、为生产力良性发展提供路径

休斯揭示了资本主义发展过程中自身无法调和的困境,在资本主义社会中,社会生产力发展得越迅速,对自然资源的破坏反而越加严重。但这并

---

① 《马克思恩格斯文集》第 8 卷,人民出版社 2009 年版,第 91 页。
② [美]福斯特:《生态危机与资本主义》,耿建新等译,上海译文出版社 2006 年版,第75 页。

非生产力本身的问题,而是与之对应的生产关系以及凌驾其上的阶级制度的局限性。因此,我们不能因此就否认生产力发展本身的有益性,进而否定马克思历史唯物主义的生产力理论,而应当为其寻找适合的、持续的、科学的、生态的良性发展路径。

生产力的发展程度可视为社会进步程度的客观评价因素,生产力的发展层级更可以作为一个社会阶级的识别属性,而生产力的发展空间则是检验一种社会形态与社会制度的科学性的标准。休斯通过对马克思历史唯物主义的研究,预见了生产力发展过程中的革命性效应。对于我们如何才能避免破坏效应但更好地迎来促动效应这一问题,休斯结合马克思、恩格斯的自然观与生产力理论认为,生产力应该走生态化的发展道路,即发展生态生产力。因为生产力的发展目的是为了满足人类的需要,而人类对生态环境的需要是其自身生存发展的第一前提,更是人类的真实需要。因此,实现生产力的长久健康发展就必须在这个发展过程中关注生态,使生产力生态化发展。

生态生产力作为生态危机催生下的对于生产力研究中的新视角,与传统片面、工具理性意义上的生产力相比,最大的区别在于后者虽然有多种表现形式,但都过分追求社会生产力而忽视自然生产力。这就导致人与自然的有机联系被机械地割裂,使人类只看到眼前的利益而忽略长远的后果,这种发展理念事实上是对马克思生产力思想的曲解。生态生产力是对传统片面生产力的扬弃与超越,其发展理念更为科学,价值取向更为完善,构成要素更加合理,运行机制也更为健全。这正是马克思历史唯物主义的生产力理论在当代的现实体现。

休斯同时指出:"将生产力的发展导向一个有利于生态的方向可能不能任意实现,而必须依赖于适合的社会结构选择,而且实际上一个社会可得到的技术上可能的解决方法的范围因此可能被社会结构的选择所限制。"[①]

————————

① ［英］乔纳森·休斯:《生态与历史唯物主义》,张晓琼等译,江苏人民出版社 2011 年版,第 226 页。

这就是说,我们发展生态生产力不可盲目地发展,而是要在切实可行的社会结构中发展,落后的社会结构会对技术与生产力的发展进行制约——因为技术发展虽然不等同于生产力发展,但技术发展仍然是生产力发展的一个重要因素。因此,我们可以这样总结休斯的观点,即只有在作为共产主义初级阶段的社会主义社会形态中才可能真正地实现生态生产力的发展。这从本质上区别于以私有制为主体的资本主义,属于更高级的社会形态。因此,休斯不仅为生产力的良性发展提供了路径,更为生产力的良性发展环境提出了要求。

休斯的生产力生态化发展思想维护了马克思历史唯物主义生产力理论的生态性,回击了将马克思所提倡的大力发展生产力思想视为反生态、反人类的错误观点。特别是在对生产力发展过程中革命性效应的分阶段讨论中,休斯说道:"潜在的破坏效应让我们没有理由把具有生态破坏性的生产发展的形式归之于马克思。"[1]马克思历史唯物主义所强调的生产力发展,并非缺失生态关怀的生产力发展,而是以马克思主义自然观为指导、尊重自然规律、顺应现实资源的可持续发展方式的生产力发展。休斯对生产力良性发展路径的提供同时具有重要的实践意义,表现在以下方面:首先,表现在对有限的自然资源的有效保护。以生态为第一要义的生产力发展,势必会减少污染排放、增强资源利用效率、维护自然生态系统的繁荣与稳定。其次,现阶段生态生产力只可能在社会主义社会中真正实现发展。通过发展生态生产力可以满足更多的人类真实需要。最后,生态危机作为全人类需要共同面对的问题,虽然其主要根源来自资本主义的无限扩张逻辑,但由于资本主义制度本身的缺陷,其无法自我调节,更无法真正彻底地解决生态问题。因此,社会主义通过发展生态生产力来缓解生态危机,其最终受益不仅只存在于社会主义本身,更是对整个人类利益的根本维护,这更体现了社会主义对人类命运共同体的利益关怀。社会主义并非

---

[1] [英]乔纳森·休斯:《生态与历史唯物主义》,张晓琼等译,江苏人民出版社 2011 年版,第 228 页。

只关注个人的私有利益,而是将人类的整体利益作为衡量标准,只有这样才能使社会发展与人口、资源、环境相适应,才能真正实现共产主义,实现人类的全面自由发展。休斯对生产力良性发展所提供的现实路径的意义也正在于此。

三、为人类需要的真正满足提供方法

休斯提倡生产力的发展方向应转向生态化发展,走生态生产力的发展道路。生产力发展的最终目的是为了满足人类需要,休斯不仅为生产力的良性发展提供了路径,更为如何真正地满足人类需要提供了方法。这个问题需要分两个层级来讨论。需要的真正满足应该具备两个条件:第一,被满足的需要是真正的需要也即真实的需要;第二,是这种真实的需要得到满足。

首先,休斯在秉承马克思的需要观的基础之上,对比了马斯洛、安德鲁·多布森(Andrew Dobson),以及匈牙利学者艾格尼丝·赫勒(Agnes Heller)等对需要的理解,进而阐述了自己的观点,在此过程中,他清晰地勾勒了在他的问题域基础上所理解的马克思需要理论的科学性。休斯认同马克思对人类"真""假"需要的划分,认为人类的需要分为真实需要与虚假欲求,二者的区别在于"人们确实需要的事物与他们错误地相信自己所需要的事物之间的区分"①。休斯同时指出,资本主义受生产资料私有制的影响,盲目追求个体短暂利益的最大化,因而需要不断地对消费者进行消费刺激,这就导致资本主义必然想尽方法使人类产生出更多的虚假欲求。人类只有产生出更多的虚假欲求,才会需要更多的商品消费;更多的消费欲望刺激生产,最终将矛盾所造成的后果转嫁到消费者的身上,以维持资本主义自身的存在。这就使得生产力在发展过程中必然出现对自然资源的过度占用,缺失对生态的关怀,形成一种非良性的发展方式。然而,休斯指出:"马

---

① ［英］乔纳森·休斯:《生态与历史唯物主义》,张晓琼等译,江苏人民出版社 2011 年版,第 240 页。

克思希望看到的社会是:每个人需要的满足程度应符合人类生存的真实需要。"①马克思所畅想的共产主义社会,也正是一种对人内心世界最本质、最真实需要的探索。"马克思的共产主义理想所必需的需要增长似乎并不只是从需要满足的一个水平到另一个水平的离散步骤,而是一种持续的发展。"②因此,休斯认为,减少人类的虚假欲求,增加满足人类的真实需要是一个复杂而漫长的过程。只有通过实现共产主义或者说在为共产主义事业而奋斗的道路上,才能逐渐脱离"假的"发觉"真的",最终实现人类的全面自我实现——因为只有满足于人类真实需要的生产力发展才是良性的、生态的。

其次,满足需要的方式是通过发展生产力来实现的,满足人类更多的需要就必须加快生产力的发展。但是,生产力发展不能盲目追求技术发展,应寻求一个更科学、更持久的路径。马克思指出:"无论哪一种社会形态,在它所能容纳的全部生产力发挥出来以前,是决不会灭亡的;而新的更高的生产关系,在它存在的物质条件在旧社会的胞胎里成熟以前,是决不会出现的。"③这段话说明:社会形态总是具体的、历史的,生产力的发展是促使社会形态更替的最终原因。无论哪一种社会形态,当它还能够促进生产力发展时,是不会灭亡的,新的生产关系则需要极为成熟的客观物质条件作为基础。正如本书第三章最后一个小节中所论述的那样,在某种程度上而言,生态生产力是更高级、更先进的生产力发展模式,是对传统片面生产力的扬弃与超越。"资产阶级在它的不到一百年的阶级统治中所创造的生产力,比过去一切世代创造的全部生产力还要多,还要大。"④但这只是短暂的幸福,资本主义的本质促使其必然迎来生产力发展的极限。只有扬弃不同于资本

① [英]乔纳森·休斯:《生态与历史唯物主义》,张晓琼等译,江苏人民出版社 2011 年版,第 230 页。

② [英]乔纳森·休斯:《生态与历史唯物主义》,张晓琼等译,江苏人民出版社 2011 年版,第 260 页。

③ 《马克思恩格斯选集》第 2 卷,人民出版社 2012 年版,第 3 页。

④ 《马克思恩格斯选集》第 1 卷,人民出版社 2012 年版,第 405 页。

主义意义上的片面生产力,生产力的发展空间才足够长远。因此,生态生产力的发展,在否定、扬弃资本主义制度这一点上而言,也许满足人类需要的更有效的手段。

自人类出现以来,人类所有的行为活动,其根本目的都是满足自身不同阶段、不同方面、不同层级的需要,对自身需要的满足过程正是人类社会的发展过程。人类的需要也从最初的为了维持生存与繁衍的生理需要,到伴随社会文明出现后逐渐形成的社会需要,再到为了实现自身更高追求、自我更好实现的精神需要与发展需要。人是群体动物,在不同阶段的人类需要发展过程中,总有些需要并非出自我们内心本真的愿望,更多的是受客观因素所蒙蔽的后果。需要是人类一切行为活动的根本出发点,但只有正确、真实的人类需要的满足,人类的一切行为活动才是良性的、科学的,整个人类社会的总体发展才是持久的、健康的、有益于人类与自然界的。休斯的理论,为实现人类社会整体良性发展路径探寻提供了有益的借鉴,具有启发意义。

第三节　乔纳森·休斯生态与历史唯物主义思想的历史局限

休斯的生态与历史唯物主义思想,以维护历史唯物主义的生态性为出发点,以生产力的生态化发展为落脚点,为更有效地解决生态问题寻求到了新的方向,但其思想中仍然存在一定的历史局限性。在这一部分,本书将从需要的生态引导程度、制度的生态建设力度、道德的生态影响限度,以及休斯对资本主义社会的批判深度和对马克思、恩格斯文本过分的主观诠释,来说明这些历史局限所在。

一、对需要的生态引导过于理想

休斯从马克思历史唯物主义思想中,总结出人类的一切行为活动其目的在于满足人类的需要，而生产力的发展目的也更是如此。因此，休斯认为，人类今天所面临的一切生态问题，在于人类迷失于由资本逻辑所造成的更多的、错误的虚假欲求，而这些虚假欲求皆是资本主义阶级制度的产物。所以，休斯认为应该从生产力发展的源头——"人类需要"入手，尽可能地提倡真实需要，摒弃虚假欲求，以此来对生产力的发展方向进行生态引导，从而试图从根本上解决生态环境问题。但是，这并非一个简单的过程，在具体的现实过程中，往往会存在以下两方面问题。

首先，我们确立了生产力的发展目的即为了满足人类的需要，而人类的需要是生产力发展的动力推手这样的共识，但仍需注意的是，人类的需要不能完全决定生产力发展的走向。因为需要和生产力毕竟是两个问题，人类的能动性不等同于决定性。人类的需要本身不会从事任何生产活动，只有当这种需要可带动劳动者从事生产活动时，生产力才有可能得到发展。并且，值得注意的是，我们在思考需要与生产力的关系时，要时刻以马克思唯物史观为指导，遵循物质第一性、意识第二性的思想原则。生产力的发展的确为了满足人类需要，但人类的需要也不会凭空产生，而是基于客观的物质生产实践。因此，在这一点上，休斯的思想具有历史局限性。对于生产力的良性发展，我们不能将所有希望寄托于需要的指引，而要兼顾各种具体的劳动活动，因为，问题的关键在于这些虚假欲求的具体形成过程，以及隐藏于其后的根本推动逻辑，对于这个问题，本书同样将会在"附录二"与"附录三"中作进一步讨论。

其次，马克思正确地从人类需要的层次入手，把人的需要分为基本需要与在此基础上的欲求，进而提出了"真""假"需要的概念。他认为，人类的真的需要代表着他们确实需要的事物，而人类的假的需要则意味着他们错以为是自己所需要的事物。我们区分真实需要与虚假欲求，的确可以更真实地了解人类自身，在整个人类社会向前发展的过程中也可以减少错误的、不必要的消耗，这一点无论是在自然资源还是在精神境界方面都是如此。但是，就现阶段而言，对于人类"真""假"需要的区分并非易事，我们无法获得一个更准确的衡量标准。简单来说,究竟哪些属于人类确实需要的事物,哪些又属于人类错以为自己所需要的事物?在这个问题上由谁来评判?又由何种标准作为评判依据?"真""假"需要的划分究竟是相对的还是绝对的?是否以不同的阶级立场为出发点就可以完全地、彻底地对二者进行分类?休斯通过对需要的三元结构"X—Y—A"的讨论最终总结出:"需要是一个指向透明的语境,而欲求则是指涉不透明的。"①但是,在以上这些问题上,休斯并未给出更具体的回答,这源于他思想的历史局限性,无法对这个问题给予具体、明确的解答,也将造成通过观念指引调节需要,进而缓解生产压力以保护生态资源的方式,在实践过程中存在阻碍。

　　关于"真""假"需要的问题是全人类共同的问题,甚至一直伴随于人类社会发展的历史过程之中,因为我们无法假设,随着人类历史的继续发展,是否有一天,人类会彻底告别虚假欲求。但值得肯定的是,我们并不能因此就忽视对人类需要以及人类真实需要的重视。马克思认为,资本主义社会会更加可能地使人类产生出虚假的欲求,而共产主义社会则更多地提倡一种全面的自由人的联合体的社会,共产主义不是消灭人的需要,而是尽可能地消灭人的虚假欲求。因此,我们朝共产主义社会迈进的过程,也正是人类扬弃"真""假"需要的过程。而具体的衡量标准,仍需要我们通过对马克思主义思想继续挖掘,并在参与更多的现实实践活动的过程中来获取答案。

二、对制度的生态建设过少重视

　　休斯通过对马克思、恩格斯自然观的阐释、对生态问题域的重新释义,为马克思历史唯物主义在核心理论、生态方法与生态思想上都做了不同程度的拓展、阐发与维护。通过对马克思需要理论的阐释,对生产力发展、技术发展与生态问题关系的论述,从根本上维护了历史唯物主义的生态性,并对其生产理论的良性发展探索了可行性方案。但是,休斯对于制度的生态

① ［英］乔纳森·休斯:《生态与历史唯物主义》,张晓琼等译,江苏人民出版社 2011 年版,第 233 页。

建设却言之甚少,这正是其思想体系的一个不足之处。

生态问题源于人类缺失生态关怀的行为活动对自然资源的过度占用,由此引发了的严重的如污染等情况,从而使自然生态系统遭到破坏。加强制度的生态建设是解决生态问题、处理好人与自然关系的一个重要手段,从本质上说,这是一个社会问题。在英国的生态马克思主义者中,无论是生态中心主义还是人类中心主义都提出要建立一种生态上健康的社会模式。以本顿为代表的生态中心主义者主张建立一种生态自治主义的政治模式,而以佩珀为代表的人类中心主义者则主张建构的是生态社会主义的政治模式。作为广义的人类中心主义的生态学马克思主义者,休斯没有提及他对未来社会的构想以及生态制度的具体建设方案。虽然休斯反复论述了马克思有关共产主义与资本主义对比的优越性,并对如何实现共产主义提供了方法,但就现阶段而言,资本主义制度与社会主义制度中仍然存在生态问题。当然,我在本书之前的章节中阐述过,二者在生态问题产生原因上具有本质的不同。而对于现阶段的具体问题,休斯并没有给出更多的切实有效的方案,而更多的是存在于一种主观的畅想与宏观的描绘。这一不足之处正是其思想历史局限性的体现。

把生态的建设落实于制度建设,标志着生态建设从注重理念、理论建设发展到制度建设的新阶段。生态制度建设的目标既要保护自然和生态环境,又要能够促进经济社会的发展,这样的建设是解决生态问题必不可少的手段。无规矩不成方圆,党的十八大以来,我国大力提倡生态文明建设,并提出了加强生态文明制度建设这一重要思想,保护生态环境必须依靠制度。党的十九大更是将生态文明建设列为重中之重,这意味着生态文明建设已经融入到经济建设、政治建设、文化建设、社会建设等各个方面,从理念、理论层面上升到制度层面,这对于扎实推进生态文明建设具有实际意义。因此,我们在学习与讨论休斯生态历史唯物主义思想的同时,要以其为鉴,需要在遵循马克思历史唯物主义的思想指导的基础上,在生态制度建设的领域对这一问题进行完善与补充。

三、对道德的生态影响过度乐观

休斯在讨论了生态问题概念所涵盖的范围,以及我们如何把这些问题从社会面临的其他问题中区分出来后,接下来又讨论了这些生态现象被视为问题所依据的价值观和伦理观。休斯认为,使哲学家从根本上产生兴趣的是:"我们为什么应该关注环境?支撑这一义务的道德准则是什么?"①并引出人类中心主义与非人类中心主义对这一问题争论的焦点,一度将对生态问题的约束上升到道德的层面。

休斯指出,人类中心主义在这里对特定评价视角而言是一个不恰当的名称,因为从某种意义上来说,所有的道德学说都不可避免地以人类为中心。因此,休斯认为,对于道德标准的重塑对解决生态问题有着重要帮助,这显然对道德的生态影响过度乐观,也是诸多生态学马克思主义者如萨拉·萨卡等人普遍存在的问题。

在休斯的著作中,他明确写道:"马克思厌恶道德和说教,所以他本人对这种观点或者更普遍意义上的争论都没有什么耐心……但我认为他对道德话语的敌视态度不像初看上去那样必定对环境伦理学有害……马克思对道德说教的厌恶主要针对的就是这种空想企图……马克思和恩格斯认为作为社会上层建筑一部分的道德意识在维护现状中以反映统治阶级利益的方式取决于其经济基础,他们对说教的鄙视也就源于他们的这种认识……马克思对道德的敌视或许可以理解为……是断言道德批判作为社会变革的一种工具的效用有效性。"②

在以上这段文字中,休斯试图对马克思对道德说教的态度进行维护,将矛盾的焦点锁定在空想企图上。但是在字里行间中,也可以体现出休斯对道

①　[英]乔纳森·休斯:《生态与历史唯物主义》,张晓琼等译,江苏人民出版社 2011 年版,第 20 页。

②　[英]乔纳森·休斯:《生态与历史唯物主义》,张晓琼等译,江苏人民出版社 2011 年版,第 22 页。

德的重视程度。接下来他又说道:"马克思夸大了道德论点的无效性……马克思主义的信念似乎是这样的:仅仅它们的利益就足以调动起他们的积极性,但这种信念却忽视了一个人的动机应该被所有信仰的目标加强到何种程度。"①在这里,休斯明确地指责了马克思对道德说教效用的无效性观点,认为其忽视了道德提升对人类社会改变的影响作用,这在本质上是对马克思主义的一种误读,更是在研究历史唯物主义思想过程中的一种偏离。

在休斯接下来的论述中,他继续以道德价值为标准,对人类中心主义与非人类中心主义进行了讨论,并对道德关怀作出多种假设,来试图凸显道德维度对生态问题的重要作用。他再次提出这样的论点:"我的研究将采取的形式是,对支持这种道德关怀延伸的最常见、最合理的论点进行考察和批判。"②在这里,休斯已经明确地表明他的观点,认为道德问题对生态环境问题具有重要的影响作用,认为道德关怀延伸可作为对一种主张是否具有生态关怀的考察和批判的标准。这正是他生态历史唯物主义思想历史局限的又一体现。

马克思从未忽视过对道德问题的关注,不可否认,休斯绝大多数的思想都是基于对马克思历史唯物主义进行肯定、辩护与发展的,但是在道德的生态影响上却过于乐观,并认为马克思忽视了其效用性。虽然在论述过程中,休斯几次为马克思对于道德和说教的厌恶进行开解,但这并不能掩盖其思想具有局限性的事实。马克思明确指出:"批判的武器不能替代武器的批判,物质的力量只能用物质去摧毁。"③"人类解放问题,不能仅仅诉诸道德和宗教的力量,而是要从社会物质生产生活领域入手,这是唯物史观的基本原则。"④也

---

① [英]乔纳森·休斯:《生态与历史唯物主义》,张晓琼等译,江苏人民出版社 2011 年版,第 24 页。

② [英]乔纳森·休斯:《生态与历史唯物主义》,张晓琼等译,江苏人民出版社 2011 年版,第 26 页。

③ 《马克思恩格斯选集》第 1 卷,人民出版社 2012 年版,第 9 页。

④ 穆艳杰、罗莹:《唯物史观视野中的"生态问题"》,《吉林大学社会科学学报》2014 年第 1 期。

正是因为休斯如此夸大了道德的效用性,才导致在他的理论主张中对资本主义的批判过于简单,这正是本书接下来要指出的又一个问题所在。

四、对资产阶级的批判过于笼统

休斯系统地维护了历史唯物主义的生态性,深刻地揭示了产生生态问题的根本原因,正是人类更多的虚假欲求背后的资本增殖逻辑。休斯赞同马克思的观点,认为资本主义容易使人类产生出更多的虚假欲求,并在马克思理论的基础上,进一步为共产主义实现提供了方法,同时也为生产力的良性发展提供了方向。但美中不足之处在于,他并未从自己的角度对资产阶级进行更深刻的批判,这源于其自身的阶级局限性与历史局限性。具体分析,原因可能如下。

首先,对在英国的休斯来说,他生活于一个最老牌的资本主义国家,资本主义制度早已根深蒂固。高等院校的工作,使他至少可以算作社会的中产阶级,因此,就他本人而言,低层次的"生理需求和安全需求"早已得到满足;在此基础上,中等层次的"感情需求和尊重需求"也得到了较好满足,但仍未达到追求高层次的"自我实现需求"的状态。身处于如此纯粹的资本主义国家之中,且自身又介于资产阶级与无产阶级之间模糊不清的地带,即便作为分析的马克思主义者,他仍会具有一定的阶级局限性,也是每个人都无法摆脱的历史局限。因此,他虽然赞同历史唯物主义的理论并揭示了资产阶级最丑陋的嘴脸,但他并未对资本主义制度与资产阶级做更彻底的批判。

其次,休斯虽然揭示了生态问题的根本原因,但他将生态问题的更多解决方案寄希望于生产力的生态化发展与道德的生态关怀,而并非立足于改变阶级与制度的现实思考。虽然其对生态生产力思想的挖掘,可更有效地促动共产主义的出现,但这对生态问题来说,并非短期内行之有效的措施。资产阶级和无产阶级对于生产发展的目的理念和根本诉求完全不同。休斯对历史唯物主义的生态性维护与提出生产力的生态化发展方向并没有错,但在面对当今复杂多样的生态问题时,我们同时需要一些立竿见影的措施来缓解生态压力。休斯虽然正确把握了马克思历史唯物主义思想的本质,但却忽略了一个最重要的本质因素,即资本主义国家的社会本质决定了其绝不会放弃追求能带来高额利润的生产方式的。生态问题日益严峻的根本原因也正是因为社会的生产方式没有发生根本性质的变革,即使全球性的环境保护活动对生态环境的保护有一定的作用,但却无法根治这一问题,这与其他一切不动摇资本主义制度本身的改良方案所带来的后果是一致的:如哈特穆特·罗萨的共鸣策略,这一问题,将在"附录五"中作进一步分析。因此,休斯一味强调革命的动力是来自于人的需要而不是阶级对立的观点,并非对当今生态问题最全面、最根本的解决路径。

"批判的武器不能代替武器的批判,物质的力量只能用物质去摧毁。"[①]资本主义私有制下的利益竞争,是导致人类敢于不断挑战自然界限的根本原因。我们不是要抽象地思考人类与自然之间的伦理关系,而是要从人类的生产方式当中来思考自然界限产生的原因。我们倡导生产力的生态化发展,提倡对人类虚假欲求的摒弃,但与此同时不应该淡忘对资本主义阶级制度的反思。对资本主义制度与资产阶级的批判不能只停留在表面,要深入其骨髓与血液,因为作为无产阶级的我们,要肩负起解放全人类的使命!

五、对马恩的文本诠释过分主观

乔纳森·休斯通过其《生态与历史唯物主义》一书对历史唯物主义思想进行了深入的挖掘与总结,在维护历史唯物主义生态性的同时,拓展了其实践路径,坚定了历史唯物主义的发展性与科学性,回击了历史唯物主义缺失生态关怀的错误言论,使历史唯物主义在面对当今时代的具体问题时,仍然可以发挥其应有的作用。但是,在具体的表述过程中也不乏某些过于主

---

① 《马克思恩格斯选集》第 1 卷,人民出版社 2012 年版,第 9 页。

观的表现。

在《生态与历史唯物主义》一书中，休斯在对马克思主义思想进行解读时，多次使用"可能""似乎""好像""仿佛""也许"等不确定用语。比如："在马克思后期著作中可能表明这种差异的一个方面"①；"马克思似乎更钟爱一个较弱意义上的'唯物主义'，即所有存在或者依赖于物质"②；"上面所引用的来自马克思最重要的一些著作中的段落，似乎显示出他对生存依赖原则的明确认同"③；"因为如果生产力被认为是生产关系发生变化的一个必要的不充分的条件，那么他继续存在的后桎梏就可能被包容进马克思的理论中"④；"从《政治经济学批判》、《经济学手稿》和《资本论》，继续肯定了人对自然的依赖……不过，这看起来好像是表达和强调的问题"⑤等等。而他在另一些段落中，使用如"坚持""并非""明确""坚决反对""肯定"等明确表达观点的肯定性词语。比如："马克思坚持认为人类人口增长是社会的、历史的和自然因素共同作用的结果"⑥；"恩格斯的论点并非说靠地球肥沃的土地供养的人口可以没有限制"⑦；"马克思……明确承认了技术和社会组织在决定环境限制存在于何处以及它们以什么样的速率逼近我们时所起的作用"⑧；"恩格斯……更清楚地认识到，对生物科学来说，在突

① ［英］乔纳森·休斯：《生态与历史唯物主义》，张晓琼等译，江苏人民出版社2011年版，第279页。

② ［英］乔纳森·休斯：《生态与历史唯物主义》，张晓琼等译，江苏人民出版社2011年版，第128页。

③ ［英］乔纳森·休斯：《生态与历史唯物主义》，张晓琼等译，江苏人民出版社2011年版，第139页。

④ ［英］乔纳森·休斯：《生态与历史唯物主义》，张晓琼等译，江苏人民出版社2011年版，第207页。

⑤ ［英］乔纳森·休斯：《生态与历史唯物主义》，张晓琼等译，江苏人民出版社2011年版，第140页。

⑥ ［英］乔纳森·休斯：《生态与历史唯物主义》，张晓琼等译，江苏人民出版社2011年版，第71页。

⑦ ［英］乔纳森·休斯：《生态与历史唯物主义》，张晓琼等译，江苏人民出版社2011年版，第77页。

⑧ ［英］乔纳森·休斯：《生态与历史唯物主义》，张晓琼等译，江苏人民出版社2011年版，第89页。

显性质中没有什么神秘或独特的东西"①;"马克思对此坚决反对。他认为,范畴的顺序应该由其在经济结构内的相互关系所决定"②;"马克思再次肯定了人类对劳动过程的永恒的依赖以及自然'元素'或'因素'在这个过程中所起到的关键作用"③等。

就二者相比较而言,前者明显带有不确定的模糊性。这表示,休斯对于马克思很多观点的解读,以及对于很多关于马克思观点的评价的解读,都有其自身的主观倾向与不确定性。当然,休斯在自己的著作中阐述自己的观点,这无可厚非,绝大多数对马克思恩格斯观点的主观解读,也一定是基于对很多客观事实的推理之上的,符合历史唯物主义的唯物性、科学性与发展性。但是,在所有的解读中,必然存在对马克思、恩格斯的文本诠释过分主观的表现,夹杂着较为浓厚的个人色彩与历史局限。这是他生态与历史唯物主义思想的又一不足之处。

历史唯物主义是关于人类社会发展一般规律的理论,具有唯物性、历史性、科学性和发展性,是不断运动与完善的。我们在学习的过程中应对其进行反复的、深刻的解读,来应对人类不断出现的新问题、新挑战。休斯以捍卫历史唯物主义的生态性为出发点,进而对解决生态问题提出了一系列有益的思想与主张,这对人类发展具有重要的意义。但是,作为坚定的马克思主义者的我们,在对马克思、恩格斯文本与思想进行揣摩与发展的道路上,仍不可过度主观。我们一定要以理论为指导,以实践为检验,这样才能更好地诠释马克思、恩格斯思想的精华。

---

① [英]乔纳森·休斯:《生态与历史唯物主义》,张晓琼等译,江苏人民出版社 2011 年版,第 110 页。

② [英]乔纳森·休斯:《生态与历史唯物主义》,张晓琼等译,江苏人民出版社 2011 年版,第 113 页。

③ [英]乔纳森·休斯:《生态与历史唯物主义》,张晓琼等译,江苏人民出版社 2011 年版,第 138 页。

第五章　乔纳森·休斯生态历史唯物主义思想启示

　　休斯的生态历史唯物主义思想在对历史唯物主义辩护与发展的同时，对于现实社会本身同样具有十分重要的启示作用。联系与发展是唯物辩证法的基本观点，体现了唯物辩证法的总特征，历史唯物主义自身同样是普遍联系与永恒发展的。通过对休斯思想的解析，让我们更加坚定地认识到历史唯物主义在当今时代仍然发挥着积极的指导作用，仍然指引着我们发展和探索的方向。同时，历史唯物主义并非从头脑中想象出联系，而是从事实中发现联系。在时代不停发展的今天，我们在新的实践活动中也发现了历史唯物主义的新的发展方向。理论与实践相互作用与相互影响，并且将在相互成长与相互进步中继续丰富。

第一节　历史唯物主义必须加强生态问题研究

　　休斯的生态历史唯物主义思想向我们揭示了当今生态环境问题的根本原因，并明确指出解决生态问题的重要意义所在。马克思历史唯物主义思想中，本身就蕴含着十分丰富的生态哲学思想，那么，作为新时代马克思主义的接班人，我们更应该秉承联系与发展的观点，将历史唯物主义继续深化和拓展。因此，当今时代，历史唯物主义必须大力加强对于生态问题的研究,丰富本身具备的生态意蕴。

一、历史唯物主义要重视对生态问题的研究

历史唯物主义是马克思思想的精华所在,是马克思"划时代的哲学革命"的根本体现。也就是说,马克思主义哲学的基础与核心正是历史唯物主义。对于"历史"的理解,马克思认为,人的存在是有机生命所经历的前一个过程的结果。只是在这个过程的一定阶段上,人才成为人。但是一旦人已经存在,人,作为人类历史的经常前提,也是人类历史的经常的产物和结果,而人只有作为自己本身的产物和结果才成为前提。孙正聿教授对此总结道:"人自身作为历史的'前提'和'结果',以自己的活动构成自己的历史,以自己的历史构成自己的存在。"①历史唯物主义是一种革命的和实践的社会历史理论,它不仅致力于揭示人类社会历史运动的一般性规律,更是注重在直面每一个时代的社会历史现实中彰显自己的创造力和价值。因此,对历史唯物主义的研究没有终点,是一项长期而必要的任务。历史唯物主义自身就在不断地运动和发展,"历史观上的唯物主义与唯心主义的实质性区别就在于,是'从观念出发来解释实践'还是从'物质实践出发来解释观念的形成'"②。因而,我们对它的研究、发展也不能仅仅局限于简单的抽象概念与文本,应当更广阔地结合自身,结合生活实践,从抽象到具象、从宏观到微观,具体地、历史地解释和解决不同时期人类社会中的问题。

休斯的生态历史唯物主义思想从理论层面到现实层面,清晰地揭示了历史唯物主义的生态必然,揭示了生态问题的原因。在全球化高速发展的今天,世界格局不断变化,早就形成了牵一发而动全身的局面,人类也在不断面对各种各样全新的问题与挑战。因而,环境问题已成为 21 世纪全世界都面临的重大问题。对于如此重大的问题与历史唯物主义之间的关系,我们从两方面来看。

---

① 孙正聿:《历史唯物主义的真实意义》,《哲学研究》2007 年第 9 期。
② 程彪:《何为"历史唯物主义"?》,《云南大学学报》(社会科学版)2017 年第 1 期。

　　首先,历史唯物主义的意义并非在于通过对社会历史问题的思索与诠释从而建立一门类似自然科学的历史科学,而是为了探索人类真正自由全面的解放条件与路径。然而,通过对休斯思想的解析,我们发现当今愈演愈烈的生态问题正试图威胁着人类的根本生存条件,这一问题如果不能有效解决,又何谈自由而全面的发展与全人类解放? 同时,当今世界的生态问题,以及其可能出现的更恶劣的发展趋势,并非马克思所描述的共产主义社会的本来愿景。因此,我们得出结论,历史唯物主义有必要、更有义务解决生态问题。解决生态问题的道路与历史唯物主义的发展道路百喙如一,生态问题是历史唯物主义在发展过程中必然面对的现实问题,这是具有现实性的。无论是为了人类更美好、更健康的自由发展,还是为了共产主义的早日实现,生态问题都是如今的当务之急,而历史唯物主义对此责无旁贷。

　　其次,历史唯物主义的核心内容和根本旨向,正是对资本主义生产方式的批判。从最初在《1844 年经济学哲学手稿》中马克思就认识到私有财产关系的实质,即资本与劳动的对立关系,进而在《资本论》中明确提出其研究对象即"资本主义生产方式以及和它相适应的生产关系和交换关系"①,资本主义的本质与资本逻辑的运行机制,一直都是历史唯物主义的研究与批判对象。而通过休斯对生态历史唯物主义思想的阐释,我们也清晰地认识到生态问题的根本原因正是资本主义社会的私有制及其生产关系。由此,我们得出结论,在对资本主义本质的批判上二者再次好恶同之。因此,历史唯物主义必须要重视对生态问题的研究,要将对现阶段生态问题的研究作为新时代发展历史唯物主义的重要任务。

　　历史唯物主义不是固定的,一成不变的。这就要求我们要继续深入掌握和发掘其本来的生态意蕴,并使之在生态问题的研究领域上继续发展,显示出它在理论上和方法上的独特价值。历史唯物主义对全部的哲学社会科学研究都有着重要的指导价值,在理论和现实中的大量争论都涉及历史唯

---

　　① 《马克思恩格斯文集》第 5 卷,人民出版社 2009 年版,第 1 页。

物主义所关心的问题。对于人类生存和发展的问题,历史唯物主义从来不会缺席。因此,这就要求在对历史唯物主义的学习过程中,要更加重视对生态问题的研究,这符合其自身所蕴含的规律,更符合最广大人民群众的根本利益与需求,必将得到人民群众的拥护和支持。

二、要以历史唯物主义为指导研究生态问题

生态问题是当今全球都在面临的一个重大问题。它是指由于生态资源被过度占用,生态平衡遭到破坏,导致生态系统的结构和功能严重失调,从而威胁到人类的生存和发展的现象。但是,在研究和解决生态问题的具体实践中,我们不可割裂地只解决表面与局部的问题,这就很容易犯了"头痛医头,脚痛医脚"的错误,而是要全面地、纵深地、根本地来研究和解决生态问题。生态问题作为一个表象,其根源来自内在本质。在对休斯的生态历史唯物主义思想进行分析的过程中,我们已经看到,休斯通过对历史唯物主义生态意蕴的挖掘向我们再次揭露了生态问题的根本原因是资本主义的社会本质所导致的。因此,我们在面对这一问题时,必须透过现象抓住本质,找到矛盾的核心,才能从根本上解决生态问题,还人类一个健康美好的生存家园。

"马克思主义的哲学革命,从根本上说是关于世界观的解释原则的革命。正是以人的感性活动为解释原则,马克思主义哲学才超越了'把理论引向神秘主义'的全部旧哲学,实现了从'解释世界'到'改变世界'的哲学革命。"[1]历史唯物主义作为马克思思想的核心凝聚,其先进性体现在从事实中发现联系,而不是从头脑中想出联系,重视事实及其内在联系的过程性、历史性与辩证性,并出此出发理解事实自身。历史唯物主义要求从历史自身或历史的现实基础出发去理解社会历史,同时,又不仅仅简单地是一种经验主义,这些正是其优越性与科学性的体现。通过本书对休斯生态历史

---

① 孙正聿:《历史唯物主义的真实意义》,《哲学研究》2007 年第 9 期。

唯物主义思想的深刻剖析,我们更加清晰地看到了生态思想作为历史唯物主义的应有之义和内蕴的一个要素,生态发展也正是新时代历史唯物主义的前进方向。结合本书上一节中的论述,发展历史唯物主义和解决生态问题,二者无论在发展道路上,抑或是主要矛盾上都面临同样的问题,即资本的问题。我们只有正确地"解释世界"才能真正地"认识世界"以及认识我们自身,才有可能做到对现状的彻底改变,即"改变世界"。因此,从根本上研究和解决生态问题,必须要以历史唯物主义为出发点,也只有以历史唯物主义为指导,我们才能够真正从根本上研究好、解决好生态问题。

　　"每一个时代的理论思维,从而我们时代的理论思维,都是一种历史的产物,它在不同的时代具有完全不同的形式,同时具有完全不同的内容。"①在人类社会的不同发展时期,总要面对不同的困难与挑战。休斯的生态历史唯物主义思想再次向我们证明了历史唯物主义的生态性与科学性。因此,只有坚定历史唯物主义思想,我们才能有效地挖掘出事物的本质原因与根本规律,对于真正解决生态问题同样如此。"世界不是既成事物的集合体,而是过程的集合体。"②在研究和解决生态问题的过程中,我们必须坚持以历史唯物主义为指导,坚持人与自然和谐共生,树立和践行绿水青山就是金山银山的理念,统筹山水林田湖草系统治理,实行最严格的生态环境保护制度,形成绿色发展方式和生活方式。

第二节　生态生产力:资本发展的限速

　　资本长期存在于人类历史发展进程中,马克思认为,当资本的力量足够强大后,便形成了以资本逻辑为实质的资本主义社会——然而,并不能将资本与资本主义二者完全等同。当然,对抗资本力量的革命需要一个漫长而复杂的过程,在这一过程中,制度力量将更好地限制并驾驭资本力量。这符

---

① 《马克思恩格斯选集》第 4 卷,人民出版社 2012 年版,第 873 页。
② 《马克思恩格斯选集》第 4 卷,人民出版社 2012 年版,第 250 页。

合历史唯物主义的根本理念，也符合中国特色社会主义的立场与旨趣。然而，在加快社会主义发展的同时，仍然要关注资本主义社会加速所带来的生态问题，在缓解"分娩中的阵痛"的同时，做好变革来临时的准备工作。

一、生态资源：资本逻辑的终极依赖

在本书的"附录三"与"附录五"中将分析资本依靠科技发展而试图完成的扩张策略，然而，这种策略只能带给资本主义短暂的喘息，从而寄希望于在喘息之间实现科技对资源限制的超越。当然，即便科技超越是可能的，但资本主义对人剥削的实质无法改变，更重要的是，这种科技超越是否可能实现，仍然是未知的。因此，对于未来不确定的加速"补给"来说，当下的限速是十分必要的。这种限速的策略无法实现于对现存资本主义制度的直接改变，而需要切中资本主义的利益根本。因此，这种限速则必须从有限的自然资源视角出发，即资源限速。这不仅符合全体人的利益，同时也符合资本主义的利益要求，因为在资本逻辑驱使下，由需要加速带动生产加速，最终实现资本扩张，而一系列逻辑链条的前提因素正是自然资源。劳动者、劳动对象、劳动要素，三者皆包含于自然资源之中，因此当资源无法正常供给生产，资本逻辑的链条也必然断裂，并迎来增长的极限与资本的崩溃。所以，通过控制资源消减而实现的限速手段，是资本主义必然会接受的限速策略。因为在资本主义社会中，资本清楚地知道其自身正是其发展的最大限制。"当资本开始感到并且意识到自身成为发展的限制时，它就在这样一些形式中寻找避难所，这些形式看起来使资本的统治得以完成，但由于束缚自由竞争同时却预告了资本的解体和以资本为基础的生产方式的解体。"①因此，对于化解资本逻辑的限制，资本比任何人都更为迫切。

自然资源作为人类历史发展的前提因素，可视为人类社会的存在前提。因此，有观点认为，资源限速并不需要主观强制，当出现生态危机等现象时，

---

① 《马克思恩格斯文集》第 8 卷，人民出版社 2009 年版，第 180 页。

速度自然会降下来。的确,当资源无法供给生产时,速度一定会降下来,但这并不是我们想要看到的。这种降速则如同飞驰中的汽车油箱见底,而前方的加油站却又遥遥无期,等待它的只有停滞与灭亡。我们不可否认资源的客观限速诚然存在,但势必要施行一种主观上的资源限速。因为当被动的限速出现时,则如同医学上所说的"预后"(对于某种疾病最后结果的预测),代表着在很大程度上已经事实成立,无法改变。因此,为了人类的长久良续发展,或者说资本主义为了其自身利益考量,我们需要做到的是"预前",即做到主动预防,而非被动接受。

以历史唯物主义的视角对现代资本主义社会中的生态问题进行解码则不难发现,在资本主义社会中,异化是根本性的限度。因为,即使资本主义将全部希望寄托于资源增长率对资源消耗率的超越是可能实现的,即摆脱了增长极限的限制因素。然而,这种在资本逻辑驱使下,由资本主义内部自我升级而来的"新社会"仍然无法摆脱虚假欲求对人们的束缚。即使实现了物质极大丰富,但人们的精神境界在资本的控制下仍然趋向一种更深层次的异化。贯穿于资本主义社会发展所必然出现的异化现象,在本质上始终符合马克思异化理论的实质。由现代资本主义社会加速所造成的新异化,与马克思所提出的劳动异化的逻辑起因一样,都指向资产阶级对劳动者剩余价值的无节制掠夺,二者的最终走向也都是建立在自我异化基础上的更深层异化。资本的力量相比过去更为强大了,异化的体现形式也更为多样,但本质上仍然同马克思的异化理论具有同一性。

现代资本主义社会中,资本的剥削更为隐匿了,阶级的界限逐渐模糊,阶级的革命性也逐渐沦丧。然而,任何资本主义自身的解决策略无法撼动资本主义的制度本身,因此,必须借助历史唯物主义的方案来解决日益加剧的生态问题。首先需要解决的就是对阶级革命意识的重塑,更为深层次的目的则是实现制度力量对资本力量的正确驾驭,而前提是意识形态对资本限制的重塑。通过资本的力量去革命资本自身,革命的具体形态已然伴随社会发展发生改变。同时,在具备彻底革命条件之前,通过资源限速,可在不影响经济良性发展的前提下,缓和现代资本主义社会的疯狂加速模式,以保障彻底革命条件的成熟(生产力的发展水平等)。以上策略可实现的方式在于生态生产力的发展,生态生产力并非对马克思生产力理论的扬弃与超越,而是马克思生产力理论的新时代样态。休斯指出了生态危机问题的根源所在,同时,他的理论也蕴含着历史唯物主义的解题方案。

二、生产力:以生态为前提的马克思理论

资源限速并非限制发展,因为限制发展则如同事实上的直接减速,形成一种倒退的现状,这并不符合人类社会发展的目的,并且,在现代资本主义社会中,直接的减速也是无法落实的。因此,对于资源限速的可接受要求是:第一保护资源,第二保证发展。所以,本书认为,实现资源限速的具体措施是:发展生态生产力。生产力是历史唯物主义的核心理念。它表征了人类需要发展的历史状态以及人类满足需要的能力和方式,构成了马克思主义理论的基础性概念。在此基础上,生态生产力概念的提出,绝非是要发明一种异于马克思生产力理论的新理论,而是以马克思历史唯物主义的基本逻辑来把握生产力的新样态。

当"生态"作为名词时,在词语结构上则如同"科技生产力",可解读为生态是生产力,即一些生态资源本身是一种生产力,如马克思的"自然力"观点。同时,另一些生态资源在一定条件下亦可以转化为生产力,可称之为"生态力"。马克思认为,人"只能改变物质的形式。不仅如此,他在这种改变形态的劳动本身中还要经常依靠自然力的帮助"①。因此,在马克思看来:"有一种不借人力而天然存在的物质基质。"②而这一基质正是笔者所阐述的生态资源本身。正因为有生态资源这一天然基质存在,马克思清醒地指出:"劳动并不是他所生产的使用价值即物质财富的唯一源泉。"③而劳动

① 《马克思恩格斯选集》第2卷,人民出版社2012年版,第103页。
② 《马克思恩格斯选集》第2卷,人民出版社2012年版,第102页。
③ 《马克思恩格斯选集》第2卷,人民出版社2012年版,第103页。

恰恰是人与自然之间的活动过程，"人自身作为一种自然力与自然物质相对立"①。从这个意义上讲，人、劳动皆包含于自然界的先在基质之中。其次，当"生态"作为形容词时，生态生产力一词在结构上类似于"绿色生产力"，含义上则表达为生态（化）的生产力（发展）。强调在生产力发展过程中关注生态，侧重生态，无论是劳动者的意识，抑或是劳动资料的发展方向，均以生态为优先原则。其最终目的即保证生产的同时最大程度上保护、发展生态资源（先在基质）。因为生态资源可作为劳动者的劳动对象，没有劳动对象就没有生产力，其实质上也是在强调生态资源本身之于生产力的重要性，凸显生态优先原则。生态环境是人类社会生存发展的前提保障，对于生态生产力的关注更是源于日益严峻的生态环境问题。因而，发展生态生产力的前提是以维持现存生态状况为底线，以生态环境的良性循环发展为目标，以实现人民美好生活需要为最终使命，在生态优先性的前提下争取生产力的最大程度发展。归根结底，先在的生态资源是生产力发生发展的基石与源泉，内涵于马克思生产力理论。生态生产力以生态资源为基质，但不可将生产力完全等同于生态资源（某些生态资源需要在一定条件下转化成生产力），而是兼具劳动者的生态意识、劳动资料的生态性能，倡导生态优先，多方和谐，要素均衡的生产力。不仅生态资源本身就是一种生产力，更要以生态美好作为生产力的发展规范。

从休斯的生态历史唯物主义思想中，我们可以发现，马克思从未否认过自然之于人的重要所在，并一直在强调自然以及自然规律的重要性，"人靠自然界生活。这就是说，自然界是人为了不致死亡而必须与之不断交往的、人的身体"②。只是生态问题在马克思的时代并不凸显，因而马克思并未着重强调在发展生产力的同时要注意生态保护，生态关怀早已内涵于马克思生产力理论之中。所以，绝不能认为马克思及其生产力理论是反生态的，马

---

① 《马克思恩格斯选集》第 2 卷，人民出版社 2012 年版，第 169 页。

② 《马克思恩格斯全集》第 42 卷，人民出版社 1979 年版，第 59 页。

克思的生产力理论也绝不简单等同于以征服自然、改造自然为目标的"传统生产力"。

马克思从人类需要的视角揭示了生产力发展的目的,即为了满足人类需要,马克思说:"没有需要,就没有生产。"①因此生产力的发展形态也应伴随人类需要转变而转型。在马克思的时代,充足的物质资料为人类的首先需要,而在现时代,美好的生态环境则为人类生存发展的前提保障,二者并不冲突。人类的需要伴随人类社会发展不断变化,因而生产力的形态也必将不断变化,这皆包含于马克思的生产力理论之中,而马克思在其著作中多次使用"新的生产力"一词,如"任何新的生产力只要它不是迄今已知的生产力单纯的量的扩大(例如,开垦土地),都会引起分工的进一步发展"②。"没有这些条件,共同的经济本身将不会在成为新生产力。"③在《不列颠在印度统治的未来结果》一文的最后,马克思再次提到了世界市场与现代生产力,由此可见,马克思认为生产力的样态并非一成不变的,客观需要且条件成熟之际,新的生产力便会应运而生。

因此,笔者认为:生产力发展的目的始终如一,但其样态并非一成不变。生产的目的不是生产本身,而在于发起生产活动的人类本身。生产活动的发起者正是为了社会中不同层级的人的需求满足而不断进行生产与再生产。生态生产力理论来源于马克思的自然观、生产力理论与需要理论,是马克思生产力理论的新发展和新阶段的理论形态。生产力与生态之间并非矛盾关系,生态生产力的发展可视为现时代对生产力的解放和发展方式,解放在于生态生产力理念使人类更加明确生产力得以更好发展的首先要素,即先在的生态资源基质,解放的同时也为发展提供了更良好的依据保证,因而成熟的生产力发展理念其最终目的也必然包含为人类提供更优质的生态环境。形式上的改变并不妨碍本质上的统一,生产力一直伴随满足人类需要

---

① 《马克思恩格斯选集》第2卷,人民出版社2012年版,第691页。
② 《马克思恩格斯选集》第1卷,人民出版社2012年版,第147页。
③ 《马克思恩格斯选集》第1卷,人民出版社2012年版,第197页。

发生发展。

　　生态生产力理论的成因,是建立在马克思历史唯物主义理论优势与中国特色社会主义的制度优势的基础上的。因此,生态生产力的发展将本质上区别于资本主义社会以资本逻辑为核心的生产力发展。生态生产力的发展建立在以人民为中心,以满足人民切实需要为目的,以生态资源良好为底线的维度之内;资本主义社会的生产力发展建立在以资本逻辑为中心,以资本增殖最大化为目的,以生态资源最大限度获取并转化为资本掠夺的剩余价值的维度之内。所以,在资本主义社会中不可能完全实现生态生产力发展,但为了维系资本自身生存,资本主义社会可实现在一定程度上、一定范畴内,迫切的发展生产力,但由于其自身内在缺陷限制,不可能真正实现马克思生产力理论所期望的发展目标。

　　历史唯物主义对资本主义社会生态问题所带来的诸多负面问题,及其背后的深层根源的解决路径可总结为两点:第一,以对资本力量正确驾驭为前提,在生产力发展到一定程度时,且各方面条件皆具备的环境下,实现资本力量的革命;第二,以保护自然资源为前提,确保生产力以及各方面条件发展到可变革的阶段,同时在真正革命到来之前,实现一定程度的限速。这两点得以实现的现实路径在表现层面上皆需要依赖于生产力的发展。生态生产力的发展可以有效地调和生存与发展间的矛盾,保障了生态与发展间的平衡。总之,新时代生态生产力发展是历史发展进程中人类的必然选择。

结　语

　　乔纳森·休斯的生态历史唯物主义理论颇具启发性。从生态问题域的重新释义入手，在对马克思历史唯物主义继承与发展的同时，明确了生态问题产生的根本原因，即在虚假欲求驱使下，生产力朝着一个缺失生态维度的错误方向发展，因此所造成的对生态资源的过度占用。在找到问题原因之后，休斯结合马克思的需要理论与生产力理论，向我们揭示了解决生态问题的方法途径。归结来看，笔者认为其理论的启发性主要有二。

　　休斯生态历史唯物主义思想的第一个重要意义在于，维护了马克思历史唯物主义的生态性。20世纪90年代，西方传来了一些对马克思主义思想质疑的声音，这种观点认为历史唯物主义缺失生态关怀；更有甚者指出，今日之生态问题，归根结底是生产力的发展所导致的，而历史唯物主义则恰恰大力倡导解放和发展生产力，因此得出历史唯物主义是反生态的谬论。对此，休斯认为，马克思主义理论之所以被一些人遗忘或误读，其根本原因在于人们没有深刻挖掘其时代意义，错误地忽视了历史唯物主义的理论地位，作为马克思主义者，维护历史唯物主义的重要地位责无旁贷。

　　带着这样的目标，休斯从对"生态"一词词性的分析为起点，开始了他的历史唯物主义生态性维护之路。休斯从"广义"的视角重新解读了历史唯物主义，并从对马尔萨斯主义以及新马尔萨斯主义提出的批判中，清楚地认识到马克思历史唯物主义对待自然、环境以及人与自然的关系的思维方式。马克思认为，自然限制的范围在于一定的目标或价值背景，并且，这些限制受技术状况、占统治地位的社会组织形式等多重影响。而生产过程自身是人类通过实践与自然界间产生的互动过程，人类利用技术将他们的影响再施于自然，我们存在于自然当中，一切活动都必然依赖自然界中的法则。因此，休斯认为，历史唯物主义的生态性在于它给予每一个可限制的因素的作用以适当的思考。它承认自然、社会和技术的相互关联性，并从未否认自然限制。

在确立了以上的前提之后，休斯将形而上学生态学与还原主义同历史唯物主义作了深入的比较。休斯认为，形而上学生态学虽然只是生态学中的一个领域，但对它的研究仍具有重要意义，可以为解决环境问题呈现理论根基和意见参考，是我们研究绿色整体主义的前提基础。因此，我们有理由认为形而上学生态学的理论者在对自然生态系统的理论者之于方法体系与哲学想象中有着至关重要的地位。而对于追求的"万般归一"原则的还原主义，休斯认为，这在研究科学领域并非万能使用，因为科学在不断发展，我们对它的探索也在不断进步，在这个过程中对于处在次要位置的科学仍存在研究价值。还原主义致力于寻找到问题的基础层面，力图在根基上解决矛盾问题的核心，这并非辩证法的思维方式。但在这种机械的还原过程中，还原科学与被还原科学中出现的大型的、复杂的系统问题并不都能被很好地解释，因为对于还原科学的研究即便需要依靠大量初始数据，但这个工作本身也是十分困难的。在不同的层面之间解释问题，需要有一个与生态关怀相关的民主的维度，即针对大众能够理解的生态问题进行辩论。不然，将无法作为一个对环境抑或生态问题有利的研究方法。

我们有理由相信生态问题在某种程度上并非单一的割裂的问题。无论是在马克思、恩格斯对历史唯物主义自身的解释中，抑或是在具体实践中，历史唯物主义对于相互依存和相互关联的形式的认同，都体现出了其理论相对于之前二者的优越性，是在面对当今复杂的生态问题时，仍然适用的方法论。而这一方法论中最重要的体现在于其生态依赖原则。休斯深入到马克思、恩格斯的文献当中,从《1844年经济学哲学手稿》《德意志意识形态》到《政治经济学批判》和《资本论》,厘清了一个关于历史唯物主义的生态依赖原则的肯定过程。并通过对弗里特乔夫·卡普拉、唐纳德·C.李、彼得·狄更斯、鲁道夫·巴罗和塞巴斯蒂亚诺·廷帕纳罗等人观点的反驳,明确了马克思思想在生态学上的历史统一,证明了从青年马克思时期到成熟的马克思历史唯物主义思想过程中生态依赖原则的脉络贯连。

休斯批判了英国艾塞科大学教授泰德·本顿对马克思的基本经济范畴无法明确说明经济过程依赖生态因素的完整程度的指责,更加反对理查德·詹姆斯·布莱克本所提出的关于马克思在基本的解释取向上对生产活动的关注过于狭隘,并且对历史唯物主义的坚持不够彻底的想法。通过休斯的论证,我们清晰地理解了历史唯物主义的生态思想。历史唯物主义在生态方面是关乎人与其存在的自然环境的总的哲学理论方法,无论是军事、人口抑或地理方面,都是人与自然关系的某个方面。马克思强调劳动过程作为人的主观能动性的现实体现,只可在一定程度上改变自然,但不可从根本上改变自然规律。这一系列的论证,肯定了历史唯物主义的生态性,清晰了历史唯物主义的生态方法,延伸了历史唯物主义的生态思想。

休斯生态历史唯物主义思想的第二个重要意义在于,提出了生产力的生态化发展理论。马克思需要理论认为,生产力的发展目的在于满足人类需要,从人类诞生开始,需要便一直伴随着人类的历史。人类需要主导生产的方向,随着人类需要的不断增加与异化,生产力的发展程度不断提高,而发展方向则出现扭曲。这种异化的人类需要源于资本主义的私有制度,资本主义的生产关系注定了其在社会发展过程中盲目地追求个体的、片面的利益最大化,这使得人类派生出更多的虚假欲求,只有这样才能在现阶段维系资本主义的社会发展,而实则是恶性的加速循环。正因如此,生产力在发展过程中为了满足人类的虚假欲求,从而对生态资源过度占用,破坏生态结构,违背生态规律,最终引发生态危机。这是生态问题产生的根本原因。

马克思所描绘的共产主义社会,是指在高度发达的社会生产力和最广大共识范围的基础上,实行各尽所能、各取所需原则的劳动者有序自由联合的社会经济形态。在这样的社会环境中,不存在剥削与压迫,人类一切劳动活动的目的都源于劳动活动本身,需要也是真正的需要,并且劳动成为"第一需要"。在此基础上,一切社会资源与生态资源才可实现真正、彻底的合理化分配与利用。实现共产主义,是区别于资本主义社会,并可从根本上解决生态问题的有效途径。而对于实现共产主义所要求的前提条件之一,即高度发达的社会生产力,休斯认为,若想满足这一条件就必须发展一种生态的生产力。这是休斯对于马克思生产力理论深入剖析、解读后得出的结论。生产力在发展到一定阶段会出现"破坏效应"与"促动效应",二者统称为生产力发展过程中的"革命性效应"。现阶段社会出现的经济危机与生态危机等,都是"破坏效应"的现实体现,这源于生产力已无法与现存的生产关系相匹配,且无法寻求到向更高程度发展的出路,这种现象最终会导致生态资源被占用殆尽,人类失去赖以生存的地球家园。而生产力的生态化发展理论意在强调,在发展的过程中关注生态维度,以生态资源的保护与可持续利用为发展的首要前提;这样,生产力在发展的过程中才具有充足的后力,而良好的生态环境也正是人类的真实需求。实现从恶性循环到良性循环,才有可能将生产力发展到实现共产主义需要具备的高度发达的程度。因此,休斯的生产力生态化发展理论是实现共产主义的必然前提,更是解决当今世界日益严峻的生态问题的重要出路。

　　总之,休斯的生态历史唯物主义思想,从历史唯物主义的生态性维护与生产力的生态化发展两个方面,证实了马克思历史唯物主义中所蕴含的生态思想,诠释马克思生产力理论真实含义。生态生产力发展,并非休斯凭空想象而成,而是马克思生产力理论的应有含义。这对确立历史唯物主义的生态地位与真实有效地从范式上解释和解决环境问题都有着重要的理论意义和实践价值。

参考文献

中文文献

图书文献

《马克思恩格斯全集》第 3 卷，人民出版社 2002 年版。

《马克思恩格斯全集》第 4 卷，人民出版社 1998 年版。

《马克思恩格斯全集》第 8 卷，人民出版社 2009 年版。

《马克思恩格斯全集》第 20 卷，人民出版社 2002 年版。

《马克思恩格斯全集》第 23 卷，人民出版社 1998 年版。

《马克思恩格斯全集》第 25 卷，人民出版社 2001 年版。

《马克思恩格斯全集》第 37 卷，人民出版社 1971 年版。

《马克思恩格斯全集》第 42 卷，人民出版社 1979 年版。

《马克思恩格斯全集》第 46 卷，人民出版社 2003 年版。

《马克思恩格斯全集》第 47 卷，人民出版社 1979 年版。

《马克思恩格斯文集》第 1—10 卷，人民出版社 2009 年版。

《马克思恩格斯选集》第 1—4 卷，人民出版社 2012 年版。

《列宁全集》第 55 卷，人民出版社 2017 年版。

《列宁选集》第 1—4 卷，人民出版社 1995 年版。

《列宁专题文集　论马克思主义》，人民出版社 2009 年版。

《斯大林选集》上下卷,人民出版社 1979 年版。

《毛泽东选集》第 1—4 卷,人民出版社 1991 年版。

《邓小平文选》第 3 卷,人民出版社 1993 年版。

《胡锦涛文选》第 1—3 卷,人民出版社 2016 年版。

《习近平谈治国理政》,外文出版社 2014 年版。

《习近平谈治国理政》第 2 卷,外文出版社 2017 年版。

《习近平总书记系列重要讲话读本》,人民出版社 2016 年版。

《习近平关于社会主义生态文明建设论述摘编》,中央文献出版社 2017 年版。

《习近平关于科技创新论述摘编》,中央文献出版社 2016 年版。

习近平:《之江新语》,浙江人民出版社 2007 年版。

习近平:《摆脱贫困》,福建人民出版社 2014 年版。

习近平:《决胜全面建成小康社会　夺取新时代中国特色社会主义伟大胜利——在中国共产党第十九次全国代表大会上的报告》,人民出版社 2017 年版。

中央党校采访实录编辑室:《习近平的七年知青岁月》,中共中央党校出版社 2017 年版。

冯友兰:《中国哲学史》,中华书局 2014 年版。

俞吾金:《重新理解马克思:对马克思哲学的基础理论和当代意义的反思》,北京师范大学出版社 2005 年版。

俞吾金、陈学明:《国外马克思主义哲学流派新编——西方马克思主义卷》,复旦大学出版社 2002 年版。

高清海:《哲学与主体的自我意识:论马克思实践观点的思维方式》,北京师范大学出版社 2017 年版。

孙正聿:《哲学通论》,复旦大学出版社 2005 年版。

赵敦华:《西方哲学史》,北京大学出版社 2001 年版。

张一兵:《回到马克思》,江苏人民出版社 2014 年版。

张一兵:《当代国外马克思主义哲学思潮》上、中、下,江苏人民出版社 2012 年版。

郁庆治:《重建现代文明的根基:生态社会主义研究》,北京大学出版社 2010 年版。

王雨辰:《生态批判与绿色乌托邦——生态学马克思主义理论研究》,人民出版社 2009 年版。

　　钱俊生、余谋昌:《生态哲学》,中共中央党校出版社 2004 年版。

　　倪瑞华:《英国生态学马克思主义研究》,人民出版社 2011 年版。

　　解保军:《马克思自然观的生态哲学意蕴——"红"与"绿"结合的理论先声》,黑龙江人民出版社 2002 年版。

　　刘仁胜:《生态马克思主义概论》,中央编译出版社 2007 年版。

　　张建映、张跃滨:《马克思主义哲学读本》,清华大学出版社 2005 年版。

　　曾文婷:《"生态学马克思主义"研究》,重庆出版社 2008 年版。

　　徐艳梅:《生态学马克思主义研究》,社会科学文献出版社 2007 年版。

　　李世书:《生态学马克思主义的自然观研究》,中央编译出版社 2010 年版。

　　姚燕:《生态社会主义和历史唯物主义》,光明日报出版社 2010 年版。

　　郑湘萍:《生态学马克思主义的生态批判理论研究》,中国书籍出版社 2013 年版。

　　廖福林等:《生态生产力导论》,中国林业出版社 2007 年版。

　　穆艳杰:《马克思实践观变革》,吉林人民出版社 2006 年版。

　　陈振明:《法兰克福学派与科学技术哲学》,中国人民大学出版社 1992 年版。

　　[英]乔纳森·休斯:《生态与历史唯物主义》,张晓琼等译,江苏人民出版社 2011 年版。

　　[英]戴维·佩铂:《生态社会主义:从深生态学到社会正义》,刘颖译,山东大学出版社 2005 年版。

　　[英]G.A.科恩:《卡尔·马克思的历史理论一个辩护》,段忠桥等译,重庆出版社 1993 年版。

　　[德]黑格尔:《小逻辑》,贺麟译,商务印书馆 1980 年版。

　　[德]哈尔特穆特·罗萨:《加速:现代社会中时间结构的改变》,董璐译,北京大学出版社 2015 年版。

　　[德]哈特穆特·罗萨:《新异化的诞生:社会加速批判理论大纲》,郑作彧译,上海人民出版社 2018 年版。

　　[德]马克斯·霍克海默、西奥多·阿多诺:《启蒙辩证法:哲学断片》,渠敬东等译,上海人民出版社 2020 年版。

　　[德]阿·科辛:《马克思列宁主义哲学词典》,郭官义等译,东方出版社 1991

年版。

　　[德]海德格尔:《海德格尔文集:演讲与论文集》,孙周兴译,商务印书馆 2018年版。

　　[德]A.施密特:《马克思的自然观念》,欧力同等译,商务印书馆 1988 年版。

　　[美]泰德·本顿:《生态马克思主义》,曹荣湘等译,社会科学文献出版社 2013年版。

　　[美]詹姆斯·奥康纳:《自然的理由——生态学马克思主义研究》,唐正东等译,南京大学出版社 2003 年版。

　　[美]约翰·贝拉米·福特斯:《马克思的生态学——唯物主义与自然》,刘仁胜等译,高等教育出版社 2006 年版。

　　[美]尤金·哈格落夫:《环境伦理学基础》,杨通进等译,重庆出版社 2007年版。

　　[美]霍尔姆斯·罗尔斯顿:《哲学走向荒野》,刘耳等译,吉林人民出版社 2000年版。

　　[美]赫伯特·马尔库塞:《单向度的人:发达工业社会意识形态研究》,刘继译,上海译文出版社 2008 年版。

　　[美]大卫·哈维:《希望的空间》,胡大平译,南京大学出版社 2005 年版。

　　[美]乔尔·科威尔:《自然的敌人:资本主义的终结还是世界的毁灭》,杨燕飞等译,中国人民大学出版社 2015 年版。

　　[匈]卢卡奇:《历史与阶级意识》,杜章智等译,商务印书馆 1999 年版。

　　[匈]阿格尼丝·赫勒:《现代性理论》,李瑞华译,商务印书馆 2005 年版。

　　[加]威廉·莱斯:《自然的控制》,岳长岭等译,重庆出版社 1993 年版。

　　[加]本·阿格尔:《西方马克思主义概论》,慎之等译,中国人民大学出版社 1991 年版。

　　[希]柏拉图:《柏拉图对话集》,王太庆译,商务印书馆 2004 年版。

　　[意]葛兰西:《狱中札记》,葆煦译,人民出版社 1983 年版。

　　[俄]普列汉诺夫:《普列汉诺夫哲学著作选集》,生活·读书·新知三联书店 1962 年版。

期刊文章

俞吾金:《从科学技术的双重功能看历史唯物主义叙述方式的改变》,《中国社会科学》2004 年第 1 期。

孙正聿:《历史唯物主义的真实意义》,《哲学研究》2007 年第 9 期。

余谋昌:《走出人类中心主义》,《自然辩证法研究》1994 年第 7 期。

余谋昌:《生态文明:人类文明的新形态》,《长白学刊》2007 年第 2 期。

郇庆治等:《"马克思主义生态学和人与自然和谐共生的现代化"笔谈》,《福建师范大学学报》(哲学社会科学版)2021 年第 6 期。

郇庆治:《习近平生态文明思想的体系样态、核心概念和基本命题》,《学术月刊》2021 年第 9 期。

吴晓明:《马克思主义哲学与当代生态思想》,《马克思主义与现实》2010 年第 6 期。

吴晓明:《从马克思的"现实"立场把握中国道路》,《马克思主义与现实》2014 年第 3 期。

王凤才:《生态文明:生态治理与绿色发展》,《学习与探索》2018 年第 6 期。

王峰明:《对生产力一元决定论的反思与新释》,《马克思主义研究》2012 年第 10 期。

于桂凤:《马克思的人类需要概念:生态的还是反生态的》,《马克思主义研究》2015 年第 5 期。

王雨辰:《制度批判、技术批判、消费批判与生他政治哲学——论西方生态学马克思主义的核心论题》,《国外社会科学》2007 年第 2 期。

王雨辰:《论西方生态学马克思主义对历史唯物主义生态维度的建构》,《马克思主义与现实》2008 年第 5 期。

王雨辰:《论休斯的生态学马克思主义理论》,《社会科学家》2015 年第 12 期。

王雨辰:《虚假需要、异化消费与生态危机——论生态学马克思主义的需要理论及其当代价值》,《贵州大学学报》(社会科学版)2019 年第 3 期。

王雨辰:《论建构中国生态文明理论话语体系的价值立场与基本原则》,《求是学刊》2019 年第 5 期。

王雨辰:《重新思考人的真实需要》,《毛泽东邓小平理论研究》2020 年第 1 期。

刘仁胜:《马克思和恩格斯关于人口与自然、社会和谐发展的基本观点》,《当代世界与社会主义》2007 年第 3 期。

刘仁胜:《生态马克思主义的生态价值观》,《江汉论坛》2007 年第 7 期。

陈学明:《马克思唯物主义历史观的生态学意蕴——论生态马克思主义者 J.B. 福斯特对马克思主义的解释》,《上海师范大学学报》(哲学社会科学)2010 年第 1 期。

王鲁娜:《生态生产力:一种先进的生产力形态》,《学术论坛》2008 年第 9 期。

王鲁娜:《当代生态生产力的科学内涵探析》,《转型期经济学研究》2009 年第 1 期。

程彪:《何为"历史唯物主义"?》,《云南大学学报(社会科学版)》2017 年第 1 期。

于天宇、李桂花:《习近平生态生产力思想论析》,《学习与探索》2017 年第 6 期。

倪瑞华:《为马克思的人类中心主义辩护》,《国外社会科学》2010 年第 6 期。

王前军:《乔纳森·休斯对马克思历史唯物主义的生态辩护》,《科学社会主义》2016 年第 2 期。

穆艳杰、罗莹:《唯物史观视野中的"生态问题"》,《吉林大学社会科学学报》2014 年第 1 期。

廖婧、穆艳杰:《英国生态学马克思主义两大阵营的理论分歧》,《甘肃社会科学》2016 年第 1 期。

杨俊、冯旺舟:《历史唯物主义正的与生态学绝缘吗——论乔纳森·休斯的生态学马克思主义思想及其启示》,《湖北社会科学》2016 年第 6 期。

曾文婷:《生态学马克思主义与马克思主义》,《学术论坛》2005 年第 10 期。

张绍平、董朝霞:《生态社会主义绿色政治思维模式及其当代价值》,《理论与改革》2007 年第 4 期。

秦龙等:《西方马克思主义生态危机理论及其启示》,《理论探索》2007 年第 5 期。

陈食霖:《生态批判与历史唯物主义的重构——评詹姆斯·奥康纳的生态学马克思主义思想》,《武汉大学学报(人文科学版)》2006 年第 2 期。

张进蒙:《马克思主义生态观探析》,《理论月刊》2008 年第 8 期。

熊敏:《格伦德曼对马克思自然观的阐释》,《武汉大学学报》(人文科学版)2009 年第 6 期。

习谏:《当代生态学马克思主义的理论核心及其积极意》,《山东社会科学》2009 年第 2 期。

刘曙光:《略论马克思主义哲学的自然观》,《湖南大学学报》(社会科学版)2001年第6期。

周忠华:《差异与同一:生态世界观的两个基点》,《西南农业大学学报》(社会科学版)2009年第6期。

廖清胜:《生态世界观、科学发展观与马克思自由个性观》,《探索》2005年第3期。

张剑:《本顿的"生态历史唯物主义"是否可能》,《国外社会科学》2010年第5期。

张术环等:《生态生产力——社会和谐发展的动力》,《河北学刊》2005年第4期。

鲁绍臣、郭剑仁:《马克思生态世界观的现代意义——"马克思主义与生态文明"国际会议综述》,《当代国外马克思主义评论》2011年第12期。

李霞:《乔纳森·休斯生态马克思主义思想探析》,《人民论坛》2013年第15期。

郑湘萍:《生态学马克思主义的生态中心主义红色批判理论》,《前沿》2011年第5期。

外文文献

图书文献

Bahro.R. , *Socialism and Survival* , London:Heretic Books,1982.

Capra.F. , *The Turning Piont* , London:Fontana,1983.

David Pepper, *Eco - Socialism: From Deep Ecology to Social Justice* , London: Routledge,1993.

Dobson.A. , *Green Political Thought:An Introduction* , London:Unwin Hyman,1990.

G.A.Cohen, *Labour, And Freedom:Themes from Marx* , Oxford:Oxford Press,1988.

Gorz A. , *Ecology as Politics* , Boston:South End Press,1980.

Grundmann.R. , *Marxism and Ecology* , Oxford:Clarendon Press,1991.

Kolakowski.L. , *Main Currents of Marxism* , Oxford:Clarendon Press,1978.

Mesarovic.M. and Pesel.E. , *Mankind at the Turning Point* , London:Hutchinson,1975.

O.Neill O., *Faces of Hunger: An Essay on Poverty, justice and Development*, London: Allen and Unwin, 1986.

Porritt.J., Seeing Green: *The Politics of Ecology Ex-plained*, Oxford: Blackwell, 1985.

Thomas K., Malrhus, '*An Essay on the Principle of Population*' 1st edn, in *Malthus*, London: William Pickering, 1986.

Timpanaro.S., *On Materialism*, London: New Left Boots, 1975.

期刊文章

Benton.T., "Marxism and Natural Limits", *New Left Revies*, 1989.

Lee.D.C., "On the Marxian View of the Reationship between Man and Nature", *Environmental Ethics* 2, 1982.

Routley.V., "On Karl Marx as an Environmental Hero", *Environmental Ethics* 3, 1981.

Van Parijs.P., "Functionalist Marxism Rehabilitated: A Comment on Elster", *Theory and Society*, 1892.

Watson.R., "A Critique of Non-Anthropocentric Biocentrism", *Environmental*, 1983.

Porritt.J., "Global Warning", *New Sraresman and Society*, 1991.

永恒的生态限制

——现代资本主义社会加速的逻辑、困境、策略及本真面目

在现代资本主义社会中,加速科技进步带来了社会变迁加速,在竞争逻辑和文化应许的双重配合下,生活步调也逐渐加速,并通过对科技加速的极端依赖,使科技继续加速,进而,科技加速、社会变迁加速、生活步调加速,三者在资本逻辑的驱使下进入了一种无限加速的循环状态。社会加速循环的背后,实质上是人类需要加速与生产加速的循环,这样的循环得以持续的首要前提是生态资源的充分保证。然而,资本主义国家有限的生态资源无法持续满足资本无限的扩张欲望,资本主义制度自身无法修复的缺陷再次暴露无遗。因此,为了掩盖资本的本质,延缓生产危机与生态危机的爆发,一种急切的资源扩张策略在人们所沉浸的表面繁荣的社会加速现象掩盖下,继续着更为激烈的扩张与掠夺,并通过社会加速所营造的繁华景象,将阶级间的矛盾,潜移默化地转移到人们自身。在资本的管控之下,现代社会的方方面面已然陷入了一种深度异化,"加速可能会引发严重的异化"[1],生产的力量也终将变化成破坏的力量。在此意义上,对现代资本主义社会加速的

---

[1] [德]哈特穆特·罗萨:《新异化的诞生:社会加速批判理论大纲》,郑作彧译,上海人民出版社 2018 年版,第 64 页。

逻辑、困境、策略及其本真面目揭露,正是当前理论工作者的迫切任务。

一、社会加速的循环逻辑

资本为了维持其自身的不断发展,需要想方设法对资源进行占用与掠夺。现代资本主义社会的占用与掠夺方式,已经不再停留于对工人必要劳动时间的简单榨取,而是通过社会加速及其自我循环,使人们陷入无法自拔的忙碌状态,在表面繁荣的加速发展现象中,转移资本主义固有的阶级矛盾,从而实现资本的全方位管控。

法兰克福学派第四代代表人物哈特穆特·罗萨在《新异化的诞生:社会加速批判理论大纲》(以下简称《新异化》)中提出现代资本主义社会加速的三重面向:科技加速进步、社会变迁加速、生活步调加速。这似乎是对人们无休止的忙碌状态的合理诊断。对于不断加速的生活节奏,以及在科技持续发展的今天,人们始终没有增长的幸福指数,罗萨认为,问题的症源在于社会加速。"我们终究从未能够完全做完我们的要事清单。而且事实上,每天的要事还会堆积的越来越多。"[1]现代社会的标志正是科技的飞速发展,科技进步的加速也的确潜移默化地改变了我们的生活方式。"在前现代的世界当中,东西只有在坏点或无法运作时才会被替换。而且就算是替换,也是以相当规律的步调,借由再生产出形式上或多或少是一模一样的东西来替换。"[2]然而,在现代社会,物理消费已经被道德消费所替代,在科技创新的加速之下,许多东西在并未达到其物理寿命时,已经落伍。这促使人们更换它们的原因来自于一种不合时宜,而非其自身功能的障碍。在由此而出现的"丢弃结构"中,世界正在被更快速改变,一定的积累之下,社会开始加速变迁。

---

① [德]哈特穆特·罗萨:《新异化的诞生:社会加速批判理论大纲》,郑作彧译,上海人民出版社 2018 年版,第 103 页。
② [德]哈特穆特·罗萨:《新异化的诞生:社会加速批判理论大纲》,郑作彧译,上海人民出版社 2018 年版,第 61 页。

　　现代资本主义社会的分配逻辑显然已经被竞争逻辑所主导,人们在竞争逻辑的驱使之下,不敢放过任何的机会可能,以不断维持其不进则退的竞争力。在一定意义上,是否具备竞争实力的标准在于是否被承认,或者说可获得怎样的承认。然而,"为承认而斗争所要争取的,就从地位变成了表现。承认不再是一辈子的成就,而是越来越变成每日的竞争"①。因此,在晚期现代资本主义社会,"社会变迁的速率达到一个世代内就会发生转变的地步"②。如此高频的社会变迁速率也直接引发了生活步调的加速。与此同时,在一种永恒应许的文化观之下,生活步调的加速再次被视为理所应当。人们更加关注此岸世界的体验、获得、感知,等等。在有限的生命与无限的可体验事务的悖论之间,加速的生活步调似乎成为对这一问题后果最小化的唯一策略。"加速因此成为一种消除世界时间与我们生命时间之间差异的策略。"③然而,当生活步调加速近乎为一种常态,并且为人类的主观需求时,科技加速再次进入人们的视野。因为科技的加速发展,可为生活步调的加速创造出更多可能。至此,科技加速进步、社会变迁加速、生活步调加速,三者陷入一种自我循环之状态。"因为速度已经是主流的社会规范,并且在现代社会当中已经'自然化'了。"④

　　我们需要追问的是:隐藏在现代资本主义社会加速循环背后的深层逻辑是什么?从马克思主义的观点来看,科技发展的原初目的在于实现社会生产力的提高。在资本主义社会,伴随生产力的提高,最大的受益者仍然是资本自身。资本在为了维持其对资源不断掠夺的过程中,需要依赖于不断出现的消费场景,而这种消费场景的实现,需要具备两个因素:首先,源源不

---

　　① [德]哈特穆特·罗萨:《新异化的诞生:社会加速批判理论大纲》,郑作彧译,上海人民出版社 2018 年版,第 81 页。
　　② [德]哈特穆特·罗萨:《新异化的诞生:社会加速批判理论大纲》,郑作彧译,上海人民出版社 2018 年版,第 62 页。
　　③ [德]哈特穆特·罗萨:《新异化的诞生:社会加速批判理论大纲》,郑作彧译,上海人民出版社 2018 年版,第 37 页。
　　④ [德]哈特穆特·罗萨:《新异化的诞生:社会加速批判理论大纲》,郑作彧译,上海人民出版社 2018 年版,第 77 页。

断的消费欲望;其次,可以满足消费欲望的物质生产。换言之,资本在需要
与需要满足的过程中实现其自我增殖,资本为了实现更多的增殖与掠夺,则
必须依赖于更多的需要。"每个人都指望使别人产生某种新的需要,以便
迫使他作出新的牺牲,以便使他处于一种新的依赖地位并且诱使他追求一
种新的享受,从而陷入一种新的经济破产。"①由此可见,人类需要的加速正
是潜藏在科技加速之前的第一驱动力,这也正是资本逻辑的本来奥秘。在
需要加速的驱使下,生产开始加速,在马克思的观点中,生产的目的正是为
了满足人类需要。如前所述,生产加速的前提是科技加速,因此,在需要加
速与生产加速的过程中,科技开始加速,从而引发了社会变迁加速,逐渐形
成生活步调加速。科技加速的目的实质上是为了带来生产加速,而生产加
速的目的正是为了满足人类加速了的需要。"最终,生产速度难以置信的
提升,从本质上改变了人类与其物质环境之间的关系。"②所以,隐藏在现代
资本主义社会加速循环现象背后的逻辑根源,正是在资本逻辑驱使下,人类
需要加速与生产加速间的循环。资本派生出更多的人类需要,加速了的需
要必须通过生产加速实现满足,生产加速的前提是科技加速。然而,任凭科
技如何加速、生产如何加速,仍然无法使人类需要得到完全满足。"个人的
梦想、目标、欲望和人生规划,都必须用于喂养加速机器。"③因为资本需要
借助不断被满足的过程,力图实现永续的加速生产。生产加速的目的在于
满足需要加速,而需要加速的目的在于带动生产加速。在这个意义上,"加
速的力量不再是一种解放的力量,而是成为一种奴役人们的压力"④。资本
家与强盗的本质区别在于:强盗用刀枪来抢劫,而资本家用商品与消费来抢

---

① 《马克思恩格斯文集》第 1 卷,人民出版社 2009 年版,第 223 页。
② ［德］哈特穆特·罗萨:《新异化的诞生:社会加速批判理论大纲》,郑作彧译,上海人
民出版社 2018 年版,第 60 页。
③ ［德］哈特穆特·罗萨:《新异化的诞生:社会加速批判理论大纲》,郑作彧译,上海人
民出版社 2018 年版,第 111 页。
④ ［德］哈特穆特·罗萨:《新异化的诞生:社会加速批判理论大纲》,郑作彧译,上海人
民出版社 2018 年版,第 110 页。

劫,在一种看似公平的"等价交换"过程中完成资本积累。因此,对资本来说,作为商品供应与消费场景实现的根本保障,生产加速不仅是满足需要加速的现实手段,更是维持资本自身的唯一出路。

二、生产加速的生态困境

众所周知,在马克思的生产力理论中,劳动者、劳动对象、劳动资料为生产力发展过程中的三要素,生产的过程也正是劳动者以劳动资料为媒介,对劳动对象所进行的生产活动。在马克思的自然观中,所承认的第一前提正是自然界及其自身规律的客观先在性,在自然先在的意义上,生产力的三要素皆包含于自然界之中。然而,我并非想抛出一个自然中心主义的观点,也并非想做一个自然中心主义与人类中心主义的争论。但是,一个不可否认的前提是,生产所需要的一切要素,皆包含于先在的自然之中。即使抛开作为主体存在的劳动者自身,劳动资料与劳动对象仍然完全存在于围绕主体存在的周围世界。因此,对于这个问题,无须受自然中心主义抑或人类中心主义的困扰。先在的自然资源是生产活动的必然前提,先在的自然资源总量,也在一定程度上制约了生产力可能发展到的程度,或者说,制约了生产加速的程度。

作为现代资本主义社会加速循环的深层逻辑,需要加速与生产加速间的循环不会到达某种程度或节点而自我终止,资本的无限性造就了需要的无限性与生产的无限性。然而,在资本主义社会无限加速生产的过程中,势必将陷入由自然资源匮乏所带来的生态困境,这也正是有限的生态资源与无限的生产加速间不可化解的悖论。生产加速速率越高,对生态资源的消耗则越多,生态资源总量的减少速度也越快,无论来自于作为原材料的劳动对象,抑或是作为生产资料的劳动工具。求新、求快的观念更加速了这种消耗:去年买的手机明明还很流畅,然而人们无法抵御在竞争逻辑之下、在文化应许之下,他们对于新款的热衷。生活的方方面面,被立竿见影的消费主义所包围,50 岁时开上 30 岁时喜欢的跑车还有什么意义?这样的声音在耳边此起彼伏,所引发的消费场景接踵而至,当这种更快速的消耗超出现存生态资源的承载极限之时,危机也将一发不可收拾。当由生态资源消耗过度所带来的枯竭与断层出现时,将深度触及先在的自然规律。"我们不要过分陶醉于我们人类对自然界的胜利。对于每一次这样的胜利,自然界都对我们进行报复。"①在这样的"报复"中,作为同时存在于自然界之中的劳动者本身,也将无可幸免。由生产加速所引发的生态危机触及人类生存时,生态危机就上升为生存危机,这正是在资本主义社会加速逻辑下,不可避免的生存与发展间的矛盾。当生存举步维艰时,发展的力量必然演变为一种破坏的力量。

这里需要澄清的是,对于如上的论述,并非是一种马尔萨斯式的过度恐慌,也并非提倡一种马尔萨斯式的极端策略。必须肯定的前提是:不能因为害怕消耗而放弃增长。这将陷入另一种生存与发展间的悖论,而我们需要解决的问题是:平衡发展与资源间的关系。在马克思看来,二者间矛盾的产生正是资本主义制度的产物。在马克思对马尔萨斯"人口理论"的批判中,存在着一个重要观点,马克思所批判的并非是生态资源限制本身,而是批判马尔萨斯式的解决策略。"马尔萨斯式的人,即被抽象化而不再由历史决定的人……马尔萨斯把人类繁殖过程的内在的、在历史上变化不定的界限,变为外部限制;把自然界中进行的在生产的外部障碍,变为内在界限或繁殖的自然规律。"②结合马克思对自然的理解,我们可以肯定的是,马克思从来是承认资源的限制的,当然,在物理学的视域内,资源限制也的确是不争的事实。在马克思看来,问题的根源并非简单的人口数量与生活资料的数量对应关系,而是对于生活资料的分配关系。由此可见,根源仍然在于资本主义制度的本身,一方面使人们为了盲目追求个人获得,而枯竭了生态指引;另一方面则由于资本主义的分配制度所导致。历史唯物主义认同自然限制的存在,并指出发展技术不是为了对其进行彻底消除,而是

---

① 《马克思恩格斯选集》第3卷,人民出版社2012年版,第998页。
② 《马克思恩格斯全集》第46卷下,人民出版社1980年版,第107页。

通过科技发展来提高满足人类需求的潜在能力,并对自然资源极限的到来时间进行推迟。

因此,我们可以得出两点结论:第一,生态资源的极限的确存在。也正如本文的标题,生态对人类社会发展具有永恒的限制,这种限制会出现在当生产消耗的速度大于生态资源再生的速度之后的某一个时间,即"临界之后"。在"临界之前",生态资源总量通过其自我再生,足以应对人类生产的消耗。然而,在"临界之后",当生产消耗量大于资源再生量时,一切只不过是时间问题,生态资源的极限总会到达,危机终将来临。第二,现代资本主义社会加速必将更快迎来生态资源限制。在现代资本主义社会中,已经出现了一种"新异化",人们自觉去做他们本不愿意去做的事,甚至渴求做得更多,这种"新异化"的持续也必然波及生态资源。由资本所派生出的更多虚假需要,在其通过生产加速的满足过程中,使更多的生态资源沦为废品。"资产阶级在它的不到一百年的阶级统治中所创造的生产力,比过去一切世代创造的全部生产力还要多,还要大。"①如此大的生产力伴随着更多的生态资源消耗,然而,更重要的是,在马克思的需要理论中,这种消耗在很大程度上是不必要的。只是,这并不在资产阶级的考虑范围之内。所以,在现代资本主义社会加速的过程中,将势必迎来以生态资源匮乏所产生的发展困境,这一点毋庸置疑。"社会化生产和资本主义占有的不相容性,也必然越加鲜明地表现出来"②。

三、生态资源的扩张策略

面对终将到来的生态困境,狡猾的资本绝非真的坐以待毙。为了维持资本主义的统治地位,持续资本的发展与增殖,现代资本主义社会在维持加速的同时,更需要一种可以高枕无忧的应对机制。那么,既然问题的症源在于生产加速速率与生态资源再生速率间的平衡关系,似乎解决二者间的矛

---

① 《马克思恩格斯选集》第1卷,人民出版社2012年版,第405页。
② 《马克思恩格斯选集》第3卷,人民出版社2012年版,第802页。

盾是现在唯一的对应策略。也就是说，要么退回到"临界之前"的社会发展状态，要么延缓生态资源限制的到来时间，并在所赢取的这个时间中探索新的解决方案。这里需要解释的是，退回到"临界之前"的社会发展状态，并不必然是一种倒退的行为。临界的前或后，根本区别在于资源消耗速率与资源再生速率间的关系。所以，对于两种应对策略来说，根本的问题仍然是生产加速所带来的资源消耗，与生态资源总量间的比例关系问题。因此，资本主义的可行策略是：第一，对生产加速所带来的资源消耗量的减少。第二，获取新的生态资源，以实现生态资源总量的增加。现代资本主义社会也正是通过这种"此消彼长"的手段，进行了一系列急切的生态资源扩张策略。

首先，资本主义实行了一种对内的扩张策略，即对社会加速过程中所消耗的生态资源量的减少。决定社会加速过程中生态资源量的消耗程度有两个因素：第一，生产量的增加与减低，第二，生产固定量所消耗的生态资源量的增加与减低。显然，在资本主义的视域当中，绝不会将实现这种对内策略的注意力放在生产量的减低，因为生产量的减低可视为资本主义的"自废武功"，走低的生产总量意味着退减的消费欲望，从而引发的消费环节匮乏是资本并不愿见到的。匮乏的消费环节意味着资本的增殖速度变慢，甚至引发倒退的场景出现，这种方式并不符合资本逻辑的真实面目。因此，对于生产固定量所消耗的生态资源量的减低，则是资本主义对内资源扩张策略的唯一出路，而可能依靠的途径是科技的发展。主要的表现在粮食产量的提升、清洁能源的利用、新能源的开发、劳动生产率的增强等方面。总之，科技发展需要达到的效果是，在维持原有生产量不变的前提下节约更多的生态资源，或通过对新的、更充足能源的开发，实现对原有生态资源的替代，以实现更为充足的资源供给。通过开发与节约的双重策略，实现资本主义对内的生态资源扩张策略。

当然，在上述关于科技发展的描述中，并非代表现代资本主义社会全部的科技发展类别，或者说，上述的描述更侧重于生态科技的发展。但需要说明的是,科技发展并非全然是错的。科技发展的原初目的在于实现人类社会的发展进步,对于科技带给人类社会进步的积极方面,马克思从来都是持肯定态度的。虽然科技的进步并不必然带来生产力水平的提升,因为在有些时候,科技会面向一个错误的发展方向发展。但不可否认的是,科技是现代社会发展的重要依托。即便是在现代资本主义社会,由科技发展所带来的人们生活水平提高也同样是值得肯定的。然而,问题在于:现代资本主义社会科技加速发展的最终目的,并非仅是对人类需要的满足,而是在满足人类需要的过程中实现资本的增殖。科技这一柄剑,在资本的手中始终无法摆脱资本逻辑的束缚。因此,即便在资本主义所实行的生态资源对内扩张策略中,通过科技的加速发展取得了一定的成效,然而,在资本眼中,资本的掠夺与资源的占用永远是第一位的。"在此情况下,资本所关心的是在大量生产有利润的产品的方向上让生产力得以发展,对于环境的考虑必然是第二位的。"①在这个意义上,对现代资本主义社会科技加速发展实质的揭露,与马克思关于生产力的解放与发展观点并不违背。

其次,资本主义实行了一种对外的扩张策略,即对新的生态资源的获取。对外的资源扩张策略,实质上是一种野蛮的资源占领策略。主要表现为,资本主义国家通过外交霸权、军事争端、经济制裁、文化灌溉等方式,对其他国家的生态资源进行或明或暗、文武兼施的掠夺。相比对内的扩张策略,对外的扩张策略则显得更为无情与直接,这无疑是对资本主义本性的深层暴露。资本主义国家通过空间领域的制霸,一方面对其他国家地区进行商品输出,本质上是在其他空间实现消费场景的增加,并以此方式充实资本积累的弹药库。"资本生产一方面要力求摧毁交往即交换的一切地方限制,夺得整个地球作为的市场,另一方面,它又力求用时间消灭空间……资本越发展,从而资本借以流通的市场,构成资本空间流通道路的市场越扩大,资本同时也就越是力求在空间上更加扩大市场,力求用时间去更多地消

---

① ［日］岩佐茂:《环境的思想》,韩立新等译,中央编译出版社1997年版,第145页。

灭空间。"①另一方面,在扩大市场空间、榨取市场利润的同时,资本主义国家没有放弃对其他国家地区生态资源的掠夺,中东石油问题、海洋资源问题等,都是这一方面的典型案例。然而,无论是货币形式的资本,抑或是生态资源形式的资本,都可以直接或间接地实现资本主义国家生态资源总量的提升。相比于对内的扩张策略,对资本主义来说,对外的扩张策略更为简单酣畅。

现代资本主义国家,在对外的商品输出与资源掠夺的同时,更通过矛盾转移的方式,将资本的掠夺本性发挥到淋漓尽致。在本文的第二部分,我论述过生产加速与生态困境间的逻辑关系。然而,由生产加速所出现的生态困境并非突如其来,而是伴随生产加速率与生态资源再生率间的矛盾逐渐显现。因此,在资本主义国家生产发展过程中,也会时常伴随一定的生态问题出现。隐性的资本逻辑使人不容察觉,但显性的生态环境问题则无处躲藏。一方面,生态问题会使人们出现不满、恐慌等负面情绪,这在一定程度上会影响生产与消费的积极性;另一方面,对于生态问题的解决,仍然需要通过生态资源的消耗而得以实现。例如:对于由工业污水排放所造成的肮脏的河流,则需要通过泥沙管控、生物投养、酸碱中和、深层净化等多种方式使其恢复原貌。对此,资本主义国家在许多第三世界国家所开辟的,以第一产业为主的生产场所,在获取廉价劳动力的同时,巧妙地转移了由现代资本主义社会加速所带来的诸多生态问题。这仍然可视为其另一种形式的生态资源掠夺与消耗转移,因为,由资本主义国家所带来的生态问题,则需要消耗一些第三世界国家的生态资源予以解决。"经济效益和环境损失间有着密切的关系。"②虽然在一定程度上,现代资本主义国家对外的资源扩张策略带来了某些其他国家地区经济的暂时繁荣,但是在友善的面孔下,隐藏着其如饕餮无度的恶鬼一般,吞噬资源的本真面貌。

① 《马克思恩格斯全集》第 46 卷下,人民出版社 1980 年版,第 33 页。
② [美]詹姆斯·古斯塔夫·斯佩斯:《世界边缘的桥梁》,胡婧译,北京大学出版社 2014 年版,第 42 页。

四、资本主义的本真面目

现代资本主义社会通过对人类需要的控制,实现了以需要加速带动生产加速的深层社会加速循环逻辑,而表面上,则展现出一种以科技加速进步、社会变迁加速、生活步调加速所形成的加速循环链条。为了维系社会加速循环链条的正常运转,突破以生态资源限制所必然带来的生态困境,资本主义通过对内、对外的双重扩张策略,以暂时缓解其生态资源总量与生产消耗总量的矛盾关系。在一系列的社会发展过程中,不可否认地带来了如经济增长、人们生活水平提高等客观效益,但是,在繁荣的景象之下,资本也掩盖了其不变的本真面貌,并带来了新的异化。

"我们与客体世界之间的关系,已经深刻地因为现代性渐增的速率而转变了。"①在加速繁荣的社会现象当中,资产阶级与无产阶级的矛盾关系也发生了异化。在现代资本主义社会加速过程中,阶级之间的对立矛盾,在资本的引导之下逐渐转移为阶级的内部矛盾。在竞争逻辑之下,人们逐渐接受了加速竞赛的事实。"维持竞争力,不只是一种让人们能更自主地规划人生的手段而已,而且它本身就是社会生活和个人生活的唯一目的。"②同时,"好的生活就是丰富的生活,也就是有丰富的体验与能够充分自我实现的生活"③。在诸如这样的生命观中,人们对加速忙碌的生活习以为常,在加速社会中,虽然人们的生活水平提升,但人们的痛苦程度并不一定降低了。"然而,这种规模的变化却显然可能会使得社会病状在这二种纷扰当中产生,造成人类的痛苦与不满。"④但是,资本主义的高明之处正在于,使

---

① [德]哈特穆特·罗萨:《新异化的诞生:社会加速批判理论大纲》,郑作彧译,上海人民出版社 2018 年版,第 61 页。
② [德]哈特穆特·罗萨:《新异化的诞生:社会加速批判理论大纲》,郑作彧译,上海人民出版社 2018 年版,第 33—34 页。
③ [德]哈特穆特·罗萨:《新异化的诞生:社会加速批判理论大纲》,郑作彧译,上海人民出版社 2018 年版,第 35 页。
④ [德]哈特穆特·罗萨:《新异化的诞生:社会加速批判理论大纲》,郑作彧译,上海人民出版社 2018 年版,第 64 页。

人们并不认为由社会加速所带来的痛苦来源于社会制度本身,而常常认为是自己做得并不够好。正如罗萨在《新异化》中的观点:"不过我的批判理论的核心要点是,这些管控很难被承认或视作是由社会所建构的。这并不真的是正式的规范或规则,而且这也不会出现在政治辩论当中,所以原则上也很难抵制,或是反抗与违背。人们仍然觉得时间一视同仁,是自然给定的。如果觉得没时间了,也仅是抱怨自己的时间管理不好。"①在这样的加速社会中,阶级间的界限越发模糊,人们也逐渐丧失革命的意愿、丢失了革命的对象,甚至于讨好或屈从于对其造成管控与压榨的资本主义制度本身。"社会加速造就了新的时空体验,新的社会互动模式,以及新的主体形式,而结果则是人类被安置于世界或被抛入世界的方式产生转变了,而且人类在世界当中移动与确立自身方向的方式也产生了转变。"②在资本的规训之下,在社会进步的麻痹之下,人们的自我意识与发展目的陷入了一种深层次的新异化。这样的一种错误方向上,人们似乎只能采取一种"共鸣"的妥协策略,使自身积极融入异化的社会之中,从而让自己看起来并非异类。"例外状态下的生命现在已经变成常规"③,在社会加速的过程中,逐渐忘却了资本主义的本真面目。

现代资本主义国家的资源扩张策略,也同样是一种对生态困境的妥协应对方式。现代资本主义国家的资源扩张策略,仍无法从根本上保证不会面临生态困境的到来,甚至于对外太空资源的探索,都不过是以一种拖延的手段,营造一种繁荣与稳定的暂时景象。一旦资源的供给链断裂,资本的大楼将立刻崩塌。需要再次强调的是,资本主义的发展的确有值得肯定之处,资源的消耗与生产发展间的矛盾关系在除资本主义国家的其他国家中同样

---

① [德]哈特穆特·罗萨:《新异化的诞生:社会加速批判理论大纲》,郑作彧译,上海人民出版社 2018 年版,第 85—86 页。
② [德]哈特穆特·罗萨:《新异化的诞生:社会加速批判理论大纲》,郑作彧译,上海人民出版社 2018 年版,第 63—64 页。
③ [意]吉奥乔·阿甘本:《神圣人:至高权利与赤裸生命》,吴冠军译,中共编译出版社 2016 年版,第 53 页。

存在。但是,在资本的逻辑中,资源与生态环境永远是第二位的,不变的资本增殖才是第一位的。"资本的逻辑是为了获得利润而不惜破坏环境,这样的方式所进行的生产力的增大,不是生产力的发展,应该说是生产力的破坏。"①因而,在现代资本主义社会中,生产加速的速率越快,所带来的生态资源消耗则越快,所引发的生态环境问题则越深远。更重要的是,如此快的生产加速,并非对人类真实需要的满足,而是夹杂着人类真实需要与虚假需要的共通满足。使人们派生出更多的虚假需要,以维持资本的统治地位,也正是资本逻辑的独特之处。"它不是满足劳动需要,而只是满足劳动需要以外的需要的一种手段。"②所以,资本主义社会加速所带来的生态资源消耗,在很大程度上是并不必要的,虽然它们的确推进了社会的前进步伐,但始终无法掩盖其阶级剥削的本质。尽管在某些层面,现代资本主义国家具有一定的生态优势,然而,这种优势一方面来自于生态矛盾的转移,另一方面来自于资本真实意图的遮蔽。更好的生态环境是为了实现更多的,更久远的统治与剥削!这也正是社会主义与资本主义在目的愿景上的本质区别。"资本是资产阶级社会的支配一切的经济权利。他必须成为起点,又成为终点。"③

---

① [日]岩佐茂:《环境的思想》,韩立新等译,中央编译出版社 1997 年版,第 145 页。
② 《马克思恩格斯全集》第 42 卷,人民出版社 1979 年版,第 94 页。
③ 《马克思恩格斯选集》第 2 卷,人民出版社 2012 年版,第 707 页。

附录二

欲望与加速:资本逻辑的幕后、台前

在现代资本主义社会中,忙乱的生活方式已经成为一种嗜好,人们争取做更多事,努力保持在线,随时待命,对新任务照单全收。速度代表进步和成功,而慢下来则无异于遭受失败和亏损。与此同时,人们又恐慌于时间的飞逝与生活节奏的加速,并对科技发展与人类闲暇时间缩短之间的矛盾发出疑问:为何由科技进步所实现的时间结余,却被不断激增的事务量再次填满? 即使如此,人们又为何会对愈发繁忙的生活抱有极高的兴致? 资本主义社会中主体的时间渴望与时间匮乏,表现为资本主义社会加速,而幕后的逻辑在于主体对自身圈层的突破欲望,并在实际过程中,形成了主体对符号的异化消费。因此,完成更多的事务量,意味着可拥有更多的积累,可满足更多的欲望,可获得更多的承认,但人们却从未在完成了更多的任务后获得真正的满足。资本使主体发生分裂,并在对欲望逻辑的裹挟,与"自由竞争"规则的庇护下,构建了资本逻辑运转的完整图景。资本逻辑通过对主体欲望的控制,巩固了自身的权力地位,并实现了对主体的全方位宰制,人们在他者欲望的海洋中,失去了对需要与欲求的辨识力,同时也彻底失去自由。人们误以为他们的欲望源自匮乏,但事实则完全相反。

一、匮乏与充盈:欲望逻辑的诞生

对于人类需要与欲望的分析界定,在人类历史上似乎从未构建出不包含任何争议的确定性答案(可同时承载着对每个人的现实关照)。这样的结果,一方面因为问题本身的抽象性,另一方面则因为对于需要与欲望之边界描述的空缺。在柏拉图时代,需要与欲望时常是交织在一起出现的,他区分了用于思维的理性与用以感觉的欲望,需要与欲望在此时共同承担着关于任何感觉产生的解释任务。伴随人们所求之物内容的不断丰富,需要与欲望之间的差别也逐渐受到了关注。马克思明确地提出了人类的需要包含着"自然的需要"与"历史形成的需要"。当然,在马克思这里,对于区分"自然的需要"与"历史形成的需要"的目的在于揭示,在资本逻辑"这种发展状况下,直接形式的自然必然性消失了;这是因为一种历史形成的需要代替了自然的需要"①。关于资本逻辑与需要、欲望的关系问题是本文下一部分讨论的重点,但这里并不妨碍我们探讨关于需要与欲望的界限划分,或是说,关于所求更为细化的描述。"如果说'自然的需要'是维持人类本身再生产的必要的需求,而'历史形成的需要'则是超越本能需要的欲望。"②这就是说,"自然的需要"代表着人所求中的需求层面;而"历史形成的需要"则代表着人所求中的欲求层面。需求也即需要,欲求也即欲望。那么,对于欲望的更进一步理解应该是:人类与其自身最大化生命维持无关的一切所求。"自然的需要"的最大化程度是发展到"科学的自然需要",即在科学维度下,人产生的为了使自身生存质量最大化的一切需要,比如,更健康的饮食、作息、最适宜人体的穿着、居住环境、运动方式、工作种类等。当然,这样理解仍然存在一个问题,很容易再次模糊了需要与欲望的边界,因为在追求"自然的需要"最大化的过程中,似乎不可避免地要借助某种"历史形成的需要",比如科技与货币,因此,需要与欲望再次被交织在一起了。所以,对于需要与欲求的绝对意义划分,仍然存在一定的理论困难。但不妨碍我们得出这样

---

① 《马克思恩格斯文集》第 30 卷,人民出版社 1995 年版,第 286 页。
② 王庆丰:《欲望形而上学批判——〈资本论〉的形上意义》,《社会科学辑刊》2015 年第 5 期。

一个结论：欲求应该是建立在需要满足的基础之上的，但却在很多的实际发生中跨越了需要的满足而直接出现。"一切历史的第一个前提，这个前提是：人们为了能够'创造历史'，必须能够生活。但是为了生活，首先就需要吃喝住穿以及其他一些东西。因此第一个历史活动就是生产满足这些需要的资料，即生产物质生活本身……已经得到满足的第一个需要本身、满足需要的活动和已经获得的满足需要而用的工具又引起新的需要。"① 而欲求对需要的跨越式，这可理解为一种需要的异化，在很多时候，需要"跑偏了"。

与以上这个结论同样可被证实的观点是，人的所求源自于一种匮乏，这一路径的极大发扬者是弗洛伊德与拉康。后者借助精神分析，将欲望视为一种对匮乏的填补，正因为缺少所以想要获得。科耶夫放大了黑格尔在《精神现象学》中的主奴关系承认机制，他认为："所有人类，人的发生学意义上的欲望——产生自我意识的欲望，人的现实性——都是'承认'的欲望的一种功能。"② 因此，人实现欲望的目的，正是获得他者的认可，而他者的认可标准，又必须来源于另一个他者的认可，在这样的循环中，"欲望"陷入了一种模糊的"无止性"。这似乎可以作为人的欲望区别于动物欲望（因为后者具有一种明确指向）的解释，因为"他并不直接指向某物，而是指向某种价值"③。这样的观点为拉康提供了丰富的理论启发，永陷于对他者认可追逐的主体，造成自我的永恒匮乏，因为"欲望是出自于欠缺，是出自于自身的不完整（被阉割），故而需要获取相关的对象来补充"④。欲望源自匮乏和不满，同时又伴随着他者的欲望不断膨胀。在《消费社会》中，鲍德里亚也正是借助于这样的欲望逻辑，分析并揭示了资本主义社会中由阶级分

---

① 《马克思恩格斯选集》第 1 卷，人民出版社 2012 年版，第 158—159 页。

② Kojève A., *Introduction to the Reading of Hegel*, Cornell University Press, 1980, p.37.

③ 夏莹：《生产逻辑的当代阐释：德勒兹与马克思思想相遇的理论境遇及其意义》，《哲学研究》2016 年第 1 期。

④ 李科林：《欲望的生产原理——德勒兹关于现代社会的批判思想》，《马克思主义与现实》2017 年第 3 期。

层引发的消费热情。

但是,匮乏的欲望对于德勒兹来说并不满意,在《反俄狄浦斯》中,他提出了充盈的欲望这一理论。在德勒兹看来,欲望并非因为匮乏,且不存在固定的主体,是一种无具体方向的四散的力。"欲望不匮乏,它不匮乏对象。"①德勒兹的欲望逻辑是一种发展的逻辑,是一种蓬勃向上的力量(非匮乏)。这样的解释似乎还不够完全清晰,"因为匮乏,所以想要",这样的因果关系显然已经成为人们思想中的一种自然状态。即便说,欲望不源自于匮乏,那也只能够说明欲望不只是源自匮乏。换句话说,匮乏产生欲望,但充盈同样可以产生欲望,人们在饥饿状态下想要进食,但获得饱腹感后同样可以产生想吃饭后甜点的欲望,此时,对于"饿"这个自然的真实需要来说,饭后甜点是在充盈基础上的欲望。因此,这种说法只能证明欲望同时源自匮乏与充盈。但是,在德勒兹的思路中,似乎从未在意过匮乏欲望部分的成立可能,所以,以上的解释似乎并不能表达德勒兹的真实意图,因为在德勒兹的逻辑中,欲望与匮乏是不相干的两件事。"首先,德勒兹认为欲望是积极的主动力量,不是为了满足某种需要而勉强为之。"②欲望是自带动力的,并不需要以对他者认同的迎合来激发,因此,不存在匮乏因素——欲望自身就是机器。"欲望是一台机器,欲望的对象是与其相连的另一台机器。"③"欲望是机器,是机器的综合,机器性的配置——欲望机器。"④

这样的解释在德勒兹的充盈欲望理论中是通顺的,但似乎又将欲望的概念引入另一个旋涡之中。因为在德勒兹对欲望内涵判断中的另一个

---

① Deleuze, Gilles and Felix Guattari, *Anti - Oedipus: Capitalism and Schizophrenia*, Trans. Robert Hurley, et al., New York: Peguin Classics, 1977, p.26.

② 高继海:《德勒兹的欲望概念》,《外国文学》2019 年第 5 期。

③ Deleuze, Gilles and Felix Guattari, *Anti - Oedipus: Capitalism and Schizophrenia*, Trans. Robert Hurley, et al., New York: Peguin Classics, 1977, p.26.

④ Deleuze, G. & Guattari, F., *l'Anti-dipe, captialisme et schizophrénie* 1, les éditions de MINU-IT, 1972, p.10.

原则是，欲望的无主体性。"如果说匮乏的话，欲望倒是匮乏一个固定的主体。因为只有在压抑的时候才有固定的主体。欲望与其对象是同一个东西。"①这种无主体，或是缺乏固定的主体，恰恰可以说明，在德勒兹看来，欲望并非存在于主体之内的，但主体却存在于欲望之中，二者的逻辑关系刚刚相反，这就造成了主体的位移与缺失。对于欲望逻辑动力来源的错解，使得德勒兹将欲望这种动力，重新指向了尼采的"权力意志"！即一种求上升、求生长、求更强的外在于人、先在于人的宇宙逻辑。在尼采看来，追求权力，要求统治一切事物，征服所有妨碍"自我扩张"的东西的意志正是宇宙的本原。"我们的思维和评价只是对在背后起支配作用的欲求的一个表达。——这些欲求越来越特殊化：他们的同一性乃是权力意志（为了取得所有欲望中最强大欲望的表达，后者至今一直统领着一切有机体的发展）——把一切有机体的基本功能还原为权力意志"②，权力意志分化为追求食物的意志，追求财产的意志，追求工具的意志，追求奴仆（听从者）和主子的意志。"运动乃是征兆，思想同样是征兆：对我们来说，欲求乃是两者背后可证明的，而基本欲求就是权力意志。"③在他看来，"权力意志"远比叔本华的"生活意志"更为高级。这样的追溯，显然又将欲望的概念带入了唯心主义的虚无之内。因此，即使充盈的欲望是将欲望作为动力本身的解释方案，超脱了匮乏的欲望，但仍然无法作为我们理解需要与欲望之间，界限与概念的理论资源。

在斯宾诺莎看来，欲望是人的本质，"欲望（据第三部分情绪界说一）即是人的本质之自身（据第三部分命题七），亦即人竭力保持其存在的努力"④。这一观点后来被黑格尔强化为"自我意识就是欲望"⑤。马克思在《德意志

---

① Deleuze, Gilles and Felix Guattari, *Anti-Oedipus: Capitalism and Schizophrenia*, Trans. Robert Hurley, et al., New York: Peguin Classics, 1977, p.26.

② ［德］尼采：《权力意志》（上），孙周兴译，商务出版社 2007 年版，第 14 页。

③ ［德］尼采：《权力意志》（上），孙周兴译，商务出版社 2007 年版，第 22 页。

④ Baruch De Spinoza, *Ethics*, translated from the Latin by R.H.M., Elwes, IV.Prop.xviii.See Meditations on First Philosophy &Ethics, 中央编译出版社 2012 年版，第 283 页。

⑤ 参见程党根：《身体欲望观的辩证否定：从斯宾诺莎到德勒兹》，《南京社会科学》2019 年第 12 期。

意识形态》中论述人的交往关系时则提出:需要是人的本质,"由于他们的需要即他们的本性,以及他们求得满足的方式,把他们联系起来(两性关系、交换、分工),所以他们必然要发生相互关系"①。这一论断的转变,事实上回应了我们最初的问题,即需要与欲望的关系,也恰恰证实了马克思将哲学从天堂拉向人间。由"欲望是人的本质"到"需要是人的本质"的转变,同时呼应了马克思"自然的需要"与"历史形成的需要"的观点,这使得拉康与德勒兹的问题可以给出一个调和的路径。

我想可以这样理解:需要是匮乏的,欲望是充盈的。需要与欲求皆包含于人的所求之中,但二者存在质的差异,并在一定情况下可以互相欺骗。对于需要来说,代表着一种自然的、本能的、生理的所求,因此当它出现之时,一定是被身体触发的,在很大程度上,这种需要是真实的,是主体真正所求。因此,当需要出现时,它基本上源于一种匮乏。不能做出绝对判断的原因是,在特殊的场景中,心理因素会干扰生理因素,比如情绪低落的人时常会茶饭不思,但事实上他的身体确实需要的(当然,我们可以忽略这种特殊,来探寻普遍的情况)。因此,需要是一种由真实的匮乏所引起的一种主体心理状态。但是,在实际现象中,当所需突破需要的阶段之后,主体同样时常感到匮乏,发出欲望。而欲望具有一种后天性、非必要性,同时又具有一种积极性、主动性,是一种纯粹的心理体验(如"他者的欲望"),然而,这并非来源于一种真实的匮乏。欲望是在需要被满足后其所求的继续增长,因此是一种充盈的、非匮乏的。"我够,但是还要更多",在这个意义上,充盈的欲望对于"更多"来说,同样是匮乏的,但这却是一种假象的匮乏、"无止性"的匮乏、事实的充盈。因此,欲望是在"够"的基础上的继续,在对他者承认的渴望中,无尽增长、永恒匮乏。英国学者乔纳森·休斯在《生态历史唯物主义》中,详细探讨了马克思关于真实需要与虚假欲求的思想,并得出

① 《马克思恩格斯全集》第3卷,人民出版社1960年版,第514页。

结论："需要是一个指向透明的语境,而欲求则是指涉不透明的。"①这恰恰揭示了"动物欲望确定"与"人的欲望模糊"的原因,由欲望到需要的概念界定,使我们意识到,动物的欲望事实上是一种真实的需要,即马克思"自然的需要",而人的那些模糊的欲望,却是欲望本身。

当所求存在于需要阶段时,它的确是一种源于主体真实匮乏的自然的内在因素;当所求上升到欲望阶段后,则来源于一种历史形成过程中出现的非自然的外在因素。外在因素相对处于主体之外,但却包含于人类社会发展之中,而非一种超脱于万物的宇宙本原。这种外在因素——欲望逻辑,具有与内在因素——需要逻辑同样的装扮,依赖于某种所谓的"共识",在主体的内心"蒙混过关",使主体对其视如己出。欲望逻辑与需要逻辑具有不同的发展轨迹,但主体却不惜一切代价对其进行养育,并努力使其"茁壮成长"。这样的解答,既是对拉康与德勒兹的调和,又是对需要与欲求之间的关系说明,更是对马克思"自然的需要"与"历史形成的需要"理论内核的释放。

二、分裂与竞争：资本逻辑对欲望逻辑的裹挟

欲望不等于需要,欲望的逻辑也正在于它的"无止性",在资本主义社会中,欲望的"无止性",成为资本不断壮大的良方妙药。马克思在《政治经济学批判(1857—1858 年手稿)》中指出:"只要资本的力量还薄弱,它本身就还要在以往的或随着资本的出现而正在消逝的生产方式中寻求拐杖。而一旦资本感到自己强大起来,它就抛开这种拐杖,按它自己的规律运动。"②资本正是借助了旧有的生产方式,不断发展其自身的力量;当它的力量壮大到一定程度后,便打破了旧有的束缚,并陷入自身的运动逻辑,即资本逻辑。"在这里,资本决不是废除一切界限和一切限制,而只是废除同它不相适应

---

① ［英］乔纳森·休斯:《生态与历史唯物主义》,张晓琼等译,江苏人民出版社 2011 年版,第 233 页。

② 《马克思恩格斯文集》第 8 卷,人民出版社 2009 年版,第 180 页。

的、对它来说成为限制的那些界限。"①当这些界限被打破后,资本也成为自身发展的边界,并在这样的边界之内,标榜着一种以人的自由实现为目的旨归的虚假的"自由竞争"规则。对于这种虚假自由的盲目认同,成为了揭示资本逻辑运作机制的一大障碍。资本主义的"自由竞争"并非是一种真实的人的自由实现路径,而恰恰是一种真实的自由陷阱。在"自由竞争"的规则下,资本实现了对全体人的宰制,这种宰制贯穿于资本主义社会中的任何阶层,使主体彻底沦落为资本增殖机器的运转零件。正如恩格斯在《国民经济学批判大纲》中的"发条"隐喻,"竞争是强有力的发条"②,并且"竞争贯穿在我们的全部生活关系中,造成了人们今日所处的相互奴役状况"③。这一隐喻具体地揭示了人在资本逻辑下的存在状态,深刻地解剖了资本主义的社会动力学机制,现实地批判了"自由竞争"的社会历史后果。在资本逻辑的宰制之下,主体产生了分裂,并在内部形成竞争与对抗。"所有这些微妙的分裂和划分,都产生于资本和劳动的最初的分开和这一分开的完成,即人类分裂为资本家和工人。这一分裂正日益加剧,而且我们将看到,它必定会不断地加剧。"④

至此,我们似乎将资本逻辑对主体宰制的奥秘定格于由资本主义私有制所引发的矛盾,这种矛盾在"自由竞争"的原则中被最大化地合理释放开来,进而促进了主体分裂后内部的继续分裂。"竞争的矛盾和私有制本身的矛盾是完全一样的。单个人的利益是要占有一切,而群体的利益是要使每个人所占有的都相等。因此,普遍利益和个人利益是直接对立的。"⑤在这样的逻辑中,资产阶级分裂出大、中、小;无产阶级分裂为"现役劳动军""产业后备军"和"现代性废物"。这造成的必然后果是,资产阶级与无产阶

① 《马克思恩格斯文集》第 8 卷,人民出版社 2009 年版,第 178 页。
② 《马克思恩格斯文集》第 1 卷,人民出版社 2009 年版,第 84 页。
③ 《马克思恩格斯文集》第 1 卷,人民出版社 2009 年版,第 84 页。
④ 《马克思恩格斯文集》第 1 卷,人民出版社 2009 年版,第 71 页。
⑤ 《马克思恩格斯文集》第 1 卷,人民出版社 2009 年版,第 73 页。

级之间的对抗矛盾将转移到无产阶级内部，并且，资产阶级内部的竞争矛盾同样要转移到无产阶级内部。然而，虽然无产阶级承受了更多的本不属于他们的苦难，必须不断工作以维持受资产阶级剥削的资格，但资产阶级也同样不具备自由选择的权利。资产阶级的自由，只是在于他们不必如无产阶级一样，被迫出卖自身的劳动力以维持生计，仅此而已。因为，在资产阶级的"出厂设定"中，任何与资本增殖无关的行为，都将受到指责，并承受内心的焦虑与煎熬，这甚至关系到他们的私人消费。马克思在《资本论》中对此现象做了如下描述："所以，就资本家的一切行动只是那个通过他才有了意志和意识的资本的职能而论，他的私人消费，对他来说也就成了对他的资本积累的掠夺，就像在意大利式簿记中资本家的私人开支被记在资本家的借方来同资本相对立一样。"①造成这种现状的原因，正是因为资本逻辑对资本家所赋予的存在意义，即无休止的为资本的最大化增殖而竞争，在这个过程中资本主义"自由竞争"的原则，为他们履行这样的职责制造了一个无懈可击的保护外壳。对此，马克思将资产阶级比喻成资本主义社会机制的"主动轮"②，"主动轮"带动其他各"从动轮"，共同在资本逻辑的宰制下，为资本增殖工作运转。

以上的结论是确定无疑的，但似乎仍有一处关节未被打通。资本何以使得主体必须陷入为资本最大化增殖而竞争的活动之中，甚至于具备一定经济基础的资产阶级仍不得幸免？鲍德里亚在《消费社会》中，对这一问题进行了更为细化的分析，他认为："我们处在'消费'控制着整个生活的这样一种境地。"③消费者与现实世界的关系展现为一种"好奇心"，而根本的动因，正源于对符号的向往。每个人都希望通过符号注册于社会，因为"人们从来不消费物的本身（使用价值）——人们总是把物（从广义的角度）当作能突出你的符号，或用来让你加入视为力量的团体，或作为一个地位更高的

---

① 《马克思恩格斯文集》第5卷，人民出版社2009年版，第684页。
② 《马克思恩格斯文集》第5卷，人民出版社2009年版，第683页。
③ ［法］让·鲍德里亚：《消费社会》，刘成富等译，南京大学出版社2014年版，第5页。

团体的参照来摆脱本团体"①,这正呼应了恩格斯在《国民经济学批判大纲》中所描述的分裂景象。主体被划分为若干个层级,每个层级都向往于更高的层级,每个层级都有独树一帜的符号标识,物在此处丧失了其使用价值,并获得了完全的符号意义。因此,人们试图通过对"符号了"的物的消费,享有某种超脱于物本身的价值,使自身获得某种符号属性,以实现圈层的跨越。鲍德里亚洞察到了资本主义社会中的符号逻辑,符号使人产生距离,而人又迫切地希望拉近这种距离,这种渴望仅仅成立于对上一个圈层间距离的缩短。分裂大大激发了主体由低层级向往高层级的欲望,人们以他者的消费物作为自己的符号追求,并且"激发需求的节奏则随社会区分逻辑的变化而变化"②。因此,在资本主义"自由竞争"的机制下,这种社会区分会呈现继续恶化的趋势,这一点在之前已得到了我们的证实。所以,在资本主义社会中,通过对符号的向往所引发的消费将不断攀升,而产生这种消费逻辑的背后,恰恰体现了资本逻辑对欲望逻辑的裹挟。

资本逻辑获取了欲望逻辑的"行程码",使内在充盈的欲望从外界社会感到匮乏,因为即使这种欲望本不是匮乏的,但在实际对其满足的行为动机中总要设法掺杂进匮乏的因素,也就是说,将一种外在的压迫力,转化成一种内在的驱动力。"我们拥有的不是浪费而是'消费',是永远的被迫消费。它是不足的孪生姐妹。"③这种被迫的欲望打扮成需要的样子,使主体坚定地相信于,对符号的获得是他们自我实现的一种方式。"这种欲望是贪得无厌的,因为它建立在贫乏的基础上——在物品和持续需求中进行局部自我指向的正是这种永远无法满足的欲望。"④而贫乏的真意恰恰是符号的匮乏——因分裂所产生的区别。事实上,这种区别的确在一定程度上限制了他们之间的交往,交往的受限,又在某些方面阻碍自我实现的完成。然而,

---

① [法]让·鲍德里亚:《消费社会》,刘成富等译,南京大学出版社 2014 年版,第 41 页。
② [法]让·鲍德里亚:《消费社会》,刘成富等译,南京大学出版社 2014 年版,第 44 页。
③ [法]让·鲍德里亚:《消费社会》,刘成富等译,南京大学出版社 2014 年版,第 49 页。
④ [法]让·鲍德里亚:《消费社会》,刘成富等译,南京大学出版社 2014 年版,第 59 页。

这种区别本身并非是一种自然的区别,而是在资本主义社会形成发展过程中被制造出来并被放大了的。"假如相反我们承认需求从来都不是对某一物品的需求而是对差异的'需求'(对社会意义的欲望),那么我们就会理解永远都不会有的圆满的满足,因而也不会有需求的确定性。"①这种差异的需求,也正是因资本逻辑对主体的错位区分所造成的。

在资本主义社会中,表面上存在着人在资本的宰制下的相互竞争与相互奴役,而事实上正是资本逻辑裹挟欲望逻辑后,所形成的个人欲望与他者欲望间的竞赛。"表面上以物品和享受为轴心和导向的消费行为,实际上指向的是其它完全不同的目标:即对欲望进行曲折隐喻式表达的目标、通过区别符号来生产价值社会编码的目标。因此具有决定意义的,并不是通过物品法则起作用的利益等个体功能,而是这种通过符号法则起作用的交换、沟通、价值分配等即时社会性功能。"②这正是将欲望逻辑于消费场景中的方法再现,此时的消费化身为一种约束、一种道德、一种制度,在"自由竞争"的庇护下无拘无束。"事实上,他通过自身的逻辑,一种区分的逻辑,构成一种无法控制的变量……是一种起决定作用的结构变量,它决定着其他所有的变量。"③资本通过分裂的方式,制造了竞争,"自由竞争"的规则维护了资本的自由、消费的自由,但却导致了主体的彻底不自由。资本通过在主体不断分裂后,呈现出伴随增长着的他者的欲望,激发欲望的增长逻辑,并在无数个主体对符号向往的现实消费过程中,获得积累。"广告的窍门和战略性价值就在于此:通过他人来激起每个人对物化社会的神话产生欲望。"④备受主体追捧的这些符号,已失去了它们本来的意义,并被赋予了新的价值,获得符号的过程,也正是超越需要层面的欲望满足的过程。资本逻辑通过欲望逻辑实现其不断积累、扩张的目的本性,也正是在这个意义上,

① [法]让·鲍德里亚:《消费社会》,刘成富等译,南京大学出版社 2014 年版,第 59 页。
② [法]让·鲍德里亚:《消费社会》,刘成富等译,南京大学出版社 2014 年版,第 61 页。
③ [法]让·鲍德里亚:《消费社会》,刘成富等译,南京大学出版社 2014 年版,第 44 页。
④ [法]让·鲍德里亚:《消费社会》,刘成富等译,南京大学出版社 2014 年版,第 45 页。

资本逻辑裹挟了欲望逻辑,并通过消费的方式,与欲望逻辑合体了。

资本使主体欲望的"无止性"获得了充分的发展空间,人们沉浸在为欲望满足的奔忙之中,欲望超越了需要,同时也替代了需要,这使得主体只想获得更多的符号,而不愿从欲望的泥潭中抽身。资本逻辑通过对个体欲望的控制,进而控制着人,每个人都梦想成为资本家。需要与欲望之间存在着一定界限(虽然在更多时候,哪怕是资本主义形成之前的时代,二者时常交织在一起),但无论如何,二者间具有一定的安全比例,这种"安全"是人之所以为人的根本前提。资本逻辑使欲望逻辑不断膨胀,打破了原有的"安全",人们追求资本的意义在于资本本身,而并非通过资本来满足的那些自然的、真实的需要,这造成了主体彻底的自由丧失与异化。主体成为巨大的欲望机器的旁观者,他们旁观着欲望机器,同时旁观着他们自己。

三、疾驰与停滞:加速资本主义的表象与归宿

在资本主义形成之前,欲望便已经存在,在资本出现之后,欲望逻辑在资本逻辑的裹挟之下,完全发展成为了资本增殖的密钥,资本通过分裂与竞争,事实地控制了主体的欲望,实现了资本逻辑对人的全方位宰制,并使主体坚定地以为,自身的一切欲望皆来自于自身的真实所需。欲望逻辑的现实存在,一方面正是资本实现对主体造成分裂,并使之形成竞争的可能前提,另一方面也是资本积累、增殖所遵循的设定程序。欲望逻辑站在资本舞台的幕后,并展现出了一种以分裂与竞争所触发并形成的社会加速景象,哈特穆特·罗萨将此定义为现代资本主义社会加速。

在《新异化的诞生》中,罗萨以现代资本主义社会中主体的时间匮乏现象为视角,完整描述了现代资本主义社会中,由"科技加速、社会变迁加速和生活步调加速"①所形成的现代资本主义社会加速循环。罗萨认为,科技进步加速引发了社会变迁加速,进而表现为生活步调加速,生活步调加速再

---

① [德]哈特穆特·罗萨:《新异化的诞生》,郑作彧译,上海人民出版社2018年版,第13页。

次要求科技进步继续加速，以使其实现自身继续加速的可能。至此，科技进步、社会变迁、生活步调三者在加速过程中相互传递、彼此影响，形成了一个无限运转的加速逻辑闭环。在这样的循环逻辑中，科技加速被定义为整个现代资本主义社会加速循环的逻辑开端，但事实上，科技的加速在于最大程度地满足生产加速，而生产的加速，同样不过是为了满足人类不断加速的欲求，这些加速的欲求，恰恰正是被资本逻辑在不断分裂与竞争过程中所激发出来的。"消费节奏的加速，需求的连续进攻，使得巨大的生产力和更为狂热的消费性（丰盛可以理解为匀称方程无限的减少）之间的差距拉大。"①因而生活步调加速要求科技加速继续发展，以实现每个人已经生成了的符号欲望。当然，这里不包括马克思所定义的"自然的需要"，但是在实际过程中，"自然的需要"与"历史形成的需要"常常是浑浊不清的。在资本主义的初级形态中，资本家在竞争欲望的催发下，将无尽的资本增殖视为己任，资本家作为"火车头"带动了整趟资本列车的加速前进，这也正是马克思对资本家"主动轮"比喻的内涵所指。在资本主义"竞赛社会"中，资本家彼此之间在竞争过程中，带动了整个资本主义社会机制的运转与加速。"每一个竞争者，不管他是工人，是资本家，或是土地占有者，都必定希望取得垄断地位。每一个较小的竞争者群体都必定希望为自己取得垄断地位来对付所有其他的人。"②因此，现代资本主义社会加速的原初动因在于，受资本逻辑控制的主体欲望加速。在满足主体欲望加速的过程中，形成了整个资本主义社会的加速逻辑。

现代资本主义社会加速实质上是主体的欲望加速所致，在资本逻辑的演绎下，表现成了在主体竞争与消费的过程中逐渐形成的加速逻辑。资本使主体产生分裂，并裹挟欲望逻辑激发主体间的竞争，在主体异化消费的过程中实现积累与增殖。加速逻辑的自我循环，原因在于资本主义社会中主体的不断分裂性，与竞争的不断持续性，这正是资本逻辑与欲望逻辑在加速

---

① ［法］让·鲍德里亚：《消费社会》，刘成富等译，南京大学出版社 2014 年版，第 42 页。
② 《马克思恩格斯文集》第 1 卷，人民出版社 2009 年版，第 73 页。

运作下的双重后果。"城市社会化、合法的竞争和心理上的'飞跃'到了一定的限度后,人的向往就会无法逆转,而且会没有限制,并随着加速了的社会分化,普遍的关联性节奏而增强。"①加速逻辑是资本逻辑的台前展示,而资本逻辑的幕后正是主体的欲望逻辑,根本的问题在于,资本逻辑利用欲望逻辑满足其不断扩张的本性,同时也打破了欲望与需要之间的安全比例。这种"安全"保护的丧失,即加速主体之间的矛盾与不平等,同时也使得主体的欲望的满足速度永远落后于主体欲望的增长速度。"物质的增长不仅意味着需求增长,以及财富与需求之间的某种不平衡,而且还意味着在需求增长与生产力增长之间这种不平衡本身的增长。"②因此,生活步调要求科技继续加速,以满足主体对更快节奏的渴望,因为在更快的节奏中,主体可以获得更快的积累。所以,人们必须放弃一切闲暇时光,使自身力量不断充实。以实现阶层的跨越、符号的获得、欲望的满足。"因为加速意指我们得在更短的时间内做更多的事。"③人们欲望更多的消费,同时欲望更多的体验,但这些欲望的满足前提都离不开资本与时间,而在加速社会中,资本与时间已经完全等同了。

在资本逻辑的自由陷阱中,全体人必须如齿轮般不断运转,这导致了主体更深层次的异化。"维持竞争力,不只是一种让人们能更自主地规划人生的手段而已,而且它本身就是社会生活和个人生活的唯一目的。"④同时,资本逻辑也使"历史形成的需要"发展到极端。由此带来的一个关于资本主义的必然归宿是:走向资源的枯竭。诚然,资本逻辑与欲望逻辑极大地激发了生产力的发展与科技水平的提高,事实上为人类社会提供了诸多便利,但一个无法否认的事实是,自然资源作为生产力发展程度的根本限制前提,

---

① [法]让·鲍德里亚:《消费社会》,刘成富等译,南京大学出版社2014年版,第44页。

② [法]让·鲍德里亚:《消费社会》,刘成富等译,南京大学出版社2014年版,第45页。

③ [德]哈特穆特·罗萨:《新异化的诞生》,郑作彧译,上海人民出版社2018年版,第33页。

④ [德]哈特穆特·罗萨:《新异化的诞生》,郑作彧译,上海人民出版社2018年版,第33—34页。

正由于资本逻辑所导致的欲望错位走向匮乏。"我们与客体世界之间的关系，已经深刻地因为现代性渐增的速率而转变了。"①因为，由资源所形成的商品，已不再因其满足人类某种需要的使用价值而获得关注，在资本逻辑中，使用价值被符号价值所替代，需要被欲望所替代，这将导致的后果是："自然的需要"也终将被"历史形成的需要"所替代。人类的真实需要异化成了虚假的欲求，然而，"永无止境"正是欲望逻辑与资本逻辑的共同特征。所以，有限的自然资源无法实现对无限的资本增殖欲望的满足，因此，加速资本主义也必将加速走向资源崩溃的境地。在这个意义上，资本与空间（自然资源）等同了，因此，资本逻辑占据了一切原本属于人类自身的空间与时间。疾驰的加速资本主义，在欲望逻辑的无限扩张中，将更快地行驶至资源的边界。欲望的力量成为了生产的力量，生产的力量再次成为一种破坏的力量。资本逻辑加速了欲望生产，加速了资本扩张，同时也加速了其自身的灭亡。"他必须成为起点，又成为终点"。

结语

在现代资本主义社会中，速度已经上升为一种主流的社会规范，并愈发趋近于一种"自然化"了，时间规范和时间结构似乎是一种生而有之的存在，这使得主体陷入一种对绝对速度与绝对时间的向往之中。因为"快的人获得胜利，慢的人就只能在后面追赶或失败"②。在资本逻辑之下，对时间的获取，在某种程度上可实现主体对财富的获取，在这个意义上，资本主义社会中人的"致富欲"转变成了一种"时间欲"。而无论我们如何调整这种称谓，欲望逻辑与资本逻辑的"无止性"从未发生改变。主体对时间的欲求，反作用于生产领域，伴随生产、交换、发展、积累的过程，又再次加剧了主

---

① ［德］哈特穆特·罗萨：《新异化的诞生》，郑作彧译，上海人民出版社2018年版，第61页。

② ［德］哈特穆特·罗萨：《新异化的诞生》，郑作彧译，上海人民出版社2018年版，第77页。

体间的分裂与竞争。然而,由时间匮乏所揭示的现代资本主义社会加速逻辑,其产生的根源,正在于资本逻辑驱使下主体间分裂与竞争的加剧,这使得主体在欲望逻辑的引诱下,派生出更多的欲望,更多的欲望通过更多的消费场景实现——资本也正是在这些主体所发生的更多消费过程中获得积累,实现增殖。在资本主义社会中,欲望逻辑、资本逻辑、加速逻辑三者形成了隐秘而稳定的资本增殖链条。资本催发欲望,欲望引发加速,加速带来增殖,增殖加大差距,差距催发出更多新的欲望。主体在这样的逻辑链条中,生成了欲望与满足的假象,因为"自由竞争"的游戏规则告诉他们:这是最好的时代,要不断加速,为心中的"真实理想"而奋斗。资本逻辑将主体带入了"无止性"的歧途,在欲望满足的道路上渐行渐远,人们逐渐背离了他们匮乏的真实需要,并在充盈的虚假欲望中加速膨胀。

资本控制了现代资本主义社会的一切时间与空间,并持续蔓延。伴随资本剥削的隐匿,资本的运转逻辑也愈发难以察觉,无产阶级不断迷失其斗争方向,资产阶级则沉浸在增殖的喜悦与焦虑中,每个人都奔忙于获取更多的积累,陷落于欲望加速的逻辑循环之中。加速资本主义社会所带来的一系列积极因素,被资本推向台前,成为了资本逻辑的隐身符,使主体盲目地为之欢呼雀跃。而在资本舞台的幕后,正是欲望逻辑的支撑,欲望使资本获得了空前的发展,但又必然使资本坠入深渊。于是我们期望:将竞争回归实现,将分裂回归统一,将欲望回归需要,将虚假回归真实,将生产回归生态,将符号价值回归使用价值,将自由时光回归自由。

附录三

需要加速与生产加速：
社会加速循环的深层逻辑

今天的我们身处加速的社会之中，这一点无须赘言。我们不断在打破现有的速度极限，不断适应着社会变迁，不断改变着生活步调，却又不断恐慌于时间的流逝。似乎社会越加速发展，我们越失去真正属于自己的时间。那么，我们通过加速所赢取的时间终究去向了何处，是什么偷走了我们的时间？西方左翼加速主义热衷于对这一问题的探索与解释，早在十九世纪中晚期，学者们便注意到资本主义全球化过程中的加速扩散特征。二十世纪中期，伴随亚当斯（Adams）、齐美尔（Simmel）、马里内蒂（Marinetti）、德勒兹（Deleuze）等对加速产生原因的关注，加速主义逐渐成为众多社会批判理论之一。至二十世纪末，加速社会学、时间社会学、空间地理学等相继发展，保罗·维希留（Paul Virilio）的竞速学创立，加速主义开始获得学术地位，并奠定了发展、成熟的基础。在此基础上，德国社会批判理论家哈特穆特·罗萨（Hartmut Rosa）认为：“寻找社会加速的原因不能只从单一一个角度去看”①。并在《新异化的诞生：社会加速批判理论大纲》（以下简称《新异化》）一书中独一无二地提出现代社会加速的三重面向，进而指出，现代社

---

① ［德］哈特穆特·罗萨：《新异化的诞生：社会加速批判理论大纲》，郑作彧译，上海人民出版社 2018 年版，译者前言 4。

会加速虽并非全然是错的,但其已经进入一种自我加速循环的模式之中。

一、社会加速循环:现代资本主义社会的顽疾

罗萨在《新异化》的开篇就抛出了一个尖锐又无法逃避的问题:我们如何拥有一个美好的生活? 如果我们的生活不美好,那么问题出在哪里? 我们认为虚度光阴可怕,但比虚度光阴更可怕的是因过快的生活节奏,导致赔上健康甚至迷失自我生活。而这正源于看似无法终止的社会加速。那么,生活节奏为什么会越来越快? 或者说,为什么会产生社会加速,以至于进入一种无法终止的循环状态?

罗萨认为,社会加速有三重面向:第一个面向是加速科技的进步。科技加速被罗萨定义为关于运输、传播沟通与生产的目标向导过程的有意的速度提升。换言之,来自方方面面的进步科技,可以使人们在极短的时间内,完成本来要花费更长时间才能完成的任务。在对这一现象最初的理解中,它似乎并非坏事,因为人类仿佛看到由于加速科技所带来的工作解放。然而,事实并非如此,罗萨指出:"因为科技在为人类节省时间、放缓生活节奏之前,就已经造成了第二个面向的加速:社会变迁的加速。"[1]由于加速科技的进步,带来了时效性的缩短,即当下时态的萎缩。这种萎缩显然并非来自于个体,而是一种社会公认的事实,因此,事物完成的截止期限会被理所当然地提前,当下时态萎缩所空余出的其他时间则会被新的事物所填满。罗萨将这种加速视为社会本身的加速,"也即变迁的速率本身改变了,使得态度和价值,时尚和生活风格,社会关系与义务,团体、阶级、环境、社会语汇、实践与习惯(habitus)的形式,都在以持续增加的速率发生改变"[2]。伴随加速科技进步,社会关系、生活方式、行为规范、价值观念等一切方面,都出现

---

① [德]哈特穆特·罗萨:《新异化的诞生:社会加速批判理论大纲》,郑作彧译,上海人民出版社 2018 年版,译者前言 5。
② [德]哈特穆特·罗萨:《新异化的诞生:社会加速批判理论大纲》,郑作彧译,上海人民出版社 2018 年版,第 16 页。

了从宏观到微观、从纵向到横向的各种意义上的变更。而这种变更来源于当下时间区间不断缩短，所致使的事务稳定不变的时间区间缩短。

罗萨认为，社会加速的第三个面向：生活步调的加速。从逻辑及因果关系来看，其并非前两种加速所造成的。生活步调加速的核心表征即"时间匮乏"，也就是说，"在一定时间单位当中行动事件量或体验事件量的增加"①，这使得人们需要在更少的时间内做更多事。显然，加速科技的进步和社会变迁的加速，无法与生活步调的加速撇清关系。生活步调的加速可视为社会变迁加速的直观反映，生活步调之所以进入加速状态，取决于社会变迁加速的压力，以及加速科技进步为其创造的客观条件。"科技加速可以定义为每个时间单位中的'输出'的增加，比如每小时的公里数，每分钟的计算机字节数，或是每天生产的车辆数"②。乍看之下，如此得出的结论是："若任务量与行动量不变的话，科技加速必然会减少日常过程当中生产与再生产、传播、运输所需的时间。"③然而，事实显然并非如此。问题的症结在于我们无法保证任务量与行动量的总量不变，在社会变迁加速的压力驱使下，仿佛进入了一种"逆水行舟"之状态，如果不加速生活步调，抑或缓慢地加快，都存在一种濒临淘汰的危险。任务量与行动量需不断增加，而科技加速使这一切成为可能。因此，科技加速并未使生活步调变慢，从而缓解时间匮乏，相反，科技加速为生活步调的加速创造了可能条件。"事务量成长率超过了科技加速率，因此面对科技加速时，时间仍然越来越匮乏。"④因此，罗萨将现代资本社会定义为"加速社会"。

然而，为什么罗萨认为现代资本社会加速已经进入一种自我加速循环

①　［德］哈特穆特·罗萨：《新异化的诞生：社会加速批判理论大纲》，郑作彧译，上海人民出版社2018年版，第21页。
②　［德］哈特穆特·罗萨：《新异化的诞生：社会加速批判理论大纲》，郑作彧译，上海人民出版社2018年版，第24页。
③　［德］哈特穆特·罗萨：《新异化的诞生：社会加速批判理论大纲》，郑作彧译，上海人民出版社2018年版，第25页。
④　［德］哈特穆特·罗萨：《新异化的诞生：社会加速批判理论大纲》，郑作彧译，上海人民出版社2018年版，第28页。

的模式? 对此,我们需要探讨罗萨所呈现出的社会加速推动机制。如上所述,我们已经明确了现代社会加速的三重面向,即加速科技的进步、社会变迁的加速以及生活步调的加速。并且科技加速并非是生活步调加速,或者说社会加速的肇因。"科技提供了让事务量得以增加的条件"①。从历史的发展轨迹来看,科技加速正是对以往时间匮乏的回应,科技加速的出场意义正是为了解决时间匮乏,而非使之加剧。因此,其无法视为现代社会加速的原始推动力。

罗萨认为,现代社会加速的原因有三点。首先,竞争逻辑几乎成为现代社会中最主要的分配逻辑。任何被视为可能有效增强竞争力的行为似乎都被认为是对的;同时,任何被视为可能失去竞争力的行为几乎都被认为并非是明智的选择。"所以,在现代社会当中占据的地位,已不是按照出身来预先决定的,在(成人的)生命历程当中也不是固定不变的,而是永远的竞争协商。"②因此,为了维持竞争力,必须投入越来越多的资源。这种资源的投入,作为社会生活和个人生活的唯一目的,正是一种加速的过程。"我们需要跑的尽可能的快,才能留在原地。"③其次,文化的永恒应许促使了丰富的体验追求。科技的祛魅,打破了一切关于死后世界的神话,因此,此岸世界在现代资本主义社会中似乎成为人们唯一的竞技场,在此岸世界的一切体验仿佛是一桌"最后的晚餐"。人们更加关注此岸世界的获得,去除了彼岸世界的约束,此岸世界的获得更变得有恃无恐。"我们不会再去期待死后会有个'极乐世界',而是宁愿坚持在此世的诸多可能性当中,尽可能实现各种选择"④,以体验更多丰富的生活。但是,可体验事务增长的速度远远

---

① [德]哈特穆特·罗萨:《新异化的诞生:社会加速批判理论大纲》,郑作彧译,上海人民出版社 2018 年版,第 29 页。

② [德]哈特穆特·罗萨:《新异化的诞生:社会加速批判理论大纲》,郑作彧译,上海人民出版社 2018 年版,第 33 页。

③ Robinson John, Godbey Goeffrey, *Time for life*, *The surprising ways Americans use their time*, University Park: Pennsylvania state university press, 1999, p.33.

④ [德]哈特穆特·罗萨:《新异化的诞生:社会加速批判理论大纲》,郑作彧译,上海人民出版社 2018 年版,第 35 页。

超越了生命的长度，此时，生活步调加速便被视为这一问题的解决方案。加速的生活步调可实现更为多的生活体验，以缩短世界时间与我们生命的时间的差异，这就使得生活步调加速被认为是理所当然的事。

无论是竞争逻辑或是文化应许，在罗萨看来不过是外在的驱动力，在晚期现代，社会加速进入了一种不再需要外在动力、不断自我驱动的反馈系统，也即现代社会加速的第三点原因：加速循环。因为，科技加速必定会带来相应的生活形式的全面改变，从而带来社会变迁的加速，营造出萎缩的当下时态。在竞争逻辑的驱使下，人们不敢松懈一刻，空余出的时间进而成了培植生活步调加速的合理土壤。人们恐慌于竞争社会的"滑坡"现象，"因为维持原状就等于落后"①。当生活步调的加速成为常态，甚至是人们的主观需求时，科技加速再次被寄予厚望，已实现增加生产过程与日常生活的速度。科技继续加速进步，带来社会的更快速变迁，使人们的生活步调变得更快。至此，现代社会加速进入一种封闭式的自我驱动循环，如"幽灵航班"在世界上空盘旋，无法终结，直至油量耗尽。然而，任凭生活步调如何加速，人们仍旧越来越艰难地维持竞争力，他们所体验到的事务与他们所错过的事务相比，数量不但没有增加，相反差距越来越大。社会加速造成了现代生活新的"异化"形式，即人们自愿做某些不是人们自己真的想做的事情，反之将可能在竞争逻辑的驱使下，由现役劳动军退次到产业后备军，进而演变成现代性废物，"最终沦为彻底的赤裸生命"②，因此他们别无选择。隐藏在现代资本主义社会繁华之下的加速逻辑，其实质正是现代资本主义社会的顽疾。

二、需要加速：现代资本主义社会加速循环的症源

由加速科技的进步带来了社会变迁的加速，在竞争逻辑的驱使、文化永

---

① ［德］哈特穆特·罗萨：《新异化的诞生：社会加速批判理论大纲》，郑作彧译，上海人民出版社 2018 年版，第 40 页。

② 王庆丰、苗翠翠：《"产业后备军"的生命政治》，《国外理论动态》2019 年第 4 期。

恒应许的放任下,生活步调随之加速,并形成对科技加速更为甚之的渴求。罗萨对资本主义现代社会加速循环的逻辑揭示,为我们找到了问题的答案。科技越加速发展,我们越加倍忙碌。然而,包括罗萨本人也并不认同科技加速,或者说社会加速是全然无益的。那么对于加速科技进步、社会变迁加速、生活步调加速的三者循环,这是否是问题的终极答案?科技加速为人类创造出可以在更少时间内完成更多任务的客观条件,但是人们为什么选择占用休息时间,甚至牺牲健康,继续去做更多的事,哪怕并非直接来源于工作,而不是选择将由科技进步所赢取的自由支配时间用于闲暇或休息?罗萨的答案是:我们要时刻保持竞争力。社会越加速,竞争越激烈,保持竞争力所需要花费的成本则越高。但现在的问题是,我们为什么要时刻保持竞争力,避免沦为彻底的赤裸生命,这似乎是一个更深层次的问题。这一问题的答案也正是在回答为什么竞争逻辑可以驱使人们,或者说,究竟是什么真正在驱使我们。对此,马克思的答案是:人类需要。

在证实马克思的答案之前,我首先抛出两个结论并加以论证。第一,社会加速实质上是需要加速与生产加速。第二,在社会加速的过程中,人类需要的发展也在加速。或者说,人类需要的加速发展带动了社会加速,而社会加速又促使人类需要继续加速。

在罗萨所提出的整个社会加速循环链条中,科技加速可视为整体加速循环过程的开端,其原初目的可分为两个层面:第一个层面,对原有人类需要实现更快速度的满足。即通过科技加速的手段,实现生产的加速可能,而生产的目的,或者说生产力发展的目的意在满足人类需要。马克思说:"没有需要,就没有生产。"①人类的第一个历史活动必然关于产生满足其生理需要的活动。"劳动……这种生产生活本身对人来说不过是满足一种需要即维持肉体生存的需要的一种手段。"②所以,人类的需要必须通过生产来满足,当需要总量不变时,通过科技加速带来的生产加速,可以更快速地使

---

① 《马克思恩格斯选集》第 2 卷,人民出版社 2012 年版,第 691 页。
② 《马克思恩格斯选集》第 1 卷,人民出版社 2012 年版,第 56 页。

之得到满足。这一层面的实质是，需要引发科技加速，带动生产加速，从而满足需要。然而，人类需要并非一成不变，其变化的轨迹或是对原有需要的量的增加，或是伴随社会历史进程产生新的需要，或是对原有需要的量的减少，或是对原有需要不再需要。必须肯定的是，对原有需要的量的减少，或是对原有需要不再需要的前提，必然建立在新的需要得到满足的基础上。因此，科技加速的第二个原初目的，即满足人类的新的需要。这种从无到有的发展过程，显然也是一种加速过程。因为，新的需要满足势必依赖新的科技所带动的新的生产。于此，科技加速的两个原初目的可归结：使满足人类不断增长的需要成为可能，而满足的手段即为生产加速。

我们的一切行为源自我们的需要，在某种程度上，人的本质即需要。而生产则像一位幕后英雄，支撑着一切需要的满足。"产品和需要的范围扩大要机敏地而且总是精打细算地屈从于非人的、精致的、非自然的和幻想出来的欲望。"①因此我们可以证实：在加速科技的进步带来了社会变迁的加速，进而生活步调随之加速的过程中，生产同样一直在加速。生产的目的在于满足人类需要，如果生产加速，则需要势必在加速。这似乎是一个反证法。正面的逻辑是，马克思认为人类需要可划分为真实需要与虚假欲求，并且，资本主义社会的发展可使人类派生出更多的虚假欲求。"而在私有制范围内，这一切具有相反的意义。每个人都指望使别人产生某种新的需要，以便迫使他作出新的牺牲，以便使他处于一种新的依赖地位并且诱使他追求一种新的享受，从而陷入一种新的经济破产。每个人都力图创造出一种支配他人的、异己的本质力量，以便从这里面获得他自己的利益需要的满足。"②资本逻辑的奥秘正在于此，即通过各种手段使人类的需要加速发展，当然，许多需要并非人类的真实需要。再通过科技加速，实现加速生产，使这些需要得以满足，在此过程中获得资本的掠夺与积累。这正是罗萨所描述的"提升逻辑"与"增长社会"背后的深层次根源。为了维持资本的统治

---

① 《马克思恩格斯文集》第 2 卷，人民出版社 2009 年版，第 224 页。
② 《马克思恩格斯文集》第 2 卷，人民出版社 2009 年版，第 223 页。

地位,人类需要必须不断地被加速派生出来,生产也必将随之不断地加速发展,以满足越来越多的需要。其最终目的并非为了使人类需要得以满足(因为在这个过程中,人类的许多需要如同工厂所生产的产品一样,都是被制造出来的,只是他们自己全然不知),而是在使需要得以满足的具体消费行为中榨取利润。消费的行为需要货币来实现,"就是说,他的需求程度随着货币的力量的增加而日益增长"①。资本增殖的实质就是在不断的生产、交换、消费、分配的加速循环中完成的。"所加速的就不只是生产本身,还有循环与消费。"②我们由此可以发现,在罗萨所提出的现代社会加速的三个原因中,人们通过生活步调的加速以期望具备更强的竞争力,究其实质,不过是为了获得更多的货币,抑或是增长获得更多货币的本领及途径,以满足其对生命和世界的更多渴望。文化的永恒应许也不过是使人们扩大了自己敢于去实现的、渴望的范畴。加速循环的实质不过是需要加速与生产加速的循环逻辑。

在马克思的历史唯物主义理论中,早已蕴含对资本主义社会加速的预见。"资本本身是处于过程中的矛盾,因为它竭力把劳动时间缩减到最低限度,另一方面又使劳动时间成为财富的唯一尺度和源泉。因此,资本缩减必要劳动时间形式的劳动时间,以便增加剩余劳动时间形式的劳动时间;因此,越来越使剩余劳动时间成为必要劳动时间的条件——生死攸关的问题。"③缩减必要的劳动时间,正是由科技加速进步所实现的,而由此增加的剩余劳动时间则通过竞争的威胁再次被资本无情占有。资本看似矛盾地违背了自己的意志,"但是,资本的趋势始终是:一方面创造可以自由支配的时间,另一方面把这些可以自由支配的时间变成剩余劳动"④。资本不断发展积累,则必须使人们派生出更多需要,科技加速使生产加速成为可能,但

① 《马克思恩格斯文集》第 2 卷,人民出版社 2009 年版,第 224 页。
② [德]哈特穆特·罗萨:《新异化的诞生:社会加速批判理论大纲》,郑作彧译,上海人民出版社 2018 年版,第 30 页。
③ 《马克思恩格斯选集》第 2 卷,人民出版社 2012 年版,第 784 页。
④ 《马克思恩格斯选集》第 2 卷,人民出版社 2012 年版,第 786 页。

看似增加了的自由支配时间不过是一种假象，社会加速已然成为一种枷锁，"因此，最发达的机器体系现在迫使工人比野蛮人劳动的时间还要长，或者比他自己过去用最简单、最粗笨的工具时劳动的时间还要长"①。这正是对"我们为什么会如此忙碌"这一问题的完整解答。"现今财富的基础是盗窃他人的劳动时间"②。

罗萨并非对社会加速与资本主义本质的关联毫无察觉，在对竞争力的描述中他指出："一般的社会加速，以及特别是科技加速，是充满竞争的资本主义市场体系的后果。"③现代资本主义社会加速，实质上是需要加速与其所衍生的生产加速，需要加速必须通过生产加速实现满足，科技加速使生产加速成为可能。需要加速势必带来生产加速，生产加速的前提是科技加速。资本存活的保障是人类需要不断加速发展，因此，生产也必须不断加速，科技也必须不断加速，从而形成现代资本主义社会加速循环的模式。由此可见，在资本逻辑驱使下，人类不断派生出的更多虚假需要，正是现代资本主义社会加速循环的症源所在。科技加速与生产发展本身并没有错，问题在于受制于资本的摆布，这也正是现代资本主义社会新异化的根源。

三、生产加速：现代资本主义社会加速循环的解药

寻找到现代资本主义社会加速的症源，目前看来也并非值得庆贺的事，因为我们很难做到对症下药。问题出在人类需要，准确地说是人类的虚假需要，非必要的需要，或是说你以为你是需要的但其实是一种假象。归根结底，是一种需要的异化。那么，如何正确区分人类真实需要与虚假需要似乎是解决这一问题前提。然而，我们并没有一台精准的"X光机"，可以清楚地确定虚假需要的位置。比如我们可以认同吃饭是真实需要，但对于是在

① 《马克思恩格斯选集》第2卷，人民出版社2012年版，第787页。
② 《马克思恩格斯选集》第2卷，人民出版社2012年版，第783页。
③ ［德］哈特穆特·罗萨：《新异化的诞生：社会加速批判理论大纲》，郑作彧译，上海人民出版社2018年版，第31页。

米其林三星餐厅享受顶级的法式大餐,还是选择10元的盒饭,哪一种是真实的需要,哪一种又是虚假的需要?诸如此类问题的答案牵涉个人不同的身份、地位、收入、性别、年龄、喜好,甚至民族和性格等太多方面,很难制定出整齐划一的标准。既然如此,我们必须将"手术刀"对准使人们派生出更多虚假欲求的资本主义制度本身。

罗萨在《共鸣:世界关系社会学》当中完整提出了"共鸣理论",可视为其对这一病症的保守治疗,即去追求充满共鸣的社会关系。资本拜物教遮蔽了美好生活的实质,使人们逐渐以为只要拥有丰富的资源就等于拥有美好生活,但人不是也无法独自生活,必须置身于世界当中。世界对主体的支持不能只简化成权力资源或物质资源,而是必须要去看整体世界关系。共鸣关系则是指:"主体和世界用各自的方式来与对方进行呼应,并且在呼应过程中各自保持自己的声音,并不被对方所占据、支配"①。与共鸣关系相反的世界关系是"异化"关系。罗萨认为共鸣与异化并不对立,并将不同的共鸣形式称为"共鸣轴"。他认为加速社会造就的"提升逻辑"以及提升逻辑下的"增长社会"是现代社会阻碍共鸣轴的建立的罪魁祸首。虽然提升逻辑和增长社会阻碍共鸣,但罗萨认为,二者在某些方面是值得肯定的,这一切在许多方面可视为实现美好生活的基础保障。"美好生活最终也许就是意指生活中有着丰富而多面的'共鸣'经验,用泰勒斯的话来说,就是生活可以沿着一条清晰的'共鸣轴'而震动"②显然,罗萨的意思是:我们改变不了世界,那就改变我们自身。让自身适应于不变的变化之中,在共鸣与异化的辩证关系中享受稍纵即逝的安宁。

然而,在马克思看来,我们并不需要如此悲观。马克思揭示了社会形态变革的终极奥秘,即当生产力发展到一定阶段时,将产生同现存的交往形式

---

① [德]哈特穆特·罗萨:《新异化的诞生:社会加速批判理论大纲》,郑作彧译,上海人民出版社2018年版,第14页。

② [德]哈特穆特·罗萨:《新异化的诞生:社会加速批判理论大纲》,郑作彧译,上海人民出版社2018年版,第149页。

间的矛盾。在马克思看来，解决这一矛盾的途径唯有社会变革。具体来说，当生产力发展到一定阶段，原有的交往形式将沦为一种桎梏。已经变成桎梏的原有的交往形式将被一种新的、与更发达的生产力相适应的交往形式所取代。这种新的交往形式一旦不再适合发展着的生产力而成为桎梏，就又通过革命被另一种更进步的交往形式所代替。那么，既然症源在于资本主义制度本身，社会加速实质上是需要加速与生产加速的循环，我们可以换一种视角来尝试突破。也就是说，解决的策略在于我们并不需要试图使社会加速减缓，因为任何减缓的方式，不过是一种客观抑制，无法实现根本的变革，治标不治本。而应重新审视社会加速的远期后果，现代资本主义社会加速到一定阶段，其生产力也必然发展到了一定阶段，"对于这些生产力来说，私有制成了他们的桎梏，正如行会成为工场手工业的桎梏、小规模的乡村生产成为日益发展的手工业的桎梏一样"①。桎梏产生时，革命到来日。资本主义的交往方式不再适应于其现实的生产力发展水平，因而会被另一种更进步的交往形式所替代。这种替代的前提是，生产加速到一定程度，"一方面还没有一定的生产力……尽管这种变革的观念已经表述过千百次，但这对于实际发展没有任何意义"②。在变革所必需的客观条件成熟前，一切想法不过是空谈而已。

对于马克思的社会变革理论，英国分析马克思主义理论家乔纳森·休斯（Jonathan Hughes）描述了更为细化的变革过程。他将马克思所阐述的生产力发展到一定阶段，产生社会革命，从而形成社会形态更替的现象总结为生产力发展过程中的"革命性效应"（the Revolutionary Effect）。休斯十分赞同马克思的观点，认为生产力发展到一定阶段，势必将形成交往形式与生产力之间的桎梏，当桎梏到达一定程度，革命将随之而来。但是，休斯认为，由桎梏到革命并非一蹴而就，而是要经历两个过程，即生产力发展过程中的"破坏效应"与"促动效应"，二者统称为"革命性效应"。"生产力必须达到

---

① 《马克思恩格斯选集》第 1 卷，人民出版社 2012 年版，第 195 页。
② 《马克思恩格斯选集》第 1 卷，人民出版社 2012 年版，第 173 页。

一定的发展程度才有可能创造一个新的社会形式,以及发展到一定程度的生产力才可以破坏一个旧的社会形式的生存的思想。我把这些分别称为促动效应(the Enabling Effect)和破坏效应(the Undermining Effect)。"①而在具体的实现过程中,破坏效应是先于促动效应到来的。休斯认为,"桎梏不是对一个社会新生产力发展的限制,而是对其应用高度发达的生产力的能力的限制"②。这正如马克思在《共产党宣言》中的观点,封建的生产关系成为"已经发展的生产力"的桎梏了,资本主义的桎梏通过生产力的发展而被克服。当生产力的发展水平足以发挥它的破坏性作用但还不足以发挥它的促动效应时,各种危机和不稳定随之出现,到达一定程度后,逐渐出现破坏效应。"生产力在其发展的过程中达到这样的阶段,在这个阶段上产生出来的生产力和交往手段在现存关系下只能造成灾难,这种生产力已经不是生产的力量,而是破坏的力量。"③在休斯的观点中,当下出现的生态危机与经济危机等,皆是生产力发展过程中破坏效应的外在形式。

"无论哪一个社会形态,在它们所能容纳的全部生产力发挥出来以前,是决不会灭亡的;而新的更高的生产关系,在它存在的物质条件在旧社会的胞胎里成熟以前,是决不会出现的。"④在社会变革过程中,当生产力变成一种破坏的力量时,仍然加速发展,即可能迎来促动效应。任何可替代的生产关系试图登上历史舞台,都依赖于生产力的发展水平,或者说,生产加速的程度。"由生产力发展所带来的的影响使得新的生产关系切实可行就是我称之为的促动效应。"⑤生产力发展到一定阶段,使社会加速发展到资本主义体制无法承受的极限,并为新的切实可行的生产关系孕育土壤,最终使其

---

① [英]乔纳森·休斯:《生态与历史唯物主义》,张晓琼等译,江苏人民出版社 2011 年版,第 209 页。

② [英]乔纳森·休斯:《生态与历史唯物主义》,张晓琼等译,江苏人民出版社 2011 年版,第 201 页。

③ 《马克思恩格斯选集》第 1 卷,人民出版社 2012 年版,第 170 页。

④ 《马克思恩格斯选集》第 2 卷,人民出版社 2012 年版,第 3 页。

⑤ [英]乔纳森·休斯:《生态与历史唯物主义》,张晓琼等译,江苏人民出版社 2011 年版,第 209 页。

替代原有的生产关系，即交往形式。上帝让其灭亡，必先让其疯狂。伴随生产加速，资本主义最终沦为社会加速的牺牲品，由破坏效应到促动效应，革命性效应就此呈现，社会完成变革。在这个意义上，生产加速正是突破资本主义枷锁，打破现代资本主义社会加速循环逻辑的解药。

最后，让我们完整回顾一下整个过程。资本主义制度为了维护其自身的生存发展，实现对更多资本的掠夺与占有，就必须创造出更多的人类消费过程。人类的消费本质上在为其需要买单，因此，为实现人类更多的消费，资本逻辑驱使人类派生出了更多的虚假需要，在这个逻辑上，需要开始加速。这些虚假需要如同真实需要般刺激着人们，使之为了将其满足不断疲于奔命。然而，消费不过是交换的形式，若使需要得到满足，则必然依赖于生产，因为生产的目的在于满足需要，没有需要也即没有生产。生产加速发展的前提是科技的加速发展，在这个逻辑上，科技开始加速。科技加速使生产加速成为可能，生产加速满足着需要，但是，在资本逻辑的驱使下，人类需要一直在加速，科技也必须随之不断加速，不停加速的生产仍然无法实现对需要的彻底满足。需要加速、科技加速、生产加速，三者在资本的掌控下陷入无法自拔的加速循环。当需要加速引发的生产加速达到一定阶段，资本主义社会原有的交往形式便无法继续适应发展到一定程度的生产力水平，无法为其提供继续加速的平台，此时，生产力与生产关系间的桎梏出现。在循环加速的逻辑上，生产加速已经无法停止，资本主义社会生产力与生产关系的矛盾不断深入，在这个过程中，破坏效应出现，生产力变成了破坏力。生产继续加速，最终迎来促动效应，使新的切实可行的生产关系替代原有发生桎梏的生产关系，完成社会变革。资本最终毁灭于它自己研发的核武器裂变之下，波澜过后，世界重归宁静。

罗萨的社会加速批判理论再次警醒了我们，在资本的控制下，无人得以幸免。科技加速进步、社会变迁加速、生活步调加速，归根溯源，皆由资本逻辑驱使下人类的需要加速所诱发。需要加速必须通过生产加速实现满足，现代资本主义社会加速循环的深层逻辑，也正是需要加速与生产加速间的循环逻辑。打破这一循环，则必须通过加速生产，以期迎来生产力发展过程中的革命性变革，促使新的社会形态到来，"反抗当代资本主义的策略应该是，让生产力和技术加速进步"①。资本主义社会的病症在于其自身本质，因此，任何改良或妥协的方式都不过是治标不治本的缓兵之计，唯有明辨资本的牢笼所在，才可能实现从内而外的挣脱。

---

① 蓝江：《当代资本主义下的加速主义策略——一种新马克思主义的思考》，《山东社会科学》2019 年第 6 期。

马克思交往理论视域下
全球生态危机实质及破解路径论析

　　进入 21 世纪以来,在人类生存发展方式发生重大变革的时代背景下,在国际政治经济秩序变革和全球性生态危机日益加剧的过程中,马克思交往理论的重大意义再度高位凸显。马克思交往理论作为马克思理论的重要构成部分,在批判资本主义交往方式、构建以共产主义为表征的交往方式过程中起着不可撼动的奠基作用。从马克思交往理论的维度构成来看,最为核心的就是主体间关系(人与人)和主客间关系(人与自然)两大层面。其中,主体间交往关系异化造成了现代社会人与人之间的高度对立,即马克思所批判的阶级问题;主客间交往关系异化造成了人与自然之间物质变换的破裂,即现今日益严峻的生态危机,二者共同构成了现代社会人类的生存发展危机。生态问题出现的深层根源事实上是在资本全球权力的宰制下,因主体间交往关系的对立导致的主客间交往关系的破裂。然而,生态问题以人与自然关系的破裂掩盖了主体间交往关系的对立。由此可见,人与人之间的交往关系,即主体间关系,对人与自然之间的交往关系,即主客间关系起决定性作用。因此,当主体间的交往问题得到解决,主客间的交往问题也就能迎刃而解。造成全球生态危机的实质,正是以主客间关系破裂所表征的主体间关系危机,马克思交往理论恰恰揭示了主体间关系危机的症源。在这个意义上,马克思交往理论的经典分析框架依然适用于对 21 世纪全球生态问题的实质分析与危机破解。

一、马克思交往理论的四重内蕴

"交往"得以产生的条件是处于社会状态下现实活动中的实际的"人"。客观来看,"人"是构成马克思交往范畴的逻辑前提。所以,马克思交往理论的产生最初是与其对"人的本质"探讨结合在一起的。在《1844 年经济学哲学手稿》(以下简称《手稿》)中,马克思认为人的本质是"自由自觉的活动"。这种"自由自觉的活动"在马克思的理论视野下指涉的实际上就是主体的劳动活动。在《关于费尔巴哈的提纲》中,马克思对于"人的本质"认识发生了哲学视野上的巨大转变,指出"在其现实性上,它是一切社会关系的总和"①。在这个过程中,马克思对于人的本质理解实现了从表层的直观劳动到主体劳动背后社会关系层面的逻辑递升。并且,马克思理论研究的侧重点也开始深入到以各种社会关系尤其是以经济关系为表征的影响社会历史发展的决定性因素中来,即人的实践活动过程中的交往关系。在《德意志意识形态》(以下简称《形态》)中马克思对于这一问题的深入思考更为清晰,马克思抓住了人类最为重要的实践类型——生产劳动,实现了对人的本质社会关系化理解的哲学转变。从主体劳动的特点维度来看:一方面,它必须建立在对生产资料改造的现实条件之上,通过具体的劳动建立起了人与自然界之间的主客间关系,以物质性维度规约了人类生存发展的现实前提;另一方面,主体劳动还必须置于一定的社会关系下才能进行。自人类产生以来,人就不是孤立的、单个的个体,而是处于一定历史条件和社会关系下的相互联系的个体。在此意义上,能够表征人的本质的主体间关系则通过社会性维度规约了人类生存发展的现实样态。在《形态》中,马克思的交往理论之所以实现了由《手稿》中的"道德应当"向"客观历史现实阐释"的范式转变,是其批判以费尔巴哈直观唯物主义为代表的德国哲学的理论结果。

---

① 《马克思恩格斯选集》第 1 卷,人民出版社 2012 年版,第 156 页。

费尔巴哈虽然以与唯心主义相对立的唯物主义者自居,但是由于其直观的唯物主义看不到人是在一定社会历史状态下的存在,导致他对于人的本质的哲学理解仍然停留在唯心主义层面。费尔巴哈虽然看到了人是"类"存在物,是一种特殊的关系存在。但是,他仅仅只是从亲情、爱情、友情等方面来理解这种关系,将这种"类"看作是"理性、意志、心"①。因而,马克思指出:"他(费尔巴哈)把人看做是'感性对象',而不是'感性活动',因为他在这里也仍然停留在理论领域,没有从人们现有的社会联系,从那些使人们成为现在这种样子的周围生活条件来观察人们。"②正是通过《手稿》对黑格尔唯心主义和《形态》对费尔巴哈旧唯物主义的哲学批判,在此基础上马克思建构起了较为完善的交往理论架构,实现了交往理论的科学化。总体来看,马克思交往理论的核心内蕴主要体现于以下几个方面。

第一,从社会历史发展的视野对个体存在进行规定。马克思对于人的存在的理解既区别于黑格尔式的仅仅在抽象思维层面的精神化理解,同时更区别于费尔巴哈式的仅仅在直观层面的机械化理解。准确地讲,马克思是从实践的高度对人进行阐释的。从实践出发对人进行阐释,一方面受实践的现实性、历史性维度的制约表征了主体是一种有限性存在;另一方面受实践的创造性、开放性维度的推动暗含了主体是一种无限性存在。作为历史发展主体的人的有限性和无限性的矛盾统一体,共同推动着人类历史向更高级的文明形态跃升。除此之外,马克思既从个体层面对人的独立自由发展进行了规定,又在更深刻的意义上将作为个体的人理解为一种社会性、历史性的存在。并且深刻指出:"地域性的个人最终会为世界历史性的、经验上普遍的个人所代替。"③也即是说,马克思立足于世界历史发展的视野,从人的社会交往本性出发,将个体式的独立存在理解为一种联合体式的历

---

① [德]费尔巴哈:《费尔巴哈哲学著作选集》下卷,荣震华等译,生活·读书·新知三联书店1962年版,第27—28页。
② 《马克思恩格斯选集》第1卷,人民出版社2012年版,第157页。
③ 《马克思恩格斯选集》第1卷,人民出版社2012年版,第166页。

史存在。在这个意义上,马克思以历史性、社会性的规定与旧哲学对"抽象的人"和"直观的人"的设定彻底地区分开来,实现了以实践观变革为表征的哲学革命。

第二,物质性生产是交往的前提,在多种交往关系中经济关系所起到的作用具有决定性意义。马克思在《形态》中深刻指出:"人类第一个历史活动就是生产满足这些需要的资料,即生产物质生活本身。"①正是在人类现实的生产实践活动中,才将人与自然、人与人连结了起来;也正是在这种具体的交往过程中,人类社会才应运而生。在人类社会历史发展过程中,起决定性影响的是经济因素,在马克思看来,交往形式(生产关系)与生产力的矛盾运动是导致现存一切事件的根源。所以,对人类历史的本质把握,必须立足于生产力的历史发展与生产关系的历史演变,从二者的矛盾运动中进行推演。马克思认为,生产关系实质上就是交往关系的一种,并且是一种起决定性作用的交往关系。生产力的发展既取决于以往历史继承的生产力发展水平,同时还受到现存的交往关系制约。而受现存交往关系制约的同时,生产力的自身发展还会对交往关系的变革起根本性的推动。一旦现存的交往关系无法满足生产力进一步发展的要求,在生产力自身发展动力的促动下交往关系必然会发生变革。正是在生产力与交往关系交互运动的过程中,人类历史才能够向前发展。

第三,资本主义制度和资本的权力逻辑,是造成资本主义社会交往不平等的根本原因。在《资本论》中,马克思深入资本主义经济现实"一度"中去,深刻分析了造成交往不平等的深层根源。马克思指出,资本主义在本质上将利润增殖和财富积累看作是最高追求,这是由资本的扩张逻辑所决定的。资本不是一个静止的"物",但是"体现在一个物上,并赋予这个物以独特的社会性质"②。也即是说,资本实质是一种生产关系,资本反映的不仅仅是资本家与工人的剥削对立关系,而且还反映了资本主义生产与自然界

---

① 《马克思恩格斯选集》第 1 卷,人民出版社 2012 年版,第 158 页。
② 《马克思恩格斯文集》第 7 卷,人民出版社 2009 年版,第 922 页。

的剥削对立关系。"在这种关系中，劳动力、劳动产品以及更一般意义上的货物和服务都变成了商品"①。但是，这种对立关系在资本主义制度下被巧妙地遮蔽了。因为，资本在具体的运动过程中，往往以生产资料、商品等物的形态进行表现，以所谓的"等价交换"原则获取生产资料和劳动力。所以从表面上来看，价值的增殖完全只是资本运动的结果，而非是工人劳动的结果。于是，资本取代劳动者，成为受"崇拜"的对象。"资本拜物教"所展现的就是一种典型且彻底的主客逻辑倒置。除此之外，资本主义条件下的主客逻辑倒置还表现在交换价值上。马克思指出："在交换价值上，人的社会关系转化为物的社会关系；人的能力转化为物的能力。"②在这种状态下，社会日益呈两极态势发展：资本主义生产成为"一极"，被改造的自然界成为"另一极"；资本家成为"一极"，劳动者成为"另一极"。在资本主义制度政治逻辑与资本运动的经济逻辑的共同驱使下，合力造就了资本主义交往不平等的现实。

第四，以生产力世界性普遍交往发展带来制度变革，最终实现主体间、主客间交往关系合理化。马克思指出："某一地区创造出来的生产力，在往后的发展中是否会失传，完全取决于交往扩展的情况。"③只有当交往获得了充分的发展条件，即由地域性、民族性的交往走向世界性的普遍交往，现存的生产力才能得以保存，并且在相互交流的过程中向更高水平发展。除此之外，马克思还将建立在交往基础上的各种现实条件看作是通向共产主义的前提。因为"共产主义者实际上把迄今为止的生产和交往所产生的条件看做无机的条件"④。马克思晚年关注的一个重要问题是，落后的东方国家跨越"卡夫丁峡谷"，直接通向社会主义的可能性。事实上，这种可能性在马克思的理论视野下是存在的，即借助于生产力的世界性交往，为落后国

①　[英]阿尔弗雷多·萨德-弗洛：《马克思的价值——当代资本主义政治经济学批判》，周丹等译，社会科学文献出版社2021年版，第63页。

②　《马克思恩格斯全集》第46卷上册，人民出版社1979年版，第104页。

③　《马克思恩格斯选集》第1卷，人民出版社2012年版，第188页。

④　《马克思恩格斯选集》第1卷，人民出版社2012年版，第203页。

家提供发展所需的技术、资金，以一种联合体式的发展实现对现存生产力最大限度传播和全面占有，将地域性的共产主义扩展至世界性的共产主义。在这里，马克思以生产力的巨大发展为前提基础，论证了交往关系合理化的现实路径。

作为历史唯物主义的核心原则，马克思交往理论贯穿于历史唯物主义的发展脉络，并构成了共产主义理论的逻辑前提，在马克思理论的整体版图中具有极其重要的地位。无论是马克思的早期、中期、晚期思想，交往问题事实上都处于马克思理论研究的核心论域。马克思交往理论深刻揭示了资本主义社会中个体交往的不平等和非正义性，以此剥离资本主义制度的合法性。在资本主义社会中，人与人关系的异化造成了人与自然关系的异化，而人与自然关系的异化又在一定程度上掩盖了人与人关系的异化，因此，在马克思看来，应建设共产主义社会以实现全体人的自由平等交往。

二、资本权力与全球生态危机实质

以马克思交往理论审视当今日益凸显的生态危机，使我们清楚地洞察到其产生实质。然而，当前人类普遍对于生态危机产生的根源仍然莫衷一是。这既表明了生态危机的复杂性，同时也展现出人类对生态危机并未形成统一的科学认知。对于全球生态危机产生根源的讨论，从国际范围来看，主要存在着以下几种比较有影响力的观点：

第一，观念根源论。在观念根源论看来，生态危机产生的根本原因在于人类价值观念的错位和自然观念的缺失。一方面，自启蒙运动以来，主体理性的高度弘扬与彼岸世界的幻灭带来的主体地位的过度升高，并由此衍生了对自然价值的遮蔽与放逐。另一方面，自工业革命以来，科学技术得到了飞跃式的发展，人类改造自然的能力进一步增强，理性至高无上、科学无所不能成为跨世纪的时代信条。随之而来的是人类对自然的态度相应地发生转变，即由恐惧、尊重自然逐步走向征服、改造自然的极端人类中心主义观念。生态中心主义立足于观念批判的视角，认为根深蒂固的人类中心主义价值观是造成生态危机的根源。正是人类将自身视作为宇宙之目的的观念，才导致了自然价值的遮蔽。要想从根本上解决生态危机，就必须抛弃人类中心主义的价值观念，从生态中心主义的价值立场出发，将道德关怀范围扩展至人类之外的存在物，以价值理性取代工具理性，进而实现人与自然的和谐共生。生态中心主义将生态危机根源归结为价值观念的做法虽然不无一定的合理性，但就根本意义而言，其并未抓住生态危机的实质根源。对于这个问题，生态学马克思主义者威廉·莱斯进行了充分论证，莱斯认为："控制自然似乎不是人类的伟大事业，而是维护特殊统治集团利益的手段"[1]。也就是说，单就人类中心主义价值观本身而言，与生态危机的产生并没有实质联系。只有当人类中心主义价值观与资本主义制度、资本主义生产方式相结合，成为资产阶级改造自然、征服自然的意识形态之后，才形成了难以避免的生态问题。

第二，技术根源论。流行于西方绿色思潮中的技术悲观主义普遍将"科学技术视为可诅咒的偶像"[2]，认为"对这些假神的顶礼膜拜是我们的灾害的根源"[3]。在技术悲观主义看来，生态危机产生于工业革命之后，与技术发展的负面效应息息相关。正是技术的进步使得人类对自然的改造掠夺能力不断增强，导致现代社会运转始终处于高度的技术"座架"之中。人类对自身能力过度乐观的同时，无视自然本身的运行规律，这就造成了人与自然紧张对立局面的加速形成。因此，在技术悲观主义看来，解决生态危机的出路只能是限制技术发展，甚至是退回到前工业文明时代。显然，技术悲观主义存在的问题更为严重，其忽视了技术本身的"中立"属性，在人与自然间关系中技术仅具有中介属性，并不具备价值属性，导致生态危机的原因在于技术的发明者和使用者，即主体本身。在资本主义社会中，技术由人类合理开发利用自然的工具，演变成了资本控制人的工具，技术丧失了"中

---

① ［加］威廉·莱斯：《自然的控制》，岳长龄译，重庆出版社1993年版，第151页。
② ［加］威廉·莱斯：《自然的控制》，岳长龄译，重庆出版社1993年版，第4页。
③ ［加］威廉·莱斯：《自然的控制》，岳长龄译，重庆出版社1993年版，第4页。

立"的属性,同时被资本赋予了一种统治权力。因此,将生态危机的根源归结为技术的做法,无疑只是掩人耳目,为人类非正义的行为找到了看似合理的"替罪羊"。美国学者科尔曼深刻指出:"如果的确是技术让我们深陷困境,那么毫无疑问,出路就在于开发更好的技术。"①所以就根本意义而言,技术悲观主义的这种观点并不具有科学的说服力。因为,将技术的"工具性"发挥出一种"统治性"意味的幻化过程,恰恰是在社会制度、意识形态、生产方式等多重外力因素的裹挟下才产生的,将生态危机的根源归结为技术发展,在理论和实践上都是行不通的。

第三,人口论根源。将生态危机的产生根源归结为人口增长的做法多集中体现于西方"深绿"思潮。"深绿"思潮受马尔萨斯主义的影响,试图以人口增长来掩盖资本主义对生态环境的剥削与破坏。马尔萨斯曾在《人口论》中指出:"人口,在无所妨碍时,以几何级数率增加。生活资料,只能以算术级数率增加(这是由土地肥力下降所致)"②。因为二者之间存在的无法调和的矛盾,导致了生活资料的短缺仿佛是必然的。在"深绿"思潮看来,这种不平衡的矛盾促使人们不断向自然进军,以获取人类自身生存所必需生活资料,进而导致了愈演愈烈的生态危机。所以,在生态危机的解决路径上,它们普遍主张限制人口增长。在罗马俱乐部发布的《增长的极限》报告中认为,人类正面临有限的生态资源与无限的消耗增长之间的矛盾,而要解决这一矛盾,人类必须选择人口和经济零增长的稳态发展模式。

上述几种观点立足于各自立场,从不同方面论证了生态危机的产生原因,就根本意义而言,它们各自的批判都没有触及生态危机的根源实质,因而,在具体的解决路径上也只能陷入抽象的乌托邦主义,无法在现实中推进。事实上,在马克思交往理论视域下,全球生态危机产生的实质根源,在

①　[美]丹尼尔·A.科尔曼:《生态政治:建设一个绿色社会》,梅俊杰译,上海译文出版社 2002 年版,第 21 页。

②　[英]托马斯·罗伯特·马尔萨斯:《人口论》,郭大力译,北京大学出版社 2008 年版,第 6 页。

于资本主义社会中人与人关系的异化造成了人与自然关系的异化，而人与自然关系的异化又在一定程度上掩盖了人与人关系的异化。在《政治经济学批判（1857—1858 年手稿）》中，马克思认为，作为主体的人的交往具体将依次经历三大历史形态，即"人的依赖"、"物的依赖"和"自由个性"三个不同阶段。马克思研究批判的重点是第二个阶段："以物的依赖性为基础的人的独立性"①。在资本主义社会，人虽然取得了相较于以往交往过程中的独立性，但是这种独立性却是建立在"物的依赖"基础之上的。一方面，伴随资本打开世界市场的大门，商品经济的繁荣推动形成了一个高度交往化的社会，使得主体能力在很大程度上得到显现；另一方面，主体的充分交往和自身能力显现却建立在"物"的基础之上，且只能以"物"的形式进行显现。在马克思看来，这是由资本主义社会的内在逻辑所决定的。资本逻辑的永恒发展目标是利润扩大和财富增殖，创造利润和财富的人仅仅作为"生产工具"而出现。在这一过程中，人的价值转化为物的价值，并且通过物进行体现，主客体关系实现了根本性逻辑倒置，而起推动作用的则是"资本"。资本不是物，其实质是一种社会关系，这种社会关系将人与自然、人与人之间首次强有力地进行了整合。但是，这种整合并没有带来人与自然以及人与人关系的和谐发展，反而将这种二元对立关系进一步激化了。资本的增殖逻辑决定了资本的运动扩张是无止境的，它的触手不仅会伸向身无分文的劳动者，同时也会伸向滋养万物的大自然。因此，在资本主义条件下，人的交往实践的二重性彻底演化为资本扩张的二重性，并由此导致了愈演愈烈的生态危机。事实上，在理想的状态下，人与人之间的主体间交往应该是一种平等的正义关系；人与自然之间的主客间交往应该是一种相互促进的和谐关系。但是，在资本逻辑的重置下，作为主体的人被客体化，人所创造的资本则被主体化，人被资本所宰制。主客逻辑的倒置不仅带来了社会矛盾的日益加剧，同时还带来了人与自然的两极化对立。

————————

① 《马克思恩格斯全集》第 46 卷上册，人民出版社 1979 年版，第 104 页。

随着科学技术的不断发展,地域性的限制逐渐被新的交往形式所打破,其后果是带来了全球化进程的加速。在此过程中,资本的内在扩张逻辑将增殖的触手伸向全球每一个角落,这导致了地区性生态危机逐渐演化为全球性生态危机。事实上,由西方发达国家所主导的全球化进程实质上就是一个"资本全球化"的过程。资本出于利润动机,必然会借助于各种方式不断进行扩张。具体来说,资本全球扩张的方式主要有以下两种类型:一是借助于发达国家与发展中国家的比较发展优势,以援助发展中国家的名义与其进行联合发展,在此过程中对其自然资源进行掠夺,并进行污染产业转移。二是利用由发达国家控制、受资本权力主导的国际政治经济秩序,干预全球产业分工体系,通过世界贸易组织、国际货币基金组织等机构制定的代表发达国家利益的全球贸易规则,最大限度地对落后国家的生态资源进行剥削,以满足资本内在的增殖扩张本性。总而言之,资本全球扩张的上述两种类型共同推动着生态危机逐渐呈现出全球化的趋势,更进一步加大了解决生态问题的难度。从马克思的交往理论来看,全球性生态危机的爆发,从表面上看原因在于人与自然的主客间关系的不当处理,比如技术的滥用、人口的增长、不可持续的发展方式等因素;但是于深层逻辑而言,却是由人与人的主体间关系异化所造成的。正是因为资本的全球权力逻辑以及受其主导控制的国际政治经济秩序,才加深了当今时代的不同阶层、种族、民族、国家间的关系对立。同时,将人类社会的交往问题转嫁到了自然领域,使得生态问题逐渐演化为全球政治问题。在这个意义上,资本的全球权力逻辑正是造成全球交往不平等的根源,也是引发全球生态问题的实质根源。

三、全球生态文明建设的双重维度

主体间的交往问题和主客间的交往问题,是马克思交往理论内含的两大核心问题。主体间交往关系异化是造成主客间交往关系异化的根本原因,更进一步讲,由资本逻辑所造成的人的异化,使资本主义社会中人与人的关系发生异化。每个人内心强大的致富欲望,在资本主义"自由竞争"的规则掩护下发挥至极,整个社会对物的无穷的占有欲导致了自然资源的过度消耗,人们忽视了自然界以及自然规律的先在性,错误地将对自然物质资源的竭力获取,视为在人与人交往过程中处于优势地位的秘籍、砝码,而资本主义社会中竞争的无止性又再次加剧了人与自然关系的异化与矛盾。主体间交往关系异化,引发了主客间交往关系异化。因此,主体间的交往问题解决了,主客间的交往问题也就能迎刃而解。在这个意义上,探寻现实层面全球生态危机的解决路径,就必须从构建主体间的合理交往关系为出发点。在此基础上,以主体间交往关系的合理化,从根本上促进主客间对立问题的解决。重塑主体间、主客间的交往关系,正是全球生态文明建设的双重维度。

(一)主体间交往维度:以构建人类命运共同体推动全球政治经济秩序变革

马克思交往理论对于分析当今全球生态危机的实质根源具有重要意义,资本的全球扩张逻辑,以及受资本权力主导的国际政治经济秩序,使主体间交往关系异化,进而形成了主客间关系对立。第二次世界大战以来,建立在"西方中心论"之上的国际治理格局在今天难以为继,西方的治理理念、体系和模式越来越难以适应新的国际格局和时代潮流,并已无法顾及和满足现阶段发展中国家的利益要求。所以,推动全球政治经济秩序变革,构建以"持久和平、普遍安全、共同繁荣、开发包容、清洁美丽"为价值指向的人类命运共同体势在必行。因此,全球生态危机的解决必然要从主体交往关系的合理化入手,"通过变革资本所支配的不合理的国际政治经济秩序,使之民主化,实现环境国际正义"①。变革不合理的国际政治经济秩序、推动全球环境治理,就应当要做到以下两点:一是发展中国家必须从本国国情和历史传统出发,在借鉴发达国家先进发展经验的同时保持警惕,尽可能地摆脱依附式发展道路,坚持走独立自主、符合本国实际的发展道路。因为,"一个国家走什么样的道路,只有这个国家的人民最有发言权。一副药方

---

① 王雨辰:《生态学马克思主义与后发国家生态文明理论研究》,人民出版社 2017 年版,第 207 页。

不可能包治百病,一种模式也不可能解决所有国家的问题"①。在坚持走自主发展道路的基础上,广大发展中国家通过联合,提高落后国家的国际话语权,保持发展中国家经济发展的自主性,以此捍卫自身的环境权和发展权。二是发展中国家应主动承担相应责任、积极参与到全球环境治理之中,做国际政治经济秩序变革的推动者。国际政治经济秩序变革不可能靠哪一个国家,或者说哪几个国家的努力就能实现。如果发展中国家都以一种事不关己的态度画地为牢,那么变革由资本主义国家主导的国际政治经济秩序只能是痴人说梦。国际政治经济秩序变革不可能由发达国家主动完成,也必然不是短期就能一帆风顺地实现的,而只能是以一种倒逼的方式迫使其参与这个过程,接受这个结果。

由于生态危机的全球性特征,决定了地区性的生态自治只能是治标而不治本。所以,在参与全球生态治理的过程中,无论是发达国家还是发展中国家都应承担其相应的责任。但是,发展中国家所承担的责任只是一部分,更多的责任还是应该由发达国家承担。这既是由发达国家工业化进程所造成的全球污染量所决定的,也是由发达国家相较于落后国家的环境治理能力水平所决定的。从当前全球生态危机发展趋势和治理困境来看,人类命运共同体强调的"共同而有差别的责任"是唯一可能、更是唯一可行的现实的生态治理路径。只有主体间的交往关系实现了规范化、公平化、合理化,不同民族国家的对话商谈才有可能,全球生态危机的解决才有希望。客观来说,人类命运共同体的提出为主体间合理交往关系的构建指明了现实方向。即秉持"各尽所能、合作共赢"的理念,奉行"平等法治、公平正义"的原则,最终实现"包容互鉴、共同发展"的目标。应该明确,人类命运共同体虽然强调变革资本主义主导的不合理的国际政治经济秩序,但其初衷并不在于制造差异对立。因为,变革不合理的国际政治经济秩序是人类历史发展的大势所趋,是不以人的意志为转移的历史必然。相反,人类命运共同体主

---

① 《习近平谈治国理政》第 3 卷,外文出版社 2020 年版,第 458 页。

张应该摒弃争端、搁置对立，在差异中寻找共通之处，为全人类的共同利益而努力。以构建人类命运共同体推动全球政治经济秩序变革，正是从主体间交往维度破解全球生态危机、构建全球生态文明的一重维度。

（二）主客间交往维度：以发展生态生产力为人类文明新形态提供物质支撑

在生态问题上，虽然主体间交往关系具有决定性意义，但是主客间合理交往关系的建立对于生态危机的解决同样十分重要，二者应该相互促进，共同前行。主客间合理交往关系的重建，最直接的现实指向就是生产力的发展方向。对于这一问题，西方环境哲学曾认为，生产力范畴体现的是人与自然的二元对立关系，正是生产力的发展才导致了日益严峻的生态问题。所以，他们普遍主张通过放弃生产力的发展，回到前技术文明时代来解决生态问题。客观来说，这种极端的生态中心主义观点不仅没有抓住问题实质，而且还对生产力的范畴具有严重误解。所以，在解决路径上呈现出严重脱离现实的抽象乌托邦主义色彩。应该明确，生产力与技术一样，是一个中性范畴，生产力发展所带来的正负效应实质上是主体行为的直观反映。因而，并不能简单地将生态问题产生原因，简单归结为生产力的发展。在马克思看来，生产力的发展目的在于满足人类需要，当生产力发展威胁人类的生存前提时，人类应当反思这样的生产力发展事实上并非在满足人类的真实需要，而资本逻辑正是这些人类虚假欲求的制造者与控制者。在历史唯物主义视域下，生产力是表征人类改造自然能力水平的核心范畴，然而，改造自然势必要以自然界及自然规律的先在性为基础，而非一种盲目发挥人的主观能动性的生产力发展方式。更进一步讲，从马克思的自然观与生产力理论来看，自然界是人的无机身体，生产力事实上早已内含了生态的优先性原则，"人靠自然界生活。这就是说，自然界是人为了不致死亡而必须与之不断交往的、人的身体"①。但是，在马克思的时代，由生产力消耗式发展所带来的生态问题并未凸显，因而在马

---

① 《马克思恩格斯全集》第 42 卷，人民出版社 1979 年版，第 59 页。

克思的著作中,涉及对生产力问题的阐释时并未着重强调生产力的生态内蕴。然而,从历史唯物主义本体论与认识论的双重视角出发,我们应该看到生产力发展过程中所内嵌的生态意蕴,马克思的生产力理论事实上包含着生态与生产力的关系架构。在这个意义上,马克思所提出的生产力发展,在当今正是一种生态生产力的发展。即生态优先、多方和谐、要素均衡的生产力发展样态。生态生产力既包含着生态(作为名词)是生产力,一些生态资源在一定条件下可转化成生产力(自然生产力);也包含着在面临严重生态问题时,应发展一种生态(作为形容词)化的生产力(社会生产力)双重内涵。生态生产力并非一种新型的生产力发展理念,而是建立在唯物史观的思想基础上,面对新现实问题时,对马克思生产力理论的内涵再现与时代表征。生态生产力实质上是马克思生产力理论的新时代样态,是区别于对马克思曲解了的传统生产力理念(将生产力单纯视作人类征服自然的工具)的,符合当今时代历史进程的,能够满足人民美好需要与人类真实需求的生产力发展方式。它要求我们在改造、利用自然的过程中秉持"尊重自然、顺应自然、保护自然"的生态友好价值理念,以现代生态科学为指导,在发展生产力的过程中保护生态环境,在保护环境的同时发展生产力,推动人化自然与人类社会和谐共生、永续发展。在生态生产力发展的路径建构层面,应该从以下几个方面入手,即生产力发展中的三大构成要素:劳动者、劳动资料和劳动对象。具体来说,在劳动者方面,"以生态文明观构建,培养具有生态意识的新时代劳动者"。在劳动资料方面,"以生态科技提高,发展具有生态保护性能的劳动资料"。在劳动对象方面,"以健全生态保护机制,平衡生态需要,选择更优化的劳动对象"①。本文限于篇幅,在具体路径上则不作赘述。发展生态生产力,既符合历史唯物主义对生产力发展规律的理论预判,也符合现代社会主体生存发展的现实要求,体现出马克思主义合规律性与合目的性的高度统一。

---

① 于天宇:《新时代生态生产力发展的理论逻辑与实践路径》,《学习与探索》2019 年第9 期。

现代资本主义社会加速的三重幻象

现代资本主义社会中所展现出的时间紧缺现象,从表面上看,问题在于主体待解决的事务量不断增长,而实质上,源于现代资本主义社会的加速循环逻辑。德国学者哈特穆特·罗萨在《新异化的诞生》(以下简称《新异化》)中回答了"到底现代社会中在加速的是什么"①这一问题。罗萨的观点是:由科技进步加速,引发社会变迁加速,进而形成生活步调加速,生活步调为实现更快的加速,要求科技更快进步,从而陷入了一种加速闭环状态。这样的判断与许多未来主义者的观点有些许相同,似乎都将科技发展作为社会变化的肇因。然而,从马克思的视角继续推论,在深层逻辑中,科技进步加速可视作现代资本主义社会加速循环的逻辑开端,但并非造成时间匮乏与主体异化的根本原因,科技进步加速的目的事实上在于使生产加速成为可能。马克思认为:"没有需要,就没有生产。"②生产力发展的目的在于满足人类需要,生产的加速服务于需要的加速,需要的加速服务于资本增殖的加速。正如马克思在《1844年经济学哲学手稿》中对私有财产和需要问题的关系判断:"每个人都指望使别人产生某种新的需要,以便迫使他作出新的牺牲,以便使他处于一种新的依赖地位并且诱使他追求一种新的享受,

---

① [德]哈特穆特·罗萨:《新异化的诞生:社会加速批判理论大纲》,郑作彧译,上海人民出版社2018年版,第10页。

② 《马克思恩格斯选集》第2卷,人民出版社2012年版,第691页。

从而陷入一种新的经济破产。每个人都力图创造出一种支配他人的、异己的本质力量,以便从这里面获得他自己的利益需要的满足。"①由此可见,现代资本主义社会加速,本质上是由资本逻辑要求消费加速,产生需要加速,带动生产加速所引发的。在生产加速的满足过程中,发生科技进步加速,引发社会变迁与生活步调加速,并形成一种闭合的加速循环逻辑。资本权力控制着主体的需要与欲望,进而占据了每个人的闲暇时间,使资本主义社会中的全体人沦为资本的增殖工具。

在资本逻辑驱使下的现代资本主义社会加速,必然导向主体异化与资源枯竭的危险后果。一方面,不断增强的时间紧缺现象,导致主体闲暇时间的继续缩减,使得人们距离他们真正想做的事越来越远。日本学者森冈孝二在《过劳时代》中指出:从 20 世纪 40 年代末至 20 世纪 80 年代末,美国劳动者的生产率提高了两倍以上,但是在 20 世纪 60 年代末至 20 世纪 80 年代末,美国人的全年工作时间增加了 163 个小时②,这说明,资本主义社会越发展,则越将不可避免地加剧人的异化。"人作为人更加贫穷,他为了夺取敌对的存在物,更加需要货币,而他的货币的力量恰恰同产品数量成反比,就是说,他的需要程度随着货币的力量的增加而日益增长。"③因此,在现代资本主义社会中,人们必须主动将更多自我的闲暇时间投入工作,以换取货币——"通往梦想的桥梁"。另一方面,在以资本增殖为目的的生产消耗过程中,资本的无止性与自然资源的有限性间的矛盾无法调和,"即生产力发展的概念忽视了对来源于人类对自然依赖的发展限制"④。因此带来的危机是,资源再生率长久性低于资源消耗率,最终将导致自然资源的枯竭。面对终将到来的资本崩溃时刻,资本主义试图通过一系列虚假幻象手段,缓解现代资本主义社会中的异化矛盾,麻痹现代资本主义社会中主体的

① 《马克思恩格斯文集》第 1 卷,人民出版社 2009 年版,第 223 页。
② 参见[日]森冈孝二:《过劳时代》,米彦军译,新星出版社 2019 年版,第 30—31 页。
③ 《马克思恩格斯文集》第 1 卷,人民出版社 2009 年版,第 223 页。
④ [英]乔纳森·休斯:《生态与历史唯物主义》,张晓琼等译,江苏人民出版社 2011 年版,第 233 页。

异化体验，并试图延缓增长极限的到来时间。然而，当资本"按它自己的运动规律"①加速运动时，也同时加速了资本逻辑的消亡。

一、"慢节奏"的幻象

在现代资本主义社会加速的压力之下，主体对"慢"产生了巨大的渴望，"慢节奏"的主张也越来越引起社会的普遍关注。放慢的生活节奏、舒缓的生活方式、平淡的生活追求等，一时之间形成一种"慢文化"的合力。主体将对于"慢"的追求视为对于现实中"快"的逃离或抵制。"慢"被视为一种"高贵"的奢侈品，因为必须拥有足够的资本（时间），才有资格沉浸在"慢节奏"的生活步调之中，而无需在"快节奏"的压力状态下为生活奔波。如马克思所言："财富的尺度绝不再是劳动时间，而是可以自由支配的时间。"②在这个意义上，"慢节奏"除了可以有限地缓解加速社会的巨大压力以外，同样被冠以了现代资本主义社会的特殊符号。鲍德里亚在《消费社会》中对诸如此类的景象给出了一种完整的概括："人们总是把物（从广义的角度）当做能够突出你的符号……每个人都是通过它注册于社会的"③。然而，在事实层面上，"慢节奏"固然带来了一时之间对于生活步调加速的抽离，但却在更大程度上推动了这种社会加速。如若将"慢节奏"视为一种应对现代资本主义社会加速的"减速"策略，那么，这种减速实质上带来了更大程度的资本主义社会加速。在竞争逻辑的驱使之下，资本权力极大地操控着主体的欲望，人们不能去做他们真正想做的事，取而代之的是他们应该做的事，即为资本的加速增殖而拼命加速。正如马克思所言：劳动者"自由"的一无所有④，而资本家不过是社会机制的"主动轮"⑤。自由竞争带来了资本的自由与人的不自由，资本实现了对主体的全方位宰制，因此"慢节

---

① 《马克思恩格斯文集》第 8 卷，人民出版社 2009 年版，第 180 页。
② 《马克思恩格斯文集》第 8 卷，人民出版社 2009 年版，第 200 页。
③ ［法］让·鲍德里亚：《消费社会》，刘成富等译，南京大学出版社 2014 年版，第 41 页。
④ 《马克思恩格斯文集》第 5 卷，人民出版社 2009 年版，第 197 页。
⑤ 《马克思恩格斯文集》第 5 卷，人民出版社 2009 年版，第 683 页。

奏"与现代资本主社会所引发的"快节奏"本质上是相违背的,在现代资本主义社会加速逻辑下,不可能实现真正的"慢节奏",所谓的"慢节奏"不过是一种幻象。

在加速的现代资本主义社会之中,主体确实需要这种暂时的"缓慢",因为社会的加速也带来了异化的加速,然而,享受这种缓慢是需要付出代价的。罗萨在《新异化》中总结了现代资本主义社会中的五种减速现象并得出结论:减速现象表示的是社会加速的(抑制性)限制,或是加速的副作用、派生物,以及让加速过程得以可能成立的条件等等①。因此"减速"事实上是为了加速的"减速",短暂的"慢"是为了持久的"快"。因为这种"离开"永远是暂时性的,"回归"之后,迎接他们的仍然是加速的社会。在加速社会中,主体需要为自己的"减速行为"付出代价,所以,主体不得不更加加速,"快的人获得胜利,慢的人就只能在后面追赶或失败"②。

作为加速手段的"慢节奏"的现实前提是资本权力对主体工作事件量的控制。当工作事件量小于工作时间时,也就是说在固定的工作时间中完成了当前的工作事件后,工作时间仍有剩余,资本则通过规定固定工作时长,并将之填满的方式来掠夺更多的剩余价值。伴随社会加速发展,工作事件量不断增加,当工作事件量大于工作时间时,也就是说在固定的工作时间中完成工作事件,会造成一种延迟与拖延的景观时,资本又再次通过对固定工作时间的解禁,来体现其从不懈怠的增殖本性。因此,在现代资本主义社会中,资本表面上放宽了对工作时间的要求,例如增加的假期、很多可以带回家完成的工作等等。但事实上资本通过对工作事件的约束,在更深的层面上掌控了行为者的时间。这将造成现代资本主义社会中主体性的彻底丧失,正如马克思所言:"个人的全部时间都成为劳动时间,从而使个人降到

---

① 参见[德]哈特穆特·罗萨:《新异化的诞生:社会加速批判理论大纲》,郑作彧译,上海人民出版社 2018 年版,第 52—53 页。

② [德]哈特穆特·罗萨:《新异化的诞生:社会加速批判理论大纲》,郑作彧译,上海人民出版社 2018 年版,第 77 页。

仅仅是工人的地位,使他从属于劳动。"①因为,在现代资本主义社会加速逻辑中,每个人身处于"滑动的斜坡"之上,获得承认的意义已不再如霍耐特所认为的那样,随之而来的是,承认的有效周期不断骤减,导致人们需要获得几乎每时每刻的承认,以不断追赶或维持竞争力。"普遍的金钱偏好支配着时间偏好,人们在其私人时间中所做的被解释为消费者欲求"②,这种欲求实质上是被迫的,只是在资本逻辑的幻象下让人们无法察觉。

马克思在论述资本主义生产作用及其界限时,列举了资本主义社会扩大消费的三方面具体手段:"第一,要求在量上扩大现有的消费;第二,要求把现有的消费推广到更大的范围来造成新的需要;第三,要求生产出新的需要,发现和创造出新的使用价值。"③在这样的背景之下,主体任何的闲暇时间都将被无穷的事务充满。因此,表面上人们可以在家享受闲暇,而事实上,由于竞赛社会与加速逻辑的不断鞭策,所谓的闲暇时间,使行为者不得不继续将它用来工作,甚至于即便如此,这些时间相对于行为者不断增加的工作事件量来说,仍然是匮乏的,时间资源在现代资本主义社会中仍然是紧缺的。人们恐慌于失去价值,然而"决定某种价值的人,总是固定了某种无价值,决定无价值,其意义就是在于要消灭无价值"④。在资本主义社会中从未改变过的,正是对资本的掠夺与对劳动者的压榨。资本看似给繁忙加速的社会一丝喘息之机,即放宽对工作时间的要求,而实际上则是一种更深层级的规训与掌控。

这样的"心机"也同样被现代资本主义利用于对"慢"的设计。米兰·昆德拉在他的小说《慢》中,将速度形容为技术革命送给人的"礼物"⑤,美

①《马克思恩格斯文集》第8卷,人民出版社2009年版,第200页。

②[奥]赫尔嘉·诺沃特尼:《时间:现代与后现代经验》,金梦兰等译,北京师范大学出版社2001年版,第95页。

③《马克思恩格斯文集》第8卷,人民出版社2009年版,第88页。

④ Carl Schmitt, Theorie des Partisanen, Zwischenbemerkung zum Begriff des Politischen, Berlin: Duncker & Humbolt, 1963, p.80.

⑤ 参见[法]米兰·昆德拉:《慢》,马振骋译,上海文艺出版社2003年版,第2页。

国学者马克·泰勒则将这个"礼物"视作人类的精神鸦片①。正是由于人们对速度的迷恋,使得资本权力通过事务量对主体的时间进行掌控。主体对于"慢"的"享受"已经演化为对于持久的"快"的准备活动,因为必须通过实现更多的"快"来补偿他们在"慢"中的损失。在现代资本主义竞赛社会中,虽然资本希望行为者 24 小时无条件地为其服务,但这并不妨碍行为者因为享受"慢"而造成的减速损失,这样的损失会在行为者返回加速社会之后获得加倍补偿——这甚至于成为行为者自身的主观诉求!因此,资本不仅没有损失任何,反而收获了行为者对于"慢"的消费。尽管这种消费相对于加速社会来说微不足道,但资本不会放过任何掠夺的机会,这也正是其本性所在。以加速为目的的减速策略虽无法变革资本主义的逻辑根基,但却会在一定程度上使主体内心感受到片刻的速度延缓与自由放松。当然,这种延缓无法真正对现代资本主义社会加速起到抑制效果,但资本逻辑的隐匿幻象,使得人们在加速社会中越发麻痹,并在习以为常的异化社会中获得了暂时的"解脱"。这种暂时的"解脱"无形中再次成为了人们在加速社会中的加速剂,使得人们在获得缓慢的享受后,继续陷入更为快速的加速活动之中。

当现代资本主义社会使主体在普遍的加速压力中,麻痹于短暂的"慢"的效应之后,"慢节奏"作为"快节奏"(即使在某种程度上是一种异化现象)的加速剂成为主体的主观追求。人们主观渴望"慢",是因为人们主观渴求着"快"。即便在很多时刻,人们内心并不渴望这种"快",但在加速逻辑驱使下,现实的事件数量增长,伴随资本主义社会的"提升逻辑"使其别无选择。"既然时间就是金钱,那更快总是更好。"②因此,人们主观上对于"慢节奏"的渴望很大程度上是因为社会加速所导致的。然而,客观上对于

---

① 参见[美]马克·泰勒:《为什么速度越快时间越少》,文晗译,中国政法大学出版社 2003 年版,第 6 页。

② 参见[美]马克·泰勒:《为什么速度越快时间越少》,文晗译,中国政法大学出版社 2003 年版,第 77 页。

"慢节奏"消费的引导,实质上是资本的一场骗局。正如马克思对资本主义劳动过程变化的判断:"资本的趋势始终是:一方面创造可以自由支配的时间,另一方面把这些可以自由支配的时间变为剩余劳动。"①不仅行为者消费的"慢"需要用加倍的"快"来补偿,更重要的是,一些行为者享受了过多的"慢"而失去了加倍补偿的机会,由产业后备军,最终退次为赤裸生命——"被掏空价值的生命"②——因为对于资本来说他们丧失了价值,且无法获得承认。现代资本主义通过抛出"慢节奏"的幻象,一方面转移了在加速逻辑下"快"的矛盾,使人们在"快""慢"之间切换生活步调,通过更多的"快"来追求不可能实现的"慢";另一方面,在"慢节奏"的幻象之下,继续促动了现代资本主义社会加速,在根本层面上,满足了资本逻辑的增殖本性。

二、"共鸣"的幻象

马克思在《资本论》第一版序言中指出:"一个社会即使探索到了本身运动的自然规律……它还是既不能跳过也不能用法令取消自然的发展阶段。但是它能缩短和减轻分娩的痛苦。"③相比于"慢节奏"的幻象,哈特穆特·罗萨所提出的"共鸣"策略则立足于缓解在现代资本主义社会加速逻辑下产生的"分娩的痛苦"。简单来说,"共鸣"策略实质上就是人们对加速社会所带来的时间匮乏与主体异化的一种妥协适应。在罗萨的社会加速批判理论中,一方面认同并探索了现代资本主义社会加速的循环逻辑;另一方面也提出了伴随这种社会加速所出现的新异化,即空间异化、时间异化、物界异化、行动异化、自我异化与社会异化④。在罗萨看来,探寻解决新异化问题,似乎同时是在为解决社会加速问题构建方法。当然,这种新异化并未

---

① 《马克思恩格斯文集》第 8 卷,人民出版社 2009 年版,第 199 页。
② [意]吉奥乔·阿甘本:《神圣人》,吴冠军译,中央编译出版社 2016 年版,第 187 页。
③ 《马克思恩格斯文集》第 5 卷,人民出版社 2009 年版,第 9—10 页。
④ 参见[德]哈特穆特·罗萨:《新异化的诞生:社会加速批判理论大纲》,郑作彧译,上海人民出版社 2018 年版,第 116 页。

在根本层面超越马克思的异化理论,因此,罗萨的"共鸣"策略也同样未超越马克思的革命理论。

不同于"慢节奏"幻象的短暂性与不确定性,罗萨试图探寻一种一劳永逸的对"快节奏"的根本摆脱之法。罗萨认为,追求一种共鸣的社会关系,才是应对现代资本主义社会加速及其所产生的新异化形式的唯一出路,这也是其社会加速批判理论的重要核心思想。因为共鸣体现为一种"有关系的关系",而异化则是一种"缺乏关系的关系"。因此罗萨认为,人与世界间存在两种微妙关系,而人类的生存之道也正是妥善地平衡这两种关系,即正面的"共鸣"关系与负面的"异化"关系。所谓的共鸣(Resonanz),从表面来看,就是一种声音间的彼此相互呼应体现,"意指一种主体和世界彼此会相互回应的关系"①。同时,罗萨还特别强调了共鸣与"回音"的差异,"回音是同一种声音的反复回荡,但共鸣是两种不同的声音在相互呼应"②。换句话说,共鸣关系是人们与世界间,在保持自己频率同时的相互呼应,并非一方复制于另一方,更不是单方面的呼唤。"共鸣关系让主体有身处世界、不被世界抛弃的经验,并且在共鸣的过程当中主体有机会吸取世界的支持来为自己所用、或是知道世界不动如山因此需要调整自己。"③共鸣的最终目的是使得身体的生存节奏与社会的加速节奏处在同一频率上。现代资本主义社会中,主体必须将自己的节奏融入社会的节奏中,进而适应加速的步调,最终寻求生命节奏与社会节奏的共鸣。通过这种主动的适应与迎合,逐渐产生麻痹与遗忘,变成自然与习惯。从而实现即便身处加速社会之中,却感受不到速度的存在。换句话说,共鸣是对"人、物、自然、艺术甚至我们的身体或我们的感觉的一种相互的反应关系,在此种关系中,我们的感觉真正

---

① [德]哈特穆特·罗萨:《新异化的诞生:社会加速批判理论大纲》,郑作彧译,上海人民出版社 2018 年版,第 13—14 页。

② [德]哈特穆特·罗萨:《新异化的诞生:社会加速批判理论大纲》,郑作彧译,上海人民出版社 2018 年版,第 14 页。

③ [德]哈特穆特·罗萨:《新异化的诞生:社会加速批判理论大纲》,郑作彧译,上海人民出版社 2018 年版,第 14 页。

地与他者彼此链接"①。

在具体的构建过程中，罗萨进一步提出了三种共鸣轴建立的主张：即"水平的共鸣轴"（人与人的共鸣）、"垂直的共鸣轴"（人与世界的共鸣）、"对角共鸣轴"（水平与垂直间的连接轴）。在罗萨看来，由现代资本主义社会加速所造成的新异化，并不妨碍"共鸣轴"的建立，并认为异化是共鸣的先决条件。也就是说，罗萨认为由现代资本主义社会加速所带来的新异化是十分正常的，因为如果没有异化的出现，共鸣似乎不存在登场的理由。同时，罗萨认为，一味的共鸣与持久的异化同样不是一个好的选择："共鸣也不能过度，否则最终可能会造成各执一词的争吵，乃至造成极权或相互毁灭的状况，因此共鸣到一定程度之后，相互冷静一下、回到异化状态，也并非坏事。"②这种"共鸣"与"异化"不断切换的表现，在罗萨看来理应是人类社会发展过程中的常态，因此，应通过不断的切换，来调节加速资本主义社会中人的存在状态。"异化"是必然的，当"异化"所造成的后果严重时，将需要通过"共鸣"的方式消除"异化"的体验。

罗萨认为："时间体制架构了我们的交往关系，而不是交往关系决定着时间体制，我们只能在时间的加速旋转之中运转，即便我们以主体间的关系链接成一个巨大的网络，我们仍然在时间体制之中。"③正是因为这样的观点，在罗萨看来，我们不应该对加速的摆脱或急停抱有幻想，因为我们本就是加速的一部分。因此，在灾难与革命之间，罗萨选择了"共鸣"。虽然罗萨看似清晰地论述了有关共鸣与异化间关系的来龙去脉，并较为丰满地搭建了建立共鸣轴的逻辑框架。然而，如同罗萨自己的观点：时间的网络已牢牢将我们捆绑，在这样的境遇之内，共鸣的策略是否真的有效？至少在解决

---

① 孙亮：《资本逻辑视域中的"速度"概念——对罗萨"社会加速批判理论"的考察》，《哲学动态》2016 年第 12 期。

② ［德］哈特穆特·罗萨：《新异化的诞生：社会加速批判理论大纲》，郑作彧译，上海人民出版社 2018 年版，第 19 页。

③ 蓝江：《可能超越社会加速吗——读哈特穆特·罗萨的〈新异化的诞生〉》，《中国图书评论》2018 年第 7 期。

由于现代资本主义社会加速及其所产生的新的异化这个根本问题上仍需探讨。

马克思在《共产党宣言》中指出:"生产的不断变革,一切社会状况不停的动荡,永远的不安和变动,这就是资产阶级时代不同于过去一切时代的地方。"①罗萨的共鸣策略,同样是应对现代资本主义社会加速的一种幻象策略,本质上是一种对资本孱弱的乐观臣服,或者说无奈的妥协策略,既望梅止渴又盲目乐观——因为在根本层面上并未改变资本权力对人的宰制:一方面,在现代资本主义社会加速逻辑下,人们实质上处于一种被迫服从之状态,是一种被动的接受,而不存在罗萨所设想的通过一种主观的调节与适应产生共鸣。在现代资本主义社会加速逻辑中,资本通过永无止境的事件增加,已经形成与主体间的无法摆脱的精神捆绑。固定工作时间的去除与"慢节奏"的幻象已经可以充分地说明这一观点。资本逻辑对于体验者的掌控程度,使得体验者无法做出第二种(除被迫妥协外)选择。因此,"共鸣"的幻象更像是一种开脱,或者说在罗萨的视角中,我们本身就无法选择,因此不如乐观接受。"异化"与"共鸣"的随时切换,这同样高估了被加速网绳所牢牢束缚的人们的主观能动性。即便罗萨的"共鸣"策略是可行的,然而它所解决的并非是关于现代资本主义社会加速及其所产生的新异化问题,或者说,罗萨是变被动异化为主动异化,主动接受了,在罗萨看来就不算做异化了。"唯有共鸣乃是真,一切皆异化。"②

另一方面,罗萨的共鸣策略并未触及现代资本主义社会加速的根本动因。也就是说,虽然罗萨对自我扭曲与社会异化等做了充足的分析,并且这种分析与解释确有其可取之道,但问题是,罗萨仍然拘泥于资本主义的视域之内,使得这种理论所寻求的解决路径不能从根本上消除现代资本主义社会加速及其所产生的新异化。"共鸣"策略无法从根本上使人们获得解放,

① 《马克思恩格斯选集》第 1 卷,人民出版社 2012 年版,第 403 页。
② 蓝江:《可能超越社会加速吗——读哈特穆特·罗萨的〈新异化的诞生〉》,《中国图书评论》2018 年第 7 期。

所期望带来的美好景象,也只能停留于表面,人们无法真正获得自由而全面的发展。让生命节奏与社会加速节奏产生共鸣,也更是一种追赶异化的共鸣。因此,"共鸣"策略无非是一种介于加速灾难与革命恐慌之间的妥协路径。"一种让生命的节奏与社会加速的节奏的共鸣,并不是解放的途径,而是说,一旦你适应了加速的节奏,你便能在共鸣与异化的辩证关系中找到一丝惬意。"[1]在"共鸣"的策略中,异化的程度并未因此退减分毫,这种共鸣更仿佛一种更深层次的异化,或者说彻底的变化。在理想的共鸣状态中,人们已然完全丧失了"同"而变为更彻底的"异",当"同"完全丧失之时,"异"也就变为了"同"。因此,罗萨的共鸣策略,无法解决现代资本主义社会加速及其所产生的新的异化问题,甚至于使其更为加剧,这无疑是对现代资本主义社会加速的不自觉的臣服。

"共鸣"的幻象虽不同于"慢节奏"幻象的短期效益,但通过"共鸣"理念的建立,实际上趋向实现一种根本的"异化"。罗萨认为,在社会历史发展的许多阶段都出现过不同程度、不同方面的异化现象,因此在他看来,主体通过对自身的调节可以适应这种异化(加速)环境。共鸣策略实质上是以异化为代价的,这种主观迎合的"共鸣"策略,事实上只会使现代资本主义社会加速更为加速。现代资本主义社会中,资本力量也正是通过劳动者的不断劳动,而不断壮大的。如马克思所言:"工人在劳动中耗费的力量越多,他亲手创造出来反对自身的、异己的对象世界的力量就越强大。"[2]资本力量越强大,相对应的无产阶级力量就越薄弱,资本对人的掌控也就越牢固。虽然现代资本主义的宰制手段更为高明和隐匿,但马克思曾经的预言仍然被不断验证:"一切等级的和固定的东西都烟消云散了,一切神圣的东西都被亵渎了。"[3]因此,如若"共鸣"真的实现,也只会加速这种消散与亵

---

① 蓝江:《可能超越社会加速吗——读哈特穆特·罗萨的〈新异化的诞生〉》,《中国图书评论》2018 年第 7 期。

② 《马克思恩格斯选集》第 1 卷,人民出版社 2012 年版,第 51 页。

③ 《马克思恩格斯选集》第 1 卷,人民出版社 2012 年版,第 403 页。

渎。"共鸣"策略在事实层面上终将变为掩盖加速与异化的幻象。

三、"科技承诺"的幻象

"资产阶级在它的不到一百年的阶级统治中所创造的生产力,比过去一切世代创造的全部生产力还要多,还要大。"①这样的生产力创造,伴随着资本主义社会加速的发展,然而,在这样的发展背后,"我们不要过分陶醉于我们人类对自然界的胜利。对于每一次这样的胜利,自然界都对我们进行报复"②。资源的加速枯竭,同样是现代资本主义社会将要面临的危险后果与发展瓶颈。"共鸣"的幻象试图掩盖人的异化,但无法解除自然资源的根本性限制。在资本权力的宰制下,为实现资本加速增殖,产生着无休止的消费加速、需要加速与生产加速,过度的生产消耗势必导致资源消耗的速率超过资源再生的速率。罗马俱乐部在 1972 年发表的《增长的极限》与 1974年发表的《人类处于转折点》两份研究报告中,面对科技发展所引发的诸多全球性环发问题做出了详细的梳理和预测,最终的结论是:科技的滥用与生产的无度终将导致增长极限的到来。面对终将到来的由资源匮乏所引发的发展桎梏,资本主义通过自身的延缓策略,试图拖延并超越资本的崩溃时刻。一方面,资本实施对内的抑制策略,即通过科技发展实现资源节约,最终目的在于降低资源消耗率;另一方面,资本实施对外的扩张策略,即通过对外部空间的占领实现资源获得,最终目的在于提升资源增长率。

可以肯定的前提是,无论是对内的抑制策略还是对外的扩张策略,在本质上所依仗的工具都是科技进步。现代资本主义社会所标榜的高新科技,一方面加快了资本增殖的步伐,另一方面成为资本主义侵占掠夺的技术资本,更重要的是,通过技术手段获取的资源,试图为更高的技术(通过技术手段突破资源限制)实现争取时间。因此,现代资本主义社会中的科技发展,无法真正兑现其对人类生活本质解放的承诺。在这个意义上,"科技承

---

① 《马克思恩格斯选集》第 1 卷,人民出版社 2012 年版,第 405 页。
② 《马克思恩格斯选集》第 3 卷,人民出版社 2012 年版,第 998 页。

诺"同样是一种幻象。现代资本主义社会中的科技加速,虽然在一定程度上改变了人们的生活方式,但并未在根本层面使人们获得自由与解脱,且适得其反。通过科技加速发展为人们赢得的闲暇时间,在现代资本主义社会中,演变成了处理更多未解决事务,以实现每时每刻获得承认,并维持于"滑动的斜坡"上不至衰落的时间资本。科技实质上已沦为资本掠夺的工具:一方面为生产加速创造可能,以满足资本逻辑的扩张本性;另一方面通过科技的进步,期望超越增长的极限,以满足资本逻辑永续扩张的本性。现代资本主义社会的加速发展,正加速印证着马克思在《人民报》创刊纪念会上的演说中的判断:"我们看到,机器具有减少人类劳动和使劳动更有成效的神奇力量,然而却引起了饥饿和过度的疲劳。"①因此,科技发展的美好承诺,不过是现代资本主义社会加速的另一种幻象。

马克思指出:"技术的胜利,似乎是以道德的败坏为代价换来的。随着人类愈益控制自然,个人却似乎愈益成为别人的奴隶或自身的卑劣行为的奴隶。"②在现代资本主义社会中,科技进步并未使主体获得更多闲暇与自由,反之造成了主体更深层级的异化与束缚。资本束缚了人,同时自身又被自然所束缚,资本主义社会中科技的发展使命,正是在巩固资本剥削的同时打破自然资源的束缚。然而,对于科技是否可以发展到突破增长的极限,从目前所掌握到的情况来说仍然是不确定的。那么,我们可以这样假设:当现代资本主义社会通过科技进步,实现了对增长极限的超越时,由资本逻辑引发的加速逻辑对于整体人类的长久发展来说是否是有益的?或者说,科技发展是否可以履行其原本的承诺,摆脱这种幻象,使人获得解放?未来主义者赫尔曼·卡恩将预期中的全球性环发问题视为一种"大过渡"时期的暂时景象,"由于知识和技术的进步,资源在不断增加而不是固定不变的"③。

---

① 《马克思恩格斯选集》第 1 卷,人民出版社 2012 年版,第 776 页。
② 《马克思恩格斯选集》第 1 卷,人民出版社 2012 年版,第 776 页。
③ [美]赫尔曼·卡恩、威廉·布朗、利昂·马特尔:《今后两百年——美国和世界的一幅远景》,上海市政协编译工作委员会译,上海文艺出版社 1980 年版,第 10 页。

在此基础上,当资源消耗率可实现长久地低于资源增长率时,资源问题再也不作为人类发展的边界,现代资本主义社会的加速发展,也无须顾忌资源的枯竭。那么由加速所带来的科技进步、经济发展等则更有利于人类社会的整体进步。因为必须承认的观点是:生存与发展是伴随人类社会前进的两大永恒主体,而发展的第一前提仍然是为了生存,在满足生存条件后,发展的目的则试图使人类生活得更好。一切发展的前提都是科技的极大进步,在资本逻辑下的这种科技进步似乎是更有可能,且更快被实现的。

以上观点隐藏了一个重要现实。现代资本主义通过加速科技的进步推迟增长极限的到来,这显然是对在资本逻辑下科技进步目的的伪装幻象。资本权力操纵了主体欲望,科技作为满足欲望、获取增殖的手段之一,被包装成人类永续发展的秘钥,一切有利于此的行径都理应获得允许,并被支持。这样的理由使得资本的掠夺更加肆无忌惮,资本逻辑下的社会加速实质,被科技进步所期盼的到达目标冲淡了,也就是说,"科技承诺"的幻象再次被美化了。资本主义对剩余价值的掠夺,以及对劳动者的剥削从未止步,并将伴随现代资本主义社会的不断加速而愈演愈烈。在资本权力控制下,现代资本主义社会越加速,生命政治越稳固。甚至于当科技加速进步到可以由人工智能取代一切主体的现实劳动时,看似已不存在劳动者这个关键因素,然而,这种进步不过是资本主义的自我调整,并未产生本质上的改变。由资本主义自身升级而来的"新社会"虽然消除了形式上的劳动者,但未改变资本逻辑使人类派生出更多虚假欲求并造成主体异化的事实。虽然人们不需要工作,但社会中仍然存在阶级、圈层与虚假欲求,在这样的社会环境下,剥削不是消除了而是转移了,资本的本真面目更为隐匿了。一切技术的发展,本质上是不变资本的存在形式,在生产过程中,只发生价值转移,而不会产生价值增殖。在具体实践中,技术替代了人的体力劳动,但对于这样技术的研发与维护同样需要更高强度的脑力劳动来实现,劳动复杂程度不断增加,以至于创造出更多的剩余价值。马克思在《政治经济学批判 1857—1858 年手稿》中指出:"资本还添加了这样一点:它采用技艺和科学的一切手段,来增加群众的剩余劳动时间,因为它的财富直接在于占有剩余劳动时间;因为它的直接目的是价值,而不是使用价值。"①显然,更重要的问题在于当资本不再需要劳动者所提供的剩余劳动时间时,劳动者也再无法获得必要劳动时间。因为在马克思看来:"在机器体系中,对工人来说,知识表现为外在的异己的东西,而活劳动则从属于独立发生作用的对象化劳动。只要工人的活动不是[资本的]需要所要求的,工人便成为多余的了。"②当工人的劳动不再被资本所需要,完全被技术与机器替代时,工人将完全沦为过剩人口。资本的剥削不仅存在于阶级之间,也同样存在于阶级之内。在现代资本主义竞赛社会中,优胜劣汰的法则总在奏效,现役劳动军稍不留神,将退次为产业后备军,竞争的机制并未消除。因此,纵使科技发展可能突破自然资源的根本性限度,资本主义仍无法摆脱其自身发展局限。科技发展的力量无非是调节不变资本与可变资本投入比例的杠杆,当杠杆完全倾斜,工人将彻底沦为"神圣之人"③,科技进步承诺也无非是一种幻象,掩盖着资本掠夺的本性。

结语

现代资本主义社会加速的三重幻象策略,在根本层面上并未变革资本权力的主导地位。其所标榜的"慢节奏""共鸣""科技承诺",在事实层面上并不可能真正实现。相比于"慢节奏"的幻象试图通过现代资本主义社会加速逻辑下的事件量控制,以实现更快的增长,"共鸣"的幻象则更趋向于一种根本性的现实逃离。然而,无论是"慢节奏"的幻象,抑或是"共鸣"的幻象,最终都无法阻止现代资本主义社会加速所导致的自然资源枯竭。因此,现代资本主义社会对科技发展抱有希望。但是,在"科技承诺"幻象

---

① 《马克思恩格斯文集》第 8 卷,人民出版社 2009 年版,第 199 页。
② 《马克思恩格斯文集》第 8 卷,人民出版社 2009 年版,第 187 页。
③ 拉丁语字面意思为"分别的人",是古罗马法律中的一个刑法概念,指被驱逐出人类社会,不接受法律保护,任何人都可以杀死他而不构成犯罪,但同时又被视为神圣的,不能用来作为人祭的祭品的人。——作者注

的背后,或者说在现代资本主义社会加速逻辑下的科技进步加速,其本来目的仍然是为了维持资本权力的统治地位。在现代资本主义社会中,科技实为资本增殖的工具,即使资本主义通过"科技承诺"幻象突破了资源的限制,仍然无法突破其自身发展的桎梏,也同样不能消除资本权力对主体的宰制。如马克思所言:"因此,最发达的机器体系现在迫使工人比野蛮人劳动的时间还要长,或者比他自己过去用最简单、最粗笨的工具时劳动的时间还要长。"①所以,只要资本仍旧依照其自身的运动规律发展,异化则不会消除,这也正是现代资本主义的根本性限度。"资本在它自己的界限内——尽管这些界限从更高的角度来看表现为对生产的限制,会由于资本本身的历史发展而变成这种限制——感到自由,没有限制,也就是说,只受自身限制,只受它自己的生活条件的限制。"②在马克思所畅想的共产主义社会中,人类并非不需要任何劳动的无所事事,每个人仍然从事着可以最大程度自我实现的劳动工作。但是,在现代资本主义社会中,每个人的劳动不会真正来自他们的真实愿景,而是为了不至滑落于失效的稳定高台丧失自我。因此,根本的问题在于对资本权力的瓦解以及对资本逻辑的驯服,一方面破除资本所上升到的权力地位,另一方面保留并改造资本发展所带来的积极因素。即构建一种政治逻辑、资本逻辑、发展逻辑相互协调的新社会。

---

① 《马克思恩格斯文集》第 8 卷,人民出版社 2009 年版,第 200 页。
② 《马克思恩格斯文集》第 5 卷,人民出版社 2009 年版,第 178 页。

责任编辑：曹　歌

封面设计：姚　菲

版式设计：岳秋婧

图书在版编目（CIP）数据

生态性维护与生产力发展：乔纳森·休斯生态历史唯物主义思想研究/
于天宇 著. —北京：人民出版社，2024.1

ISBN 978－7－01－025339－8

Ⅰ.①生…　Ⅱ.①于…　Ⅲ.①乔纳森·休斯-历史唯物主义-研究
　Ⅳ.①B03

中国版本图书馆 CIP 数据核字（2022）第 257068 号

生态性维护与生产力发展

SHENGTAIXING WEIHU YU SHENGCHANLI FAZHAN

——乔纳森·休斯生态历史唯物主义思想研究

于天宇　著

人 民 出 版 社 出版发行

（100706　北京市东城区隆福寺街 99 号）

北京中科印刷有限公司印刷　新华书店经销

2024 年 1 月第 1 版　2024 年 1 月北京第 1 次印刷
开本：710 毫米×1000 毫米 1/16　印张：15.75
字数：214 千字

ISBN 978－7－01－025339－8　定价：78.00 元

邮购地址 100706　北京市东城区隆福寺街 99 号
人民东方图书销售中心　电话（010）65250042　65289539